GOTTESDIENST PRAXIS SERIE A

Arbeitshilfen für die Gestaltung
der Gottesdienste im Kirchenjahr

Herausgegeben von Erhard Domay

Gütersloher Verlagshaus

GOTTESDIENST-PRAXIS

II. Perikopenreihe

Band 1: 1. Sonntag im Advent
bis Letzter Sonntag nach Epiphanias

Gütersloher Verlagshaus

Die Deutsche Bibliothek - CIP-Einheitsaufnahme

Gottesdienstpraxis. - Gütersloh : Gütersloher Verl.-Haus.

Ser. A, Arbeitshilfen für die Gestaltung
der Gottesdienste im Kirchenjahr.
Perikopenreihe 2. hrsg. von Erhard Domay.

Bd. 1. 1. Sonntag im Advent bis Letzter Sonntag nach Epiphanias - 1997
ISBN 3-579-02940-1

ISBN 3-579-02940-1

Umschlagentwurf: Franz Wöllzenmüller, Oberhaching
Umschlagbild: © Johannes Schreiter, Langen, Fazit 35/1985/GB
Die hier wiedergegebene Reproduktion entspricht dem Original:
Freies Glasbild, 39,5 x 56,5 cm
Satz: Fotosetzerei Steggemann, Herford
Druck und Bindung: Ebner Ulm

Gedruckt auf chlorfrei gebleichtem Werkdruckpapier

Printed in Germany

Inhalt

Das Evangelium gerät in die Hände, Herzen und Köpfe der Menschen

Die »Annäherungen an den Predigttext« – eine Zwischenbilanz

Heiderose Gärtner

Die »Annäherungen an den Predigttext« sind eine inzwischen gewohnte Neuerung. Seit der V. Perikopenreihe 1994 beginnen die Beiträge zum Predigttext in GOTTESDIENSTPRAXIS - Serie A mit den »Annäherungen«. Mit ihnen soll die Stimme der »Basis« zu Wort kommen. »Es ist der Versuch, sozusagen eine ›Exegese von unten‹ als eigengewichtigen Beitrag in die homiletische Arbeit einzubringen.«[1] So erläutert Erhard Domay in der ersten Ausgabe mit neuem Gesicht das Ziel dieser inhaltlichen Umstrukturierung. Im dritten Jahr nach der Einführung dieser Neuerung schreibt er: »Der Gottesdienst ist ja nicht nur Sache von Fachleuten, sondern Sache der Gemeinde. Die Weiterentwicklung kommunikativer Strukturen ist unaufgebbar, wenn es um die Qualität [also um die Konkurrenzfähigkeit!] des Angebots Gottesdienst geht.«[2]

Jetzt also ist die Zeit der Zwischenbilanz gekommen. So soll sie aussehen:

(1) Nach einer theologischen Reflexion zum homiletischen Vorgehen wird

(2) die bisherige Arbeit unter dem Gesichtspunkt ausgewertet, inwieweit die inhaltlichen Aussagen aus den »Annäherungen« in den Gottesdienstvorbereitungsvorschlag aufgenommen worden sind.

(3) Der dritte Abschnitt enthält Anregungen für die Weiterarbeit.

Denn es gilt: Kein Versuch ohne gründliche Reflexion und Auswertung. Also, lassen Sie uns an die Arbeit gehen!

Theologische Reflexion zum homiletischen Vorgehen

Die Reflexion erfolgt aus befreiungstheologischer Sicht, da diese in besonderer Weise den Zugang jener Menschen der Bibel betont, die oft als »Laien« bezeichnet werden. »›Das Buch‹, von Menschen für Menschen geschrieben, hatte endlich wieder Zugang erhalten zu denen, für die es einst gedacht war.«[3] So kommentiert Renate Wind die Entwicklung, die durch die Bibelübersetzung und den Buchdruck in Gang gekommen sind. »Leider währte diese Demokratisierung ›des Buches‹ und der Kirche nicht allzu lange ... Die Auslegung der Bibel wurde mehr und mehr dem Pfarrer anheimgegeben, was ›dem Buch‹ nicht mehr immer gut bekommen ist.«[4]

1 E. Domay, GOTTESDIENSTPRAXIS, Serie A, Gütersloh 194, Seite 6.
2 E. Domay, GOTTESDIENSTPRAXIS, Serie A, 1996, Bd. 1, Seite 7.
3 R. Wind, Befreiung buchstabieren, Gütersloh 1995, Seite 9.
4 A. a. O.

In den »Annäherungen« wird den »Laiinnen und Laien« zuerst das Wort gegeben, das ist ein basistheologischer Zugang zum Predigttext. Was sie zum Text zu sagen haben, soll als erstes gelesen werden - von denen, die »Zum Gottesdienst« schreiben, und von denen, die »GOTTESDIENST-PRAXIS« benutzen. Dieses basistheologische Konzept ist im Ansatz im befreiungstheologischen Denken verankert[5].

Zur Befreiungstheologie

Seit Anfang der siebziger Jahre hat die Befreiungstheologie, die von Lateinamerika ausgegangen ist, eine große Wirkung auf Christinnen und Christen ausgeübt. Der Kampf um die Befreiung des Menschen von allem, was ihn unterdrückt, wird in den Mittelpunkt kirchlichen Handelns und theologischen Nachdenkens gerückt. »Weiterhin beanspruchen die Lateinamerikaner, daß sie damit nicht einfach ein zentrales Thema der Theologie behandeln, sondern überhaupt eine neue Art entdeckt haben, Theologie zu betreiben, nämlich aus der gläubigen Praxis des Volkes heraus statt von theoretisch-abstrakten Sätzen allgemeiner Glaubenswahrheiten her. Sie wollen dabei keineswegs einen Gegensatz zum traditionellen Dogma herbeiführen, sondern vielmehr das Evangelium von Gottes Befreiung durch Christus für das Leben des Menschen relevanter machen.«[6] Die Praxis ist also der Ort, an dem sich unser Glaube bewahrheiten muß[7]. Aus der Reflexion der Praxis des helfenden und befreienden Handelns entsteht Theologie. Das befreiungstheologische Nachdenken setzt beim praktischen Handeln an.

Kritische Anmerkungen zur Befreiungstheologie

Diese Art theologischen Nachdenkens setzte Vorbehalte und Kritik frei: »Heißt solch christliche Praxis und Theorie zu Recht ›Theologie‹? ... Ist sie so sehr ›lateinamerikanisch‹, daß sie für uns in Europa unbrauchbar ist?«[8] Vielfältigen Anfragen von katholischer und evangelischer[9] Seite, bis hin zum Marxismusverdacht war die Befreiungstheologie ausgesetzt. Frieling weist in seiner Untersuchung der Befreiungstheologien mit Recht darauf hin, daß einige Darstellungen der Befreiungstheologie von Kritikerseite

5 Vgl. E. Cardenal, das Evangelium der Bauern von Solentiname, Gespräche über das Leben Jesu in Lateinamerika, Bd. 1 Wuppertal, 4. Aufl. 1979, Bd. 2, Wuppertal 1978.

6 R. Frieling, Befreiungstheologie, in: Bensheimer Hefte 63, Göttingen 1984, Seite 5.

7 G. Gutierrez, Die historische Macht der Armen, Mainz 1984, Seite 23.

8 R. Frieling, 1984, Seite 5.

9 »Die Befreiungstheologie ist freilich nicht nur ein katholisches Phänomen, sondern war von Anfang auch in der Theologie evangelischer Kirchen«, R. Frieling, 1984, Seite 5.

aus maßlos überzogen sind[10]. »Die von der römischen Instruktion beschriebene marxistisch-theologische Befreiungstheologie gibt es sicher bei einigen Außenseitern. Aber insgesamt ist die Hermeneutik der lateinamerikanischen Theologie der Befreiung weniger vom marxistischen Geschichtsbild und der Theorie des Klassenkampfes bestimmt als vielmehr vom biblischen Exodus-, Inkarnations- und Reich-Gottes-Gedanken.«[11]

Grundlegende befreiungstheologische Kategorien

Das befreiungstheologische Denken ist stark an den Kontakt und die Situation der Basisgemeinden Lateinamerikas gebunden. Trotzdem bestehen vielfältige Versuche, die grundlegenden befreiungstheologischen Axiome auf die sogenannte »Erste Welt« zu übertragen[12].

Maximen dieser Theologie, die einem bestimmten Kontext entspringen und die verstanden werden, wenn man ihre Entstehungssituation, wie z. B. den unterdrückerischen Kontext und die strukturelle Gewalt beachtet, können für die Predigtvorbereitungsarbeit fruchtbar gemacht werden. Im folgenden werden die befreiungstheologischen Kategorien, die sich im Diskurs bewährt haben (Perspektivwechsel, Kontextualität, Solidarität, Ideologiekritik und Befreiung[13]) zuerst auf ihre biblischen Grundlagen hin befragt und dann für die homiletische Arbeit herangezogen.

Ein biblisches Beispiel für einen *Perspektivwechsel* wird in der Apostelgeschichte (Apg 9,1–19) geschildert. Aus dem Christen verfolgenden Saulus wird ein für Christus werbender Paulus. Paulus erlangt eine neue Sichtweise der christlichen Botschaft, sie wird zu einem Teil seiner selbst, sie ändert seinen Blick. Bezeichnenderweise wird berichtet, wie das Erlebnis in Damaskus ihn erblinden läßt, bis er schließlich neu sehen lernt und durch Hananias vermittelt eine neue Sichtweise gewinnt. Der Perspektivwechsel des Paulus wird entgegen seinem Willen durch Gott bewirkt. Doch im Gegensatz zum Erlebnis des Paulus kann das Bemühen um eine neue Sichtweise von einem Menschen auch gewollt sein.

Für die homiletische Arbeit bedeutet ein Perspektivwechsel das »prae« des in den »Annäherungen« zur Sprache Gekommenen. Es steht vor den eigenen Überlegungen zum Text. Bevor meine Beschäftigung mit dem Text erfolgt, werde ich mit der Situation der Menschen beschäftigt, die sich von ihm in unterschiedlicher Weise haben ansprechen lassen. Ihre »alltagsfachkompetente« Sichtweise gilt es ernst zu nehmen. D. h., nicht erst durch theologische Auslegung erschließt sich der Text den Menschen, sondern

10 R. Frieling, 1984, Seite 12.
11 A. a. O., Seite 14.
12 Vgl. H. Steinkamp, Solidarität und Parteilichkeit, Mainz 1994, Seite 23.
13 H. Steinkamp, Mainz 1994, Seite 23–154. R. Rieger, Befreiungstheologie, in: Wörterbuch zur feministischen Theologie, hrsg. L. Schottroff u. a., Güterloh 1991, Seite 39–44.

das Wort hat eigene Zugangsweisen zum Menschen. Es betrifft sie in ihrer Situation, begleitet sie bei ihren Fragen und Problemen. Dies ist eine Selbstverständlichkeit, aber ihr soll durch die Einführung der »Annäherungen« auch im Bereich der homiletischen Arbeit Rechnung getragen werden.

Der Perspektivwechsel ist christologisch in der Kondeszendenz Gottes, in seiner Menschwerdung begründet. Die Erzählung von der Geburt Jesu verdeutlicht, daß Gott die Schwäche des Menschseins in vollem Maß auf sich nahm. Durch diesen Perspektivwechsel ist er parteiisch geworden, er steht seitdem unwiderruflich auf der Seite der Menschen, die schwach sind.

Parteilichkeit ist die Folge des Perspektivwechsels. Die Option für die Schwachen, so berichten die Evangelien, war die Sache Jesu. Parteinahme für die, die keine Stimme haben, bedeutet, sich in unserer Gesellschaft auf die Seite derer zu stellen, die keine Lobby haben.

Durch das Voranstellen der »Annäherungen« an den Predigttext ist die Partei derer ergriffen worden, die sonst die Hörenden sind. Ihr Reden ist gefragt. Was der Text in ihnen auslöst, ist die Grundlage für alle weiteren Überlegungen. Es wird Partei ergriffen für die Stummen, denn sie bekommen Stimme, wie die »Annäherungen« zeigen, wenn wir auf sie hören wollen. So verändert sich mancher inhaltliche Zugang zum Text und damit auch die Ausgestaltung von Gottesdienst und Predigt durch die »Annäherungen« (Ein Autor schreibt: »Und so denn möchte ich mir's für diesen Gottesdienst vorstellen [angeregt durch die Gemeindegruppe aus den ›Annäherungen an den Text‹]: ...«[14]).

Die Pfingstgeschichte in der Apostelgeschichte ist ein Beispiel für *Kontextualität.* Das Evangelium findet sinnbildlichen Eingang in das Leben vieler Menschen aus unterschiedlichen Sprach- und Lebensbereichen in der Geschichte vom Pfingstwunder (Apg 2,1–12).

Die Bedürfnisse eines Menschen ergeben sich aus seinem ganz speziellen Kontext heraus (Apg 8,26–40). Auf sie zu reagieren, kann ohne Wahrnehmung des politischen, sozialen, kulturellen und familiären Umfeldes nicht geleistet werden. Aus befreiungstheologischer Perspektive ist jedes theologische Denken kontextuell verankert, ist gebunden an die konkreten Faktoren, die ein Leben bedingen. »Es gehört zur Kultur eines befreiungstheologisch orientierten Ansatzes von Theologie, über die eigene gesellschaftliche Situation Auskunft zu geben. Nur so ist theologische und wissenschaftliche Klarheit und Überprüfbarkeit zu erreichen. Wir bestreiten, daß es eine objektive, neutrale und deshalb ›richtige‹ wissenschaftliche Bibelauslegung gibt, obwohl dies heute noch von vielen behauptet wird.«[15] Denn Theologie hat ihren Ort im konkreten Leben der Menschen.

14 Vgl. GOTTESDIENSTPRAXIS, Serie A, Bd. 1, 1994, Seite 97.
15 L. und W. Schottroff, Die kostbare Liebe zum Leben, München 1991, Seite 7.

»Eins habe ich in der Bibel nie begriffen. Wie konnten die Männer ihre Familien verlassen, um Jesus nachzufolgen?«[16], fragt ein Mann bei einem Gespräch über Mt 9,9-13. In seinem Kontext konnte er den Bibeltext nicht einordnen. Für ihn war die Sorge um das Wohl der Nächsten eine unaufgebbare ethische Verpflichtung. Die Sicht der anderen ermöglicht ihm die Erkenntnis, daß der Text in ihnen andere Saiten zum Klingen bringt und von ihnen auch anders verstanden wird.

Schöpfungstheologisch gesehen ist der Mensch auf Gemeinschaft hin angelegt. Gottes Solidarität zum schwachen und leidenden Menschen ermöglicht den Menschen die lebendige Solidarität zum anderen Menschen. Solidarisch zu sein heißt, miteinander zu leben, nicht gegeneinander, bedeutet an einem Strang zu ziehen, aufeinander zu hören.

Für den Bereich der Gottesdienstvorbereitung bedeutet die *Solidarität* mit den in der Regel hörenden Schwestern und Brüdern, ihre nun in den »Annäherungen« zu Gehör gebrachten Stimmen gleichberechtigt neben der eigenen gelten zu lassen. Auch, wenn dort Dinge zur Sprache gebracht werde, die mir nicht gefallen!

Diese Solidarität kann zur *Ideologiekritik* führen. Homiletische Ideologiekritik ist dann angesagt, wenn die Situation der Menschen oder das Wort Gottes als je allein zu Predigendes gegeneinander ausgespielt werden. Jeglichem Absolutheitsanspruch, sei es dem einer Theologie oder dem einer homiletischen Methode, ist zu wehren. »Allein es bleibt zu fragen, ob die hinter dieser Kontroverse stehende Grundentscheidung theologisch wirklich überzeugend ist: Kerygma gegen Situation, Kerygma gegen biographischen Anteil, Kerygma gegen Ritual? ... Die biblischen Texte sind gerade nicht ›reines‹ Kerygma, sondern höchst situationsbezogene, höchst biographiebezogene Zeitansage.«[17]

Die Botschaft von der Liebe Gottes erreicht den Menschen in besonderer Weise, wenn die persönliche Betroffenheit, die Einschätzung der Situation und der je eigene Kontext von Menschen wahrgenommen werden.

Werden Menschen in ihrem eigenen Zugang zum biblischen Text angenommen, wird ihre Sichtweise ernst genommen, dann ist Befreiungserfahrung möglich, weil Traditionsgrenzen übersprungen werden. ›Gott ist bei uns, den kleinen Arbeitern‹, gerade das war die Erkenntnis der Bauern in Solentiname[18], das war eine ungeheure Befreiungserfahrung.

Auch zu den eigenen unbequemen Gedanken stehen zu können, weil sie von anderen mitgetragen werden, kann für die Verfasser/innen der homiletisch-exegetischen Skizzen Befreiungserfahrung bedeuten. Deutlich wird dies in den Überlegungen zu Jakobs Traum (Gen 28,10-19 a). »Die Textstelle beinhaltet viele Ambivalenzen ... Ebenso wirkt der Text auch auf

16 GOTTESDIENSTPRAXIS, Serie A, Bd. 2, Gütersloh 1994, Seite 7.
17 A. Grözinger, Es bröckelt an den Rändern, München 1992, Seite 117.
18 Vgl. E. Cardenal, Bd. 1, 1977, Bd. 2, Wuppertal 1978.

die Hörer (siehe z. B. den ersten Satz der »Annäherungen«). Dies muß aufgenommen werden und darf nicht vorschnell geglättet werden.«[19] Der Verfasser von »Zum Gottesdienst« wurde durch die Stimmen, die in den »Annäherungen« laut wurden, ermutigt, seine ambivalenten Empfindungen zum Text zuzulassen und sie nicht vorschnell in theologische Deutungsmuster einzuordnen.

Wie sind die »Annäherungen« in die theologisch-homiletischen Skizzen der Gottesdienstentwürfe aufgenommen worden?

Die Auswertung erfolgt nicht in Form einer Auflistung statistischen Zahlenmaterials. Um die Lesenden nicht zu ermüden, wird hier die thesenartige Zusammenfassung der Auswertung dargestellt.
»Die ›Annäherungen‹ ... bestehen aus Beiträgen und Assoziationen, die mir wie einzelne Mosaikfelder eines Bildes erscheinen. Das ganze Bild kann ich noch nicht erkennen, aber wichtige Konturen werden sehr schön herausgearbeitet.«[20] Eine wichtige Charakterisierung der »Annäherungen«. Diese Aussage bezieht sich nur auf eine bestimmte »Annäherung«, m. E. kann man sie aber verallgemeinern. Die »Annäherungen« können mit einem Mosaikfeld aus einem großen Mosaik verglichen werden, viele unterschiedliche Steinchen, Meinungen bilden zusammen ein Ganzes. Dieses Ganze ist allerdings im Gesamtarrangement auch wieder nur ein Teil.
Wie nicht anders zu erwarten, sind die Fragen und Anregungen aus den »Annäherungen an den Predigttext« unterschiedlich von den Kolleginnen und Kollegen, die die Vorschläge »Zum Gottesdienst« verfaßt haben, aufgenommen worden.
Exemplarisch möchte ich darstellen, wie das geschehen ist. Folgende Möglichkeiten ließen sich erkennen.

1. Auf die »Annäherungen« wird nicht eingegangen[21]. Die Autor/innen der Beiträge »Zum Gottesdienst« entwickeln ganz eigene Erwägungen zur Situation der Gemeinde an diesem Sonntag und zum Textverständnis der Hörer/innenschaft. Dies kann manchmal spannend sein. Allerdings ist die Gefahr der Wiederholung von einer in den Annäherungen entwickelten Situations- und Textanalyse durch eine Gemeindegruppe gegeben. Gleichzeitig ist denkbar, daß die GOTTESDIENSTPRAXIS Benutzenden durch ganz unterschiedliche Sichtweisen verwirrt werden, weil sie nebeneinander stehen bleiben und kein Auseinandersetzungsprozeß in Gang gesetzt wird.

19 GOTTESDIENSTPRAXIS, Serie A, 1995, Bd. 4, Seite 49.
20 GOTTESDIENSTPRAXIS, Serie A, 1994, Bd. 3, Seite 30.
21 Z. B. GOTTESDIENSTPRAXIS, Serie A, 1996, Bd. 1, Seite 76 ff., Seite 118 ff.

Andererseits kommt es aber in seltenen Fällen auch vor, daß die »Annäherungen« so gestaltet sind, daß sie inhaltlich der anschließenden theologisch-homiletischen Skizze den Raum nehmen und eine Konkurrenzsituation entsteht. So heißen in einer Bearbeitung[22] (Joh 1,19-23 [24-28] die Überschriften in den

»Annäherungen« und im Teil	»Zum Gottesdienst«:
Grundsätzliches	Der Text
Johannes der Täufer	Die Abgrenzung
Zur Taufe	Johannes
Die Gesandten	Die Vorläufigen
Der Täufer und wir	Adventszeit ist Wüstenzeit
Wegbereitung	

Der Verfasser der »Annäherungen« bezieht sich nicht auf eine Gemeindegruppe. Die Überschriften, die Kurzzusammenfassungen der Abschnitte darstellen, machen deutlich, daß es sich in den »Annäherungen« um eine Dopplung der theolgisch-homiletischen Skizze handelt. Natürlich kann das interessant sein, aber die »Annäherungen« sollen einen basistheologischen Zugang enthalten und keine fachtheologische Dublette darstellen.

2. In einer großen Anzahl von Beiträgen ist ein expliziter Bezug zu den »Annäherungen zum Predigttext« vorhanden. Bei Übereinstimmungen der Verfasser/innen von »Zum Gottesdienst« mit dem Verständnis des Predigttextes der Verfasser/innen der »Annäherungen« wird durch einen Verweis in Klammer auf die »Annäherungen« hingewiesen[23]. Einige Autor/innen der exegetisch-homiletischen Skizze fühlten sich in ihrem Zugang zum Text durch die »Annäherungen« bestärkt.
Aspekte aus den »Annäherungen«, die dem/der Autor/in inhaltlich nahestanden, sind unter direktem Bezug auf die »Annäherungen« in den Gottesdienstvorschlag eingearbeitet worden. Im folgenden Beispiel geht es aufgrund des Textes um ein ambivalentes Vaterbild. Die Aussagen in den »Annäherungen« werden zur Bestätigung herangezogen: »Das merken die Konfirmanden im ›Annäherungsgespräch‹ an, die diesen Vater seltsam finden«[24].

3. Besonders interessant sind m. E. die theologisch-homiletischen Skizzen, die erkennen lassen, daß sich durch die Aussagen der Menschen, die in den »Annäherungen« zusammengefaßt sind, ihre Verstehen- oder Zugangsweise zum Text oder ihre Predigtaussage verändert haben. Also dort, wo eine tatsächliche Auseinandersetzung mit dem von der »Basis« Gesagtem

22 GOTTESDIENSTPRAXIS, Serie A, 1994, Bd. 1, Seite 42 ff.
23 GOTTESDIENSTPRAXIS, Serie A, z. B. 1995, Bd. 4, Seite 57 und 1994, Bd. 2, Seite 145.
24 GOTTESDIENSTPRAXIS, Serie A, 1994, Bd. 1, Seite 16.

passiert, wo Bewegung spürbar wird, geht diese Spannung auf die Leserinnen und Leser über. Neue Räume zum eigenen Nachdenken über die Predigt werden eröffnet.
Ein Kollege schaltete vor die theologisch-homiletische Skizze seine Einfälle zu den »Annäherungen«. Er beschreibt in diesem Abschnitt, was ihm an ähnlichem auffiel (so wie der Gruppe, die sich dem Text näherte) und wo er meinte, daß seine Gedanken anderes zum Ausdruck bringen. Interessant ist, wie er sich von den »Annäherungen« anregen und leiten läßt. Seine Quintessenz beschreibt er so: »Eindrucksvoll finde ich den Hinweis der Frauen auf die Sehnsucht, daß doch ›von oben‹ ›einmal etwas Gutes käme‹, und der andere Hinweis, daß es wichtig sei, ›daß einer das ›Oben‹, wo Menschen aufrecht stehen können, kennt und nicht herabblickt, sondern die unten ermutigt, sich aufzurichten und zu wachsen‹«. Dieser letzte Satz wird für meine Predigt wichtig sein.«[25]
Ebenso nimmt ein anderer Kollege die Vorbereitung durch eine Hauskreisgruppe auf. Er schreibt: »Sehr anregend ist in den ›Annäherungen‹ die Frage nach der Engelgleichheit, die als Geschlechtslosigkeit verstanden wurde. Ist es eine Täuschung, daß die unterschiedliche Interpretation geschlechtsspezifisch zu verstehen ist? Die Männer scheinen im idealistischen Verständnis vom Fortleben des Individuums auf dem Hintergrund des bürgerlichen Leistungsdenkens zu beharren ... Die Frauen dagegen erkennen in der Aufhebung der Geschlechterbindung ›eine unglaubliche Befreiung‹: ›Ich bin ich.‹«[26]

Was wünschen sich Kolleginnen und Kollegen von den »Annäherungen«?

Das Konzept hat sich bewährt. Die »Annäherungen« sind eine Bereicherung für GOTTESDIENSTPRAXIS. Herman Otto Geißler resümiert seine Arbeit als Autor in GOTTESDIENSTPRAXIS: »Ein Höhepunkt dabei waren die Gespräche in der Vorbereitung für die »Annäherungen« ... Für mich gehörten diese Gespräche zu den ermutigendsten Erfahrungen, die ich als Pfarrer gemacht habe.«[27]
Blitzlichtartig werden nun Eindrücke von Kolleginnen und Kollegen zu den »Annäherungen« zusammengefaßt:
Eine gemeinsame Predigtvorbereitung mit Gemeindegliedern wünschen sich viele Pfarrerinnen und Pfarrer. Tatsächlich aber gibt es nur wenige Gottesdienstvorbereitungsgruppen, die kontinuierlich arbeiten. Für einige Kollegen/innen wird durch die »Annäherungen« ein interner Dialog mit

25 GOTTESDIENSTPRAXIS, Serie A, 1994, Bd. 1, Seite 67.
26 GOTTESDIENSTPRAXIS, Serie A, 1995, Bd. 4, Seite 161.
27 Brief an E. Domay vom 27. 1. 97.

Gemeindegliedern möglich, den sie als eine gemeinsame Predigtvorbereitung erleben.
Die neue Konzeption von GOTTESDIENSTPRAXIS betont die unterschiedlichen Zugänge zum Text. Viele Kolleginnen und Kollegen finden dies anregend und wünschen sich dies auch für die Zukunft.
Für die praktische Gottesdienstvorbereitungsarbeit ist ihnen wichtig, daß am Ende der »Annäherungen« die Aussagen der Teilnehmenden zusammengefaßt und gebündelt werden. Konkrete Anstöße, Widersprüche oder Fragen sind hilfreich. Gerade da, wo Kontroverses zum Vorschein kommt zwischen »Annäherungen« und »Zum Gottesdienst« wird es spannend, kann man als »Dritte/r« im Bunde weiterdenken.
Wichtig war den Benutzenden der explizite Bezug, in welcher Weise auch immer, des/r Autor/in vom »Zum Gottesdienst« auf das in den »Annäherungen« Gesagte.
Einhellig war die Meinung:
Wenn unterschiedliche Gruppen und Einzelgruppen gemeinsam an einem Bibeltext arbeiten, ist das kein leichtes Unterfangen - aber es lohnt sich!

1. Sonntag im Advent

Annäherungen an den Predigttext
Brief an die Gemeinde in Rom 13,8-12 (13-14)

Traugott J. Simon

Am Gespräch nahmen vier Frauen teil: zwischen Mitte zwanzig bis ca. 60 Jahre, Mitglieder eines Gemeinde-Gospel-Chores, z. T. berufstätig, ein KV-Mitglied. Das Gespräch wurde im Januar, also nach der Adventszeit geführt und war ursprünglich im Advent geplant. Dauer: gut 90 Minuten.

I. Nach dem 1. Verlesen des Textes (nur V. 8-12!) Textäußerungen zur Frage:
Was ist hängengeblieben?
(1, ca. 60) Das Zweite (8-10) ist schwieriger, das vergißt man mal. Das Erste (11 f.) ist klar. - Wenn ich jemanden liebe, ist das klar. das Zweite muß ich 3x lesen.
(2) Da ist ein Einschnitt: Wachen, Schlafen. Liebe ist was Aktives, ist mir hängengeblieben; daraus kommt Heil. Das ist interessant. Über die »Waffen des Lichts« am Ende muß ich nachdenken. -
(3) Ich finde das widersprüchlich »Waffen« und »Licht«.
(2) Waffe ist etwas Einmaliges, Starkes wie das Licht.
(3) Trotzdem: widersprüchlich.
(2) Kinder hätten damit keine Schwierigkeiten: Laser-Waffe.
(3) Waffen sind heute negativ besetzt.
(2) Früher hat man daran nicht gedacht. Gegen Waffen kam man nicht an. - Den ersten Satz finde ich interessant: »Niemand etwas schuldig bleiben(!)«.
(3) Das ist eine große Aufforderung. Ich weiß nicht, ob ich das will.
(1) Das hat mit gerecht sein und urteilen zu tun, nicht ver-urteilen, sondern gerecht sein.
(3) Das klingt in mir nach: »es jedem recht machen«. Da stutze ich. Ich will es ja nicht jedem recht machen.
(1) Für mich hat das mit Gerechtigkeit zu tun, die überzeugt.
(2) Wir müßten den Text eigentlich noch einmal hören.

II. Das war auch meine Absicht. Jetzt lese ich den *Text ganz, bis V. 14* vor. Ich frage, *ob der Schluß etwas verändert:*

Das Gespräch geht dann u.a. um V. 13 f.
(2) Das unterstreichts noch mal; das ist wie eine Klammer, ein bißchen kraß, aber: ...
(1) Nur fragt sich, ob alle, die - wie man sagt - dem Suff verfallen sind: - denkt der an Gerechtigkeit?
(3) Ist das gemeint? Wir verschwenden ja auch, durch Genuß, durch Konsum ... So ist das auch für mich/uns selbst gemeint.
(1) Also ich habe Bescheidenheit gelernt. Ich kann das. Ich kann nichts wegwerfen. Mir ist alles kostbar. Ich denke bei allem an alles.
(3) Das ist sehr verantwortungsvoll.
(1) Mein Sohn kann das auch, so bei Umweltsachen. Kinder kriegen das mit. - Ich denke heute mehr an die Kindheit, wie man gelebt hat, gut oder schlecht. - Manchmal ist das auch nicht so gut, so viel nachzudenken. - Jetzt ist ein anderer Lebensabschnitt. Die Kraft läßt nach. Wie soll ich den Anschluß finden? Das Alter fängt an, der Mann ist ohne Beruf und zuhause. Man muß neu aufeinanderzugehen. Da ist es schön, zufrieden zu sein. Nur, wenn ich den Bibeltext für sich verstehe, geht es darum, nicht aus der Reihe zu tanzen.
(2) Die letzten Verse sind nicht schlecht! In den 60er Jahren, da waren meine Eltern und wir alle Anhänger der Freßwelle: fett, billig und groß ...
(1) [folgt Kriegserinnerung an Hunger]
(3) Am besten könnten wir jetzt selbst den Text nachlesen.
(2) Essen und Trinken sind heute nicht mehr so angesagt. V. 13 klingt, als ob Jesus morgen wiederkommen würde. Und deshalb: Wir bräuchten nicht alles. Dagegen heißt es heute bei uns: *jetzt* gilts!

III. Die bereitgelegten Bibeln werden ausgeteilt - Lesepause:
Was *regt* Sie *an?* - Was *regt* Sie *auf?* Wie verbinden Sie das Gelesene mit *Advent?*
(1) Advent soll eine stille Zeit sein. Da ist viel zu viel Rummel, einkaufen und verkaufen ...
- Stille -
(1) Was wird in V. 9 zusammengefaßt? Soll das das Gesetz sein? Was ist mit »Wort« gemeint?
Ich erläutere kurz das Doppelgebot der Liebe als Zusammenfassung aller Gebote.
(2) V. 11 f. ist ansprechend: Konzentration auf den »Tag«. Der kommt ganz bald. Deswegen lohnt sich's jetzt schon, so zu leben. Das ist das Adventliche. Wie bei Jochen Kleppers Lied »Die Nacht ist vorgedrungen ...«. Beide Verse gefallen mir sehr gut. Richtig aufregen - tut mich nichts. Die »Waffen des Lichts« und die »Werke der Finsternis« - das kann ich nur ahnen, ist unklar, etwas altertümlich. Dafür müßte man neue Worte finden, -
(4) In welcher Situation erzählt das Paulus?
(3) Das ist die Naherwartung: Jesus kommt bald wieder.

(4) Da sind viele Imperative, wie man sich verhalten soll.
(3) Schon ... – Pause – ich werde anderen immer etwas schuldig bleiben.
(4) Ja? – Das sehe ich nicht so.
(3) Das ist die Ebene persönlicher Beziehungen. Das regt mich schon auf. Welche Maßstäbe habe ich? Und dann die Gebote ...
(4) Den ersten Vers habe ich 3x gelesen. – Ich würde das »außer« streichen: »Seid niemand etwas schuldig. Liebt euch untereinander. Wer den anderen liebt, hat das Gesetz erfüllt ...«
(2) Ich finde es gerade *mit* dem »außer« interessant – aber es ist schwer zu erfüllen. –
Bei Vers 10 nicken alle mit dem Kopf. – Aber da ist schon viel Krampf rausgekommen. Das soll nicht gleich als konkrete Anweisung verstanden werden.

IV. Ich verweise auf den *Text-Zusammenhang* (V. 1–7), die für Paulus unumstößliche, für uns heute umstrittene Ausführung zur »Obrigkeit von Gott«. Und daraus folgert Paulus, jedem zu geben, was man ihm schuldig ist *(gesellschaftliche Dimension)*. Mit V. 8 überträgt Paulus das auf die *persönliche/zwischenmenschliche Ebene*.
(2) Die Verse 1–7 sind dadurch relativiert.
(3) Tja, schuldig sein oder schuldig bleiben?
84) Letzten Endes zählt nur die Liebe! »Daß ihr euch untereinander liebt.« (V. 8)
(2) Für uns klingt das alles so schwer. Wie im Chor, wenn die Dirigentin sagt: »Locker sein, schnipsen ...«
(3) Wenn die Imperative bleiben, bringt's keinem was. Das ist was anderes als auf Befehl ...
(2) Naja, Schuld verstrickt uns, Schuldgefühle machen uns unfähig zu lieben.
(3) Wenn man daran denkt, zieht's einen runter.
(1) »Leben im Licht des kommenden Tages« (Überschrift vor V. 11, nach Luther). Der Tag als was Schönes: dankbar, aufstehen können, wach sein, in sich aufnehmen ...
(2) ... und die »Werke der Finsternis« wäre der Schlafanzug ...

V. Kurze Erläuterung: der *»kommende Tag«*, an dem Christus wiederkommt – also nicht nur auf tägliches Leben bezogen, auch auf Christus ausgerichtet:
(1) Wie im Advent: Die erste Kerze – es fängt an; die zweite – es kommt näher; dritte – noch näher; vierte – jetzt ist er gekommen. Die Vorweihnachtszeit ist viel schöner, da wartet man auf was, die Kinder kommen ...
(2) Das ist heute Weihnachten, V. 13!
(3) Das sollte nicht reingehören. Das Essen ist total wichtig geworden ... Viel wird geschlemmt, konsumiert. Genau das gerade nicht.

VI. Ich frage: *»Was interessiert Sie zu diesem Text im Advent?«*
(4) Die Überschriften sind wichtig; davon sollte man ausgehen. Da steckt alles drin. Muß dann ausgeführt werden.
(3) V. 10(a) besagt alles: »Die Liebe tut dem Nächsten nichts Böses.«
(2) Gut, davon was abzubekommen: Hinleben auf den »Tag«; Nähe; es lohnt sich, so zu leben, Liebe zu üben. - Heute ... Heute gibt's kaum mehr Begriffe wie Unzucht. Immer mehr fällt raus (berichtet von Talkshow mit Liebesdiensten für Homosexuelle, für Behinderte ...)
(1) Das Fernsehen ist heute wie Schule.
Zwischenfrage: *Wünschen Sie da Konkretionen?*
(2) Nicht unbedingt in der Predigt. Man soll klar reden - und kann dann drüber streiten.
(3) Nein. Sondern: Was ist gut zu lassen?
(1) Man muß nur darauf hinweisen, daß »das« nicht alltäglich wird. In der Zeitung war ein Bild von Kindersex, der wohl geduldet wird. Das sollte man strikt unterbinden.
(2) Die Gefahr ist: Das Fernsehen gibt ein Forum für alle - und alles wird verstehbar.
Ich werfe ein: V. 13 regt offenbar die Fantasie an.
(3) Grenzen sind zu respektieren. Begriffe müßten hier neu füllen, nicht entleeren. Es gibt viel Grenzenloses heute - und die Medien helfen zu verschleiern. Der zentrale Punkt ist, menschlich zu bleiben. Wo es grenzenlos wird, spielt Liebe keine Rolle mehr, werden Menschen ausgenutzt, wird's brutal.
(2) Ich sehe Zusammenhänge: Liebe und Licht, dann gibt es keinen Platz mehr für Dunkel und Finsternis.
(4) Noch mal: »Die Waffen des Lichts« und die »Werke der Finsternis« - was bedeuten sie im Kleinen?
(2) Eine Waffe ist dynamisch, kraftvoll, überwältigend, nichts Liebliches. »Stärke« wäre da besser als »Waffe«. Und dann von den Auswirkungen des Lichts reden.
(4) Daß Christus kommt, muß man erst mal glauben.
(2) Das weiß ich nicht: übermorgen oder in 1000 Jahren?
(4) Ich kenn' das eher als was Negatives in der ganzen Erziehung und Pädagogik: »Reiß dich zusammen!« Aber hier, daß man endlich mit der Liebe »zu Potte« kommen soll. Das war früher eher unangenehm, bedrohlich, einschränkend. - V. 11 (c: »unser Heil ist jetzt näher als zu der Zeit, da wir gläubig wurden-«): Das ist für mich schwer nachvollziehbar. Der Glaube von Paulus damals und wir heute - da sind Lichtjahre dazwischen.
Ich verweise kurz auf das »haben, als hätte man nicht«, weil Christus nahe ist.
(2) Diese Naherwartung ist eigentlich toll. Das spielt für mein Leben auch eine Rolle. Das ist sehr schön.
Wir heute - sage ich - feiern das »wir« im Kirchenjahr, eben im Advent:

Gott kommt - und wir meinen: Gott wird Mensch. Damals hieß »Gott kommt«: er hebt alles auf.
(2) V. 14 ist mit der negativen Formulierung sehr kompliziert. Die Luthersprache ist eben 500 Jahre alt. Da wäre eine neue Übersetzung gut.
Damit endet das Gespräch. -

Zum Gottesdienst

Ingrid Adam

Exegetisch-homiletische Skizze

Ernst Käsemann überschreibt diese Perikope in seinem Römerbrief-Kommentar (1973) mit den Worten »Summarium der allgemeinen Paränese« (Seite 344), dem freilich durch die Eschatologie eine größere Intensität verliehen werde. »Der Verweis auf die Kürze der verbleibenden Weltzeit dient jetzt dazu, die Dringlichkeit und Radikalität des alltäglichen Gottesdienstes zu betonen ... (Es) wird brennende Naherwartung in der Gemeinde vorausgesetzt ...« (Seite 346).
Hier liegt das Problem für die Predigt: Paulus und die frühe Gemeinde haben sich hinsichtlich der Naherwartung getäuscht. Das kann man der Gemeinde erklären. Trotzdem aber entfällt mit dem Aspekt der Naherwartung auch der Aspekt der Dringlichkeit, es entfällt auch der Bezug zum 1. Advent. Von der Perikope bleibt nur das »Summarium der allgemeinen Paränese« übrig, und wer möchte am 1. Advent über etwas so Fades predigen?
Bevor ich mich diesem Problem zuwende, sei aus Käsemanns Kommentar noch angefügt, daß das Anlegen der geistlichen Rüstung aus der festen Taufsprache stammt (ursprünglich mythologisch auf den Kampf zwischen Licht und Finsternis bezogen) und der »kleine Lasterkatalog« in V. 13 die »Merkmale der vergehenden, haltlosen Welt« beschreibt und auch antienthusiastisch gemeint ist. -
Ich habe eine Geschichte gefunden, die auf erzählerische Weise das oben beschriebene Problem löst. Diese Geschichte möchte ich meiner Predigt zugrundelegen. Es ist die »Parabel von der Lieblichkeit des Gottvertrauens und wie es das Leben mindestens eines guten Mannes rettete« von W. Saroyan (siehe bei »Vorschlag für die Predigt«). Sowohl Paulus in seiner Perikope als auch W. Saroyan in seiner Geschichte geben eine Antwort auf die Frage »Wie lebt man als Christ in der nächtlichen Dunkelheit, wie gestaltet man sein Leben, wenn die Zeit drängt?«, und die Antworten liegen m. E. gar nicht weit auseinander: Beide machen Mut zur

Hoffnung angesichts der Bedrohung und zu einem Leben in christlicher Liebe.

»Die Zeit drängt« im *Predigttext* wegen der apokalyptischen Naherwartung. In der *Erzählung* drängt die Zeit, weil der Zimmermann am Ende der Nacht sterben muß, und so gewinnt die Frage nach der Gestaltung des Lebens in der noch verbleibenden Zeit jene existentielle Dringlichkeit zurück, die sie für die Zeitgenossen des Paulus einst besessen haben muß.

Die theologisch nicht mehr vertretbare *zeitliche* Dimension der Bedrängnis wird dadurch verwandelt in die *psychische* Dimension (Angst, Sorgen, Verzweiflung, depressive nächtliche Anwandlungen, die den meisten Predigthörern vertraut sein dürften). Die Geschichte spielt in der Dunkelheit der Nacht, die erlösende Botschaft (»Der Tod ist tot!«) trifft am Morgen ein, wenn das Licht erwacht. Die Verwendung der Metaphern »Nacht/Finsternis« und »Licht« legt sich in der Adventszeit ohnehin nahe.

Vorschläge für die Liturgie

Lied:
Die Nacht ist vorgedrungen (EG 16)

Eingangsspruch
Seht, die gute Zeit ist nah, / Gott kommt auf die Erde, / kommt und ist für alle da, / kommt, daß Friede werde. // Hirt und König, groß und klein, / Kranke und Gesunde, / Arme, Reiche lädt er ein, / freut euch auf die Stunde!
(Quelle unbekannt)

Sündenbekenntnis
Wieder ist eine Woche um, eine dunkle Woche im Monat November. Für manche von uns ist sie hart gewesen. Vergib uns, wenn wir über die Maßen gemurrt haben. Vergib uns alles, was wir in dieser Woche versäumt haben an Güte und Freundlichkeit gegenüber unseren Mitmenschen.

Lesung
Jes 9,1.5+6

Ein Stück Gebet
Jedes Jahr in der Adventszeit sollen wir uns einstellen auf dein Kommen. Aber wir wissen gar nicht, wie man das macht. Uns auf das *Fest* vorbereiten, das können wir schon eher: Wir machen Küchenzettel, besorgen Geschenke, bereiten uns geschäftig auf die Freude vor, die wir an Weihnachten geben und bekommen sollen. Ist das alles? Wir wissen es nicht ...

Vorschlag für die Predigt

Möglicher Anfang
Wir haben vorhin gesungen »Die Nacht ist vorgedrungen, der Tag ist nicht mehr fern ...«. Jochen Klepper hat diesen Gedanken von Paulus übernommen, der damit die Gemeinde in Rom tröstet, die - bildlich gesprochen - in der Finsternis saß ... Er gibt der Gemeinde in seinem Brief Anweisungen dafür, wie sie in dieser schwierigen Zeit ihr Miteinander gestalten soll.
(Text-Verlesung)
»Die Nacht ist vorgedrungen, der Tag ist nicht mehr fern« - wie soll man das glauben, was kann man machen, wenn man mitten drin sitzt in Angst und Verzweiflung, wenn die nächtlichen Alpträume kommen und man nicht mehr weiß, wie es weitergehen soll? Ich möchte Ihnen dazu eine Geschichte vorlesen, die »Parabel von der Lieblichkeit des Gottvertrauens und wie es das Leben mindestens eines guten Mannes rettete«:

Einst lebte ein Zimmermann, den eines Abends auf seinem Heimweg ein Freund anhielt und fragte: »Mein Freund, warum bist du so traurig?« - »Wärst du in meiner Lage, du empfändest wie ich«, sagte der Zimmermann. »Bis morgen früh muß ich 11111 Pfund Sägemehl aus Hartholz für den König bereithalten, oder ich werde enthauptet.« Der Freund lächelte und legte ihm den Arm um die Schulter. »Mein Freund«, sagte er, »sei leichten Herzens. Laß uns essen und trinken und den morgigen Tag vergessen. Der allmächtige Gott wird, während wir ihm Anbetung zollen, statt unserer des Kommenden eingedenk sein.« Sie gingen also zum Hause des Zimmermanns, wo sie Weib und Kind in Tränen fanden. Den Tränen ward Einhalt getan durch Essen, Trinken, Reden, Singen, Tanzen und allsonstige Art und Weise von Gottvertrauen und Güte. Inmitten des Gelächters fing des Zimmermanns Weib zu weinen an und sagte: »So sollst du denn, mein lieber Mann, in der Morgenfrühe enthauptet werden, und wir alle vergnügen uns indessen und freuen uns an der Güte des Lebens. So steht es also.« - »Denke an Gott«, sprach der Zimmermann, und der Gottesdienst ging weiter. Die ganze Nacht hindurch feierten sie.
Als Licht das Dunkel durchdrang und der Tag anbrach, wurde ein jeglicher schweigsam und von Angst und Kummer befallen. Die Diener des Königs kamen und klopften sacht an des Zimmermanns Haustür, und der Zimmermann sprach: »Jetzt werde ich sterben«, und öffnete. »Zimmermann«, sagten die Diener, »der König ist tot. Mache ihm einen Sarg.« (W. Saroyan)

Das ist ein Märchen mit märchenhaftem Ausgang. Das alte Motiv vom tyrannischen König, den gequälten Untertanen und deren endlicher wunderbarer Befreiung durch den Tod des Königs. Das ist das *Bild.* Aber wovon ist innerhalb des Bildes die Rede? Wofür steht es?
Wichtig ist zunächst einmal, daß die Geschichte am späten Abend und in der Nacht spielt, den dunklen Stunden des Lebens. Nachts kommt der Tod,

wächst die Bedrohung, wächst die Angst. Der Zimmermann muß in der Nacht eine entsetzliche, sinnlose Arbeit leisten: 11 111 Pfund Sägemehl produzieren, das ist bei seinem Beruf ja eigentlich das Abfallprodukt, und ich kann mir vorstellen, daß mit diesem Symbol alle jene gräßlichen Gedanken gemeint sind, die uns in schlaflosen Nächten wie in einer Gedankenmühle unablässig durch den Kopf gehen, Gedanken wie: Was hat das alles noch für einen Sinn? Wie lange halte ich das noch aus? Werde ich es schaffen? – die nächtlichen Abfallprodukte unseres Alltags.
Wenn der Mann diese Arbeit nicht schafft – und er *kann* sie nicht schaffen – dann muß er sterben. Er hat nun an diesem Abend drei Möglichkeiten: Entweder er verliert den Kopf und fängt an, wirklich wie ein Verrückter zu arbeiten und Sägemehl herzustellen in der Illusion, es doch noch zu schaffen. Oder er geht nach Hause, wo seine Familie schon in Tränen aufgelöst auf ihn wartet, und alle verbringen eine trostlose Nacht miteinander, verzweifelt und ohne Hoffnung. Und am nächsten Morgen dann der Tod. Oder er bringt sich gleich selbst um. In allen drei Fällen hätte er dem König, dem Tod, der Angst voreilig und überflüssigerweise einen Tribut gezollt, er hätte sinnlos das in dieser Nacht noch mögliche Leben verschenkt.
Wir wissen, wie die Geschichte ausgeht, und können vom glücklichen Ende her sagen, daß er damit einen großen Fehler gemacht hätte. Der Zimmermann und sein Freund aber müssen noch mit dem Schlimmsten rechnen, als sie sich abends treffen. Wie hat es der Freund trotzdem fertiggebracht, den Zimmermann zu retten?

Zum weiteren Verlauf

Am Verhalten des Freundes und an dem Verlauf der Nacht kann man im Rahmen der Geschichte erklären, was mit VV. 8–12 gemeint ist: die besondere Art von Glauben, die der Autor beschreibt, der »leichten Herzens sein« mit »Anbetung« gleichsetzt und Leben und Feiern mit Gottvertrauen und Güte (hier sollte man einige der schönen, feierlichen Sätze aus der Geschichte wörtlich zitieren). Der Freund verschenkt die letzten Lebensstunden des Zimmermanns nicht an den König, den Tod, die Angst. Er reißt ihn da heraus, ihn und seine Familie, für ein paar kurze, kostbare Stunden. »Bei angelehnter Todestür das Leben rühmen ...« (Albrecht Goes)

Möglicher Schluß

Vielleicht sind Traurigkeit und Tränen, Angst und Verzweiflung, wenn sie auf diese Weise für eine Weile gebannt sind und nicht über den Menschen triumphieren können, aufgehoben bei Gott? Irgendwo müssen sie ja bleiben, weil es sie gibt als Realität und als Bedrohung. Vielleicht liegt die Last, während wir »leichten Herzens« sind, aufgehoben bei Gott, und er ist, wie der Freund sagt, »statt unserer des Kommenden eingedenk«? Ich weiß nicht, ob es wirklich so ist, aber man kann es sich so vorstellen, und das könnte der Glaube sein. Jener ansteckende Glaube des Freundes, der im Vorraum des Todes das Leben feiert und damit den Zimmermann rettet.

»Noch manche Nacht wird fallen / auf Menschenleid und -schuld, / doch wandert nun mit allen / der Stern der Gotteshuld. / Auch wer zur Nacht geweinet, / der stimme froh mit ein. / Der Morgenstern bescheinet / auch deine Angst und Pein.«

Kontexte

Solange der Mensch leidet, kann er es noch zu etwas bringen.
(Sigmund Freud)

Die Mitte der Nacht ist der Anfang des Tages.
(Jörg Zink)

Das Wort Gottesdienst sollte verlegt und nicht mehr vom Kirchengehen, sondern bloß von guten Handlungen gebraucht werden.
(J. Chr. Lichtenberg)

Hoffnungslose Menschen leben von der Hoffnung anderer.
(H. H. Kleem)

Angst allein macht nicht glücklich.
(Quelle unbekannt)

Suche Freunde, bevor du sie nötig hast.
(Sprichwort)

Es ist besser, ein Licht anzuzünden, als der Dunkelheit zu grollen.
(Diakonie-Plakat)

Die dunklen Stunden der Heiteren sind oft viel dunkler als die der Dunklen.
(Jakob Wassermann)

Freunde sind jene seltenen Menschen, die einen fragen, wie es einem geht, und dann auch noch die Antwort abwarten.
(Quelle unbekannt)

Noch ein praktischer Tip: Wie bei fast allen Paulus-Texten lohnt es sich auch hier, eine englische Bibelübersetzung zu lesen. In der englischen Sprache wird der Beziehungs-Aspekt der Aussagen deutlicher als in der deutschen Begrifflichkeit.

2. Sonntag im Advent

Annäherungen an den Predigttext Jakobus 5,7-8

Jobst von Stuckrad-Barre

»Da muß doch vorher viel Ungeduld gewesen sein, wenn in zwei Versen dreimal das Stichwort Geduld auftaucht.« »Geduld fällt mir schwer, und weil ich das schon weiß, kann ich solche Ermutigungen ganz gut gebrauchen.« »Ich möchte nicht zur Geduld aufgerufen werden.« »Heute geht alles nicht schnell genug, auf Kirschen und Erdbeeren wartet keiner mehr. Das Gefühl für Jahreszeiten geht völlig verloren.« »Krankheiten werden z. B. durch Penicillin nicht mehr ausgeheilt, sondern nur unterdrückt.« Die ersten Reaktionen der kleinen Gesprächsgruppe, die vorwiegend aus Frauen besteht, zeigen, daß die Thematik nicht ganz ›oben auf‹ liegt, dann aber offenbar doch sofort Lebensgefühl und Hoffnungsdenken zusammenbringt.

»Den Reifungsprozeß abzuwarten, wie das Gleichnis von dem Bauern sagt, das leuchtet mir sofort ein.« »Das ist doch klar, das Kommen Jesu zog sich immer länger hin, da mußte eine neue Strategie her - so etwas wie langer Atem war nötig.« »So leben, als käme er gleich, wer tut denn das?« »Ich warte nicht auf das Kommen des Herrn - mir ist viel wichtiger, daß Christus jetzt da ist: ›Das Reich Gottes ist mitten unter euch.‹« »Er ist doch schon bei uns.« Jetzt beginnt sich das Gespräch für eine Weile zu zentrieren um die verschiedenen Hoffnungsbilder: »Daß er kommen wird, war eine Vorstellung, die die Leute damals brauchten.« »Einmal heißt es, er wird kommen, die Schafe von den Böcken zu scheiden, und hier ist das Kommen offenbar ein Grund zur Freude.« Ich gebe kurz einige Informationen zu den eschatologischen Vorstellungen von der Restituierung des Paradieses bis zur Gerichtserwartung und zum vermutlichen Abfassungszeitpunkt des Jakobusbriefs gegen Ende des ersten Jahrhunderts.

»Mir ist der Satz ›was du einem von den Geringsten getan hast, das hast du mir getan‹ immer wichtig gewesen.« »Ja, wir leben von dem Gekommenen.« »Und leben doch auf ihn zu.« »Wenn hier nicht schon der Beginn geschieht, wird alles zur großen Vertröstung. Daß Jesus hier in diesem Leben aufersteht, ist mir wichtig. Wenn ich nicht auf die kleinen Auferstehungen in meinem Leben bauen kann, brauche ich das andere auch nicht.«

»Ich finde Ruhe und Trost in den beiden Versen.« »Der Bauer hat etwas getan und kann nun in Ruhe abwarten. Er läßt Ruhe und Zeit für die Entwicklung.« Ich gebe einige Hinweise zu den Übersetzungsmöglichkeiten von μακροθυμέω, u.a. den Vorschlag ›Gelassenheit‹, und erwähne die Äußerung von Dietrich Bonhoeffer: »Wir sind nicht Christus, aber wenn wir Christen sein wollen, so bedeutet das, daß wir an der Weite des Herzens Christi teilbekommen sollen (...) Tatenloses Abwarten und stumpfes Zuschauen sind keine christlichen Haltungen. Den Christen rufen nicht erst die Erfahrungen am eigenen Leibe, sondern die Erfahrungen am Leibe der Brüder, um deretwillen Christus gelitten hat zur Tat und zum Mitleiden.« (zit. nach S. Leibholz-Bonhoeffer, vergangen - erlebt - überwunden. [4]Wuppertal 1969, Seite 61). »Mir gefällt Gelassenheit, im Sinn von sein lassen; das ist eine Passivität, die begründet ist.«
»Ungeduldig werde ich, wenn ein Termin gesetzt oder verabredet ist und dann nicht zustande kommt.« »Ist die Sache mit der Geduld nicht doch eine Temperamentsfrage, oder eine des Alters?« »Der Herr ist nahe - Geduld muß ich haben, wenn das Versprechen nicht erfüllt wird, wenn keine Reaktion kommt.« »Noch einmal der Bauer: Er wartet auf die kostbare Frucht und weiß, daß er von einem bestimmten Moment an nichts mehr tun kann und muß.« »Für den Bauern ist das doch eine Sache, die er in der Lehre oder in der Landwirtschaftsschule lernt, was braucht er da den Glauben?« »Das Gleichnis ...! Meine Kinder haben einen Quittenbaum geschenkt bekommen. Der Gärtner hatte gesagt, vier Jahre sollten sie warten. Nun hat der neue Baum schon nach zwei Jahren die ersten Früchte getragen.« »Ja, aber die Menschen heute leben in der Warteschleife.« »Oder: Ich will alles und zwar sofort.«
Erst an dieser Stelle weise ich darauf hin, daß die Verse für den zweiten Advent vorgesehen sind. »Ist denn Adventszeit tatsächlich so etwas wie Bußzeit? Mit dem Gericht habe ich das noch nie verbunden.« »Na, von Abwarten oder gar Fasten zur Vorbereitung ist ja wohl in unserer Adventsgestaltung keine Rede mehr.« »Die Fülle, die Vorfreude ist auch eine angemessene Einstellung - es muß deshalb nicht alles so abgehen wie zur Zeit.« »Wir haben bisher noch nicht auf die Zeile geachtet: Stärkt, macht die Herzen fest. Da ist doch eine Möglichkeit derer, die zusammen glauben, meinetwegen der Gemeinde.« »Und doch muß der einzelne glauben und geduldig sein. Das ist nicht Geduld um ihrer selbst oder um den neuen Selbsterfahrung willen, sondern Geduld mit einem Ziel: das Kommen Jesu.«

Zum Gottesdienst

Gottfried Brezger

Exegetisch-homiletische Skizze

»Stroherne Epistel«?

Luthers Urteil über den Jakobusbrief (Jakobus), den er im NT-Kanon weiter nach hinten einordnet, scheint fast bekannter zu sein als der Inhalt dieser Schrift. Viel zitiert wird Luthers Ausspruch von der ›strohernen Epistel‹: »... denn sie doch kein evangelisch Art an ihr hat« *(siehe Beispiele seiner souverän-kritischen Auslegung in den Kontexten).*
Stimmt das? Ich möchte ein Wort für Jakobus einlegen.
Es fällt auf, daß das Verhältnis von Glauben und Werken im Jakobus anders, vielleicht sogar gegensätzlich zur paulinischen Sichtweise verstanden wird: ›Der Glaube ohne Werke ist tot‹ (2,14 ff.). Aber was soll die beste Theorie ohne Praxis? Und erklärt nicht auch Matthäus 25 unser Verhalten den Geringsten gegenüber zum Kriterium für Leben und Tod? ›nicht, was ihr gedacht, sondern was ihr getan habt‹. Auch wenn im Jakobus der Name Christi nur vereinzelt genannt wird, wie Luther anmerkt *(siehe Kontexte),* sind doch manche Worte eng verwandt mit der Bergpredigt, nicht nur in der Seligpreisung der Angefochtenen am Anfang (1,12), sondern auch besonders in den Warnungen im Anschluß an unsere Perikope: »Seufzt nicht widereinander, auf daß ihr nicht gerichtet werdet!« (5,9) und: »Schwört nicht, weder bei dem Himmel noch bei der Erde noch mit einem andern Eid. Es sei aber euer Ja ein Ja und das Nein ein Nein, auf daß ihr nicht unter das Gericht fallet!« (5,12)
Eine ›stroherne Epistel‹ wäre für mich eher ein zur bürgerlichen Wohlanständigkeit ermahnender Pastoralbrief. Jakobus dagegen ist parteilich wie ein ›Evangelium für die Armen‹ (5,1-6, unmittelbar vor unserer Perikope) – wer hört nicht prophetische Sozialkritik wie bei Jesaja mitschwingen? Jakobus stellt die Orthopraxis über die Orthodoxie: »Ein reiner und unbefleckter Gottesdienst vor Gott, dem Vater, ist der: die Waisen und Witwen in ihrer Trübsal besuchen und sich selbst von der Welt unbefleckt zu halten« (1,27) – wer erkennt nicht prophetische Kultkritik wie bei Amos wieder? Jakobus atmet für mich prophetischen Geist, nicht den der urchristlichen Generation, eher vielleicht der zweiten oder dritten, die das Schicksal der Diaspora mit den Juden teilt und auf eine (ideelle) Wiederherstellung des Zwölfstämme-Bunds hofft: »Jakobus, ein Knecht Gottes und des Herrn Christus, an die zwölf Stämme in der Diaspora« (1,1). In der Form eines Briefs wendet sich das Schreiben an Menschen, die von der Zukunft mehr erhoffen, als sie wohl in der Vergangenheit verloren haben.
Apokalyptische Motive klingen an mit einer Tendenz zum Dualismus (»wer der Welt Freund sein will, der wird Gottes Feind sein« 4,4) und zur Gesetz-

lichkeit (»wer nun weiß, Gutes zu tun, und tut's nicht, dem ist es Sünde« 4,17). Jakobus rechnet mit der Wiederkunft des Gekommenen. Nur vom Ende her, von dem, der kommt, bekommt unsere Welt ihren Sinn. Es geht darum, sich als ›Erstlinge der Neuschöpfung Gottes‹ (1,19) in Widerstand, Gehorsam und Geduld einzuüben.

Advent - Warten auf das Kommen des Gekommenen

›Der kommende Erlöser‹ - das scheint mir eine treffende Überschrift über die Perikopenreihen des 2. Adventssonntages zu sein. Endzeit-Reden stehen in den Evangelienreihen I und II, prophetische Hoffnungsbilder der Erlösung in den Reihen IV und V. Jakobus fügt sich gut in die mit Zukunftserwartungen aufgeladene Perikopen-Zusammenstellung.
Was ist *unsere* Perikope, *unser* Erwartungshorizont an diesem Sonntag? Worauf warten *wir* im Advent? Auf die Geburt des Kinds im Stall von Bethlehem, in dem Gott in unsere Welt kommt - alle Jahre wieder neu besungen - oder auf das Wiederkommen des Gekommenen am Ende unserer Zeit? Rechnen wir überhaupt damit, und wie bereiten wir uns darauf vor? »Erschrecken wird sein!« - mein 92jähriger Vater erzählt mir am Morgen, daß ihn dieser Satz, von dem er nicht wußte, woher er kam, aus dem Schlaf geschreckt und nicht wieder zur Ruhe hat kommen lassen. Er, der seinen Weg am Ende seines Lebens als ›Heimweg mit Jesus‹ begreift, fragt sich, ob er sich nicht genügend selbst geprüft habe.
Und wir? Haben wir noch ein Gespür für die »letzten Dinge«? Wenigstens in unseren Nachtgedanken, wenn in uns die Wiederkehr des Verdrängten dämmert? In einer Zeit, in der wir mit Hilfe der Technik einmal aufgenommene Töne und Bilder zu jedem beliebigen Zeitpunkt wiedergeben können, entschwindet die Einmaligkeit des erfüllten Augenblicks unserer Wahrnehmung. Und dabei verkümmert unsere Phantasie, dem *einen* großen Kairos am Ende unserer Zeit entgegenzuleben in Erschrecken und freudiger Erwartung zugleich.

Worauf warten wir?

Wer wird zum Gottesdienst kommen? Wen will ich an diesem Sonntag besonders ansprechen, besser: schon in die Vorbereitung einbeziehen, um möglichst konkret bei ihren/seinen Erfahrungen anzuknüpfen? In einem Familiengottesdienst könnten verschiedene Situationen angespielt werden. Aber auch mit Worten allein können wir das mit dem Warten verbundene Hoffen und Bangen in Erinnerung rufen, wenn wir uns vorstellen

- wie Kinder beim Öffnen der Türen am Adventskalender die Tage zählen bis zu dem großen Tag, den sie sich herbeiwünschen;
- oder Schülerinnen und Schüler, die nicht wissen, wie ihre Arbeit ausgefallen ist;

- oder Jugendliche, die Bewerbungsschreiben losgeschickt haben;
- oder junge Menschen, die nach erfolgreichem Abschluß ihrer Ausbildung sich in eine lange Warteschleife einreihen müssen;
- oder alte Menschen, die auf den Besuch ihrer Kinder warten;
- oder Kranke, die einer Operation mit ungewissem Ausgang entgegenleben;
- oder Künstler, die nach langer Vorbereitung ihrer ersten Aufführung entgegenfiebern;
- oder – wie in unserem Text – Bauern, die auf die kostbare Ernte warten.

Ob sich »die Geduld des Hiob«, die im Anschluß an unseren Text – vom guten Ende her verstanden – als Beispiel genannt wird, hier einfügt? Bedrückende Situationen des Wartens, Grenzerfahrungen sind im *Kyrie (Gebet der Ungeduld)* und im *Schlußgebet (Dona nobis pacem)* angesprochen. Ich denke – nicht nur beim Gottesdienst im Krankenhaus, dort aber besonders – an Menschen, »die auf den Tod warten, und er kommt nicht« (Hiob 3,21), die sich als von Gott verlassen und geschlagen erleben (Hiob 9,16–18), die hautnah erfahren: »Er hat die Erde unter gottlose Hände gegeben, und das Antlitz ihrer Richter verhüllt er« (Hiob 9,24). Ich denke an Menschen auf der Flucht in Afrika, vom Krieg gezeichnet, und ich denke an Menschen in unserer palästinensischen Partnergemeinde, der evangelisch-lutherischen Church of Hope in Ramallah, die an ihrer Friedenshoffnung verzweifeln. Wie wichtig ist es, daß wir sie nicht auch noch vergessen, sondern für sie beten – wie auch für die Frieden Schaffenden auf der anderen Seite der durch Mißtrauen, Haß und Gewalt verminten Grenzen.

Zurück zum Bauern, der auf die Ernte wartet: Zeiten des Wartens sind Zeiten gegensätzlicher Empfindungen. Unsere Erwartungen und Befürchtungen, Zuversicht und Verzagtheit, gehobene und niedergeschlagene Gefühle liegen miteinander im Widerstreit in uns. Dabei wissen wir, daß Zeiten des Wartens unentbehrlich sind für unser inneres Wachstum. Es sind Zeiten der Vorbereitung. Wachstumsschübe, die wir bei Kindern nach überstandenen Krankheiten beobachten, sind ein Indiz dafür; oder, im Bild des Jakobus gesprochen, das Sprießen und Gedeihen der kostbaren Frucht der Erde nach dem Früh- und Spätregen. Es gibt nicht nur einen Lohn der Arbeit, sondern auch des Wartens.

Es kommt aber darauf an, *wie* wir warten. Zum Beispiel wie der Bauer, der weiß: Gottes Handelns ist es, das am Ende den Ertrag unseres Tuns bestimmt; aber das bedeutet alles andere als ein passives Warten. Denn in der Vorbereitung auf die Ernte ist viel zu tun. Wenn man darüber hinaus die Verheißung im Deuteronomium mithört, ist hier ein höchst aktives Warten gemeint: »Werdet ihr nun auf meine Gebote hören, die ich euch heute gebiete, daß ihr den Herrn, euren Gott, liebet und ihm dienet von ganzem Herzen und von ganzer Seele, so will ich eurem Lande Regen geben zu seiner Zeit, Frühregen und Spätregen, daß du einsammelst dein Getreide, deinen Wein und dein Öl ...« (5. Mose 11,13 f.).

»Gelassenheit« – dieser Übersetzungs-Vorschlag aus den *»Annäherungen«* sagt mir zu: einlassen, wirken lassen, wachsen lassen, geschehen lassen, zulassen, verbinde ich damit, auch loslassen, verlassen, unterlassen, überlassen ... »Großen Mut haben«, so würde ich μακροθυμεῖν wörtlich übersetzen: »Ermutigung zum langen Atem«. Auch für mich macht es einen großen Unterschied, ob ich (dreimal!) zur Geduld ermahnt oder zum langen Atem ermutigt werde (Warum eigentlich nur wir »Brüder«? Haben wir's vielleicht nötiger?) »Du, laß dich nicht verbrauchen«, singt Wolf Biermann in dem Lied mit dem Titel »Ermutigung« (Nachlaß 1, Köln 1977): »Du laß dich nicht verbrauchen, gebrauche deine Zeit. Du kannst nicht untertauchen, du brauchst uns, und wir brauchen g'rad deine Heiterkeit.«
»'Ιδού! Seht!« – Verheißung liegt in den Worten, die Verheißung der παρουσία, der Gegenwart Christi. Und in dieser Verheißung ist er schon unter uns als der Geist, der tröstet und stärkt. So wie die βασιλεία τοῦ Θεοῦ in der Botschaft Jesu schon mitten unter uns ist (Lukas 17,21). »Gott wohnt, wo wir ihn einlassen«, antwortet Rabbi Mendel von Kozk auf die von ihm selbst gestellte Frage: »Wo wohnt Gott?« (Martin Buber, Die Erzählungen der Chassidim, Zürich 1949, Seite 784). Wir müssen Gottes Geist nur einlassen, wirken lassen in unseren Herzen. Das Herz ist nicht nur das Zentrum unserer Lebenskraft, sondern auch das Organ unseres Wartens. Das spüren wir, wenn die Anspannung des Wartens unser Herz schneller schlagen läßt. »Zur Stärkung des Herzens« steht auf mancher Medizin, die uns helfen soll, dem Streß von Erwartungen standzuhalten. »Stärkt eure Herzen!« heißt es im Jakobus; das bedeutet auch: »Stärkt die Gemeinschaft untereinander!« Bis in unsere Zeit ist das Herz auch Symbol inniger Verbundenheit. »Wenn wir Christen sein wollen, so bedeutet das, daß wir an der Weite des Herzens Christi teilbekommen sollen«, wird Dietrich Bonhoeffer in den *»Annäherungen«* zitiert. Wir könnten hinzusetzen: und daß wir teilbekommen an der ökumenischen Weite von Menschen, die Christi Geist in sich wirken lassen, und für die *Advent* bedeutet: aus der Apathie aufbrechen in der lebendigen Hoffnung, die in der Prophetie des Volks Israel ihren Ursprung und in Jesus Christus ihre Verheißung hat. »Denn das Kommen des Herrn ist nahe!«

Vorschläge zur Liturgie

Lieder

Gottes Sohn ist kommen, EG 5 (zum Beginn)
Haschiwenu/Bring uns zurück zu dir, Thuma Mina, Internationales Ökumenisches Liederbuch 36
Ihr lieben Christen, freut euch nun, EG 6,1–3 (Wochenlied zwischen den Lesungen)

Wir bitten, Herr, um deinen Geist, Thuma Mina, Internationales Ökumenisches Liederbuch 142
Wie soll ich dich empfangen, EG 11 (Vers 1+5 vor der Predigt, Vers 6+7 danach)
O komm, o komm, du Morgenstern, EG 19,1+3 (zur Kollekte; evtl. mit VorsängerIn)
Wir warten dein, o Gottes Sohn, EG 152 (besonders zum Abendmahl geeignet)
Seht, die gute Zeit ist nah, EG 18 (vor dem Segen oder danach anstelle eines Orgelnachspiels)

Wochenspruch, Psalm und Lesung
Wochenspruch: Seht auf und erhebt eure Häupter, weil sich eure Erlösung naht! (Lukas 21,28)
Psalm 80, aber nicht, wie vorgeschlagen, »tranchiert« (Erich Spier); der Psalm sollte ganz gelesen werden, damit der thematische Aufbau mit dem wiederkehrenden Rhythmus und vor allem die Solidarität mit dem wartenden Volk Israel bewahrt bleiben.
Lesung: Predigttext oder Jesaja 63,15-64,3 (Perikopenreihe IV)
Evangelium: Lukas 21,25-33

Gebet der Ungeduld (Kyrie)
Wie lange noch Haß und Krieg / Verbrechen und Gewalt / Täter und Opfer?
Ist's umsonst, daß wir glauben?
Wie lange noch Zerstörung und Unterdrückung / Krankheit und Unglück / Leiden und Tod?
Mein Gott, wie lange noch?

Gnadenzusage
Gott, tröste uns wieder und laß leuchten dein Antlitz, so genesen wir! (Kehrvers aus Psalm 80) Der mögliche Wegfall des *»Gloria in excelsis«* entspricht der Ausgestaltung der Adventszeit als Bußzeit (siehe Bieritz, K.H., das Kirchenjahr, München 1991[3], Seite 179 ff.)

Kollektengebet
In deinem Sohn Jesus Christus bis du zu uns gekommen in unsere Welt. Komme nun auch in unser Herz, wenn wir dein Wort hören, daß wir lernen, in Geduld zu warten auf dein Kommen am Ende der Tage in Jesus Christus, unserem Bruder.
oder:
Wir bitten, Herr, um deinen Geist, daß du uns deine Kraft verleihst!
Daß wir das Alte neu verstehen und uns in Gottes Nähe sehen.
Wir bitten, Herr, um deinen Geist!

Wir bitten, Herr, um deinen Geist, daß du uns deine Kraft verleihst!
Wir wollen nicht nur Fragen nennen, wir möchten auch die Antwort kennen.
Wir bitten, Herr, um deinen Geist!
Wir bitten, Herr, um deinen Geist, daß du uns deine Kraft verleihst!
Auch wenn wir fürchten, zu versagen, so laß uns doch das Zeugnis wagen.
Wir bitten, Herr, um deinen Geist!

Schlußgebet: Dona nobis pacem
Gott!
mitten in der Schwachheit / Widerstehen, mitten in der Verlassenheit / Nähe, / mitten in der Trauer / Freude
Gott, gib uns!
mitten im Dunkel / Licht, mitten im Unglück / Segen, mitten im Tod / Leben
Gott, gib uns deinen Frieden!

Die Texte des *Kyrie* und *Dona nobis pacem* gehen zurück auf den Prolog und Epilog der *Biblischen Messe »Hions Botschaft«* (Gottfried Brezger, Christian Finke, Thomas Holm, 1996).

Vorschlag zur Predigt

Worauf warten wir?

»Stirb nicht im Warteraum der Zukunft!« – so heißt der deutsche Titel des Buches eines amerikanischen Theologen (Harvey Cox), das vor bald 30 Jahren erschienen ist. Schauen wir uns einmal um: Wer sitzt mit uns in diesem ›Warteraum der Zukunft‹? Sind es Kinder, die beim Öffnen der Türen am Adventskalender die Tage zählen bis zu dem großen Tag, den sie sich herbeiwünschen? oder Schülerinnen und Schüler, die nicht wissen, wie ihre Arbeit ausgefallen ist? oder Jugendliche, die auf eine Antwort auf ihre Bewerbungsschreiben warten? oder junge Menschen, die nach erfolgreichem Abschluß ihrer Ausbildung sich in eine lange Warteschleife einreihen müssen? oder alte Menschen, die auf den Besuch ihrer Kinder warten? oder Kranke, die einer Operation mit ungewissem Ausgang entgegenleben? oder Künstler, die nach langer Vorbereitung ihrer ersten Aufführung entgegenfiebern? …

Es spricht viel dafür, sich auf eine der angedeuteten Situationen zu beschränken, evtl. auch unter Verwendung von K. P. Hertzsch, siehe Kontexte;
danach LESUNG des PREDIGTTEXTES.

Haben wir noch ein Gespür für die »letzten Dinge«? … Worauf warten wir?

Ermutigung zum langen Atem

»Seid geduldig!« – Ich weiß nicht, liebe Hörerinnen und Hörer, wie es Ihnen geht; mich lassen solche Mahnungen ziemlich unbeeindruckt, auch wenn sie gleich drei mal wiederholt werden. Wo soll ich denn hin mit meiner Ungeduld? Ich kann doch nicht endlos warten, bis sich endlich ein Erfolg meiner Bemühungen einstellt *(konkretisieren).* Was ich mir aber wünsche, das ist die Haltung des Bauern in unserem Predigttext. Er weiß: Gottes Handeln ist es, das am Ende den Ertrag unseres Tuns bestimmt; aber das bedeutet alles andere als ein passives Warten. Denn in der Vorbereitung auf die Ernte ist viel zu tun. Entscheidend aber ist seine Gelassenheit: einlassen, wirken lassen, wachsen lassen, geschehen lassen, verbinde ich damit, auch loslassen, verlassen, unterlassen, überlassen ... »Großen Mut haben«, steht wörtlich da; und ich höre heraus: »Ermutigung zum langen Atem«.

Zur Stärkung des Herzens

»Zur Stärkung des Herzens« steht auf mancher Medizin, die uns helfen soll, dem Streß von Erwartungen standzuhalten. »Stärkt eure Herzen!«, heißt es im Jakobus. Das Herz ist nicht nur Zentrum unserer Lebenskraft, sondern auch Organ unseres Wartens. Das spüren wir, wenn die Anspannung des Wartens unseren Herzschlag beschleunigt. »Stärkt eure Herzen!« - ich verstehe das so: Wir müssen Gottes Geist nur einlassen, wirken lassen in unseren Herzen. Bis in unsere Zeit ist das Herz zugleich auch ein Symbol inniger Verbundenheit. »Stärkt eure Herzen!« das bedeutet für mich auch: »Stärkt die Gemeinschaft untereinander!« Schaut euch um nach denen, die mit euch warten. Damit wir nicht sterben im Warteraum der Zukunft, sondern ihn mit Leben erfüllen. »Stärkt eure Herzen; denn das Kommen des Herrn ist nahe!«

Kontexte

Martin Luther, Welchs die rechten und edlisten Bucher des Neuen Testaments sind. Anno 1522 (aus dem Schluß der Vorrede zur deutschen Bibelübersetzung vom Jahr 1522, der in späteren Ausgaben weggelassen wurde, hier zitiert aus der Erlanger Ausgabe 1854, Band 63, Seite 115)
»Summa. Sanct Johannis Evangel. und seine erste Epistel, Sanct Paulus Epistel, sonderlich die zu den Romern, Galatern, Ephesern, und Sanct Peters erste Epistel, das sind die Bucher, die dir Christum zeigen, und alles lehren, das dir zu wissen noth und selig ist, ob du schon kein ander Buch noch Lehre nummer sehest noch hörist. Darumb ist Sanct Jakobs Epistel ein recht strohern Epistel gegen sie, denn sie doch kein evangelisch Art an ihr hat. Doch davon weiter in andern Vorreden.« *Darin führt Luther weiter aus (Seite 156f.):*
»Diese Epistel S. Jakobi, wiewohl sie von den Alten verworfen ist, lobe ich, und halte sie doch fur gut, darumb, daß sie gar kein Menschenlehre setzt und Gottes Gesetz hart treibet. Aber daß ich meine Meinung drauf stelle, doch ohn Jedermanns Nachtheil, achte ich sie fur keines Apostels Schrift, und ist das meine Ursache: Aufs erste, daß sie stracks wider S. Paulum und alle andere Schrift den Werken die Gerechtigkeit gibt ... Aufs ander, daß sie will Christenleute lehren und gedenkt

nicht einmal in solcher langer Lehre des Leidens, der Auferstehung, des Geistes Christi. Er nennet Christum etlich Mal; aber er lehret nicht von ihm, sondern sagt von gemeinem Glauben an Gott ... Und darinne stimmen alle rechtschaffene heilige Bücher übereins, daß sie allesampt Christum predigen und treiben. Auch ist das der rechte Prüfestein alle Bücher zu tadeln, wenn man siehet, ob sie Christum treiben oder nicht ... Aber dieser Jakobus thut nicht mehr, denn treibet zu dem Gesetz und seinen Werken, und wirft so unördig eins ins ander, daß mich dünket, es sei irgend ein gut frumm Mann gewesen, der etliche Sprüche von der Aposteln Jünger gefasset, und also aufs Papier geworfen hat, oder ist vielleicht aus seiner Predigt von einem andern beschrieben ... Summa, er hat wollen denen wehren, die auf den Glauben ohn Werk sich verließen, und ist der Sachen zu schwach gewesen, will es mit dem Gesetztreiben ausrichten, das die Apostel mit Reizen zur Liebe ausrichten. Darumb kann ich ihn nicht unter die rechten Häuptbücher setzen, will aber damit Niemand wehren, daß er ihn setze und hebe, wie es ihn gelüstet; denn viel guter Sprüche sonst darinne sind.«

Klaus-Peter Hertzsch, Dein Reich komme – worauf wartet die christliche Gemeinde? Vortrag anläßlich der Bereichssynoden der EKU im Mai/Juni 1986, in: Die Bedeutung der Reich-Gottes-Erwartung für das Zeugnis der christlichen Gemeinde – Votum des Theologischen Ausschusses der Evangelischen Kirche der Union, Neukirchener Verlag 1986, Seite 195 ff.
Hertzsch lädt in diesem Votrag ein, »... nachzudenken über die drei Zeitebenen, auf denen wir leben: Zukunft – Vergangenheit – Gegenwart« und verknüpft damit das Nachdenken über das Reich Gottes »... denn das Reich Gottes ist für unsere Zukunft die große Erwartung, für unsere Vergangenheit die große Erinnerung und damit für unsere Gegenwart die große Ermutigung ... Man könnte denken, wichtig ist eigentlich nur, was heute ist, wichtig dafür, ob ich fröhlich oder traurig bin, singe oder seufze, gerne lebe oder nicht. Aber beim zweiten Blick schon wird deutlich, das stimmt nicht. Sondern mindestens ebenso wichtig für den heutigen Tag ist das, was kommt. Ferientage sind schön, aber die ersten sind immer noch viel schöner, wenn man alles noch vor sich hat, als die letzten. Und in der Abteilung ist die Stimmung sehr unterschiedlich an einem Arbeitstag, je nach dem, ob wir eine harte Arbeitswoche vor uns haben oder ein Sommerwochenende. Ich stelle mir z. B. einen Mann vor, der sitzt im Café, raucht eine Zigarre, ißt seine Crèmeschnitte und trinkt seinen Mokka, und ich denke, dem geht es gut. Aber unter dem Tisch steht vielleicht schon das Köfferchen mit den Sachen für die Klinik. In einer halben Stunde muß er sich auf der Station drüben melden, und übermorgen ist die Operation. Sein Augenblick ist überschattet von dem, was kommt. Und wohl ist ihm nicht, sondern eher beklommen.
Und umgekehrt. Ich stelle mir einen jungen Mann vor, der schuftet in der Sommerhitze und keucht und schwitzt und hat harte Arbeit, und ich denke, dem geht es nicht gut. Aber er ist ganz vergnügt, denn er weiß, in einer halben Stunde ist Feierabend, und die Freundin wartet schon, und die Karten für die Disco hat sie in der Handtasche. Das, was kommt, überstrahlt den gegenwärtigen Augenblick. Wohl dem, der etwas Gutes zu erwarten hat. Wohl dem, der auf etwas warten kann, der etwas vor sich hat ...«

Harvey Cox, Stirb nicht im Warteraum der Zukunft – Aufforderung zur Weltverantwortung, Übertragung aus dem Amerikanischen durch Werner Simpfendörfer, Kreuz-Verlag 1968.
Cox bezeichnet die Apathie als »die zentrale Gestalt der Sünde in der heutigen

Welt« (17) und erklärt: »Die einzige Zukunft, die die Theologie hat, so könnte man sagen, liegt darin, eine Theologie der Zukunft zu werden. Sie muß ihre Aufmerksamkeit auf jene Zukunft richten, die Gott möglich macht, für die aber der Mensch unentrinnbar verantwortlich ist. Herkömmlicherweise hat sich mit der Zukunft die Prophetie beschäftigt. Daher wird das Schicksal der Theologie von ihrer Fähigkeit bestimmt sein, ihre prophetische Rolle wieder zu gewinnen« (30). »Unsere Christologie muß bei dem Juden (Jesus) einsetzen, der es uns ermöglicht, die Hoffnung Israels zu teilen, die Hoffnung auf ein Reich des Shalom« (37).

3. Sonntag im Advent

Annäherungen an den Predigttext
1. Brief an die Gemeinde in Korinth 4,1-5

Klaus Eulenberger

»Warten Sie«, sagt sie, steht aus ihrem Sessel auf und geht mit fast noch jugendlich wirkenden Schritten zum Bücherschrank; »ich hab mir die Stelle doch angestrichen. Es ist irgendwo in den großen Paulusbriefen. Vielleicht können Sie mir helfen.« Sie wisse doch genau, daß von »Lob« die Rede sei – an einer Stelle, wo man eigentlich eher ein Wort wie »Kritik« oder »Urteil« erwarte. »Die Sätze sind mir jetzt wieder in den Sinn gekommen«, sagt sie, »und ich wußte zuerst nicht einmal, warum. Vielleicht, dachte ich, hängt es damit zusammen, daß ich zuviel allein bin nach dem Tod meines Mannes. Aber es ist ja auch nicht das erste Mal, daß mich diese Sache mit dem Jüngsten Gericht beschäftigt.« Nein, es ist nicht das erste Mal. Ich erinnere mich an ein Gespräch bei einem Mittagessen, vielleicht ein Jahr zuvor im sommerlichen Garten, der Tisch stand unter dem Nußbaum. Sie hatte von einer Reise berichtet und sich lustig gemacht über den geplanten Bau einer Tiefgarage in der kleinen Stadt. Ohne jede Überleitung hat sie mich plötzlich fixiert und gesagt: »Ich muß so oft an diese Zeile aus dem Glaubensbekenntnis denken: ›Von dort wird er kommen, zu richten die Lebenden und die Toten‹. Können Sie mir etwas darüber sagen?« In dieser Frage meldete sich – so meinte ich zu spüren – nicht das Interesse einer gebildeten Frau, etwas über die Bedeutung einer Formulierung des Glaubensbekenntnisses zu erfahren. Es war eine unbezwingbare Unruhe, die sie auf diesen Punkt des Gespräches zutrieb. »Was macht Ihnen solche Angst?«, habe ich sie damals gefragt. Aber darüber hat sie an diesem Sommertag mit mir nicht reden wollen. »Vielleicht ein anderes Mal«, hat sie etwas spöttisch gesagt. Jetzt bitte sie den Theologen um einige Auskünfte: Was man denn wissen könne über das Gericht am Ende der Zeit oder des Lebens.

Nun also: dasselbe Thema. Sie habe ein Foto wiedergefunden, das sie vor langer Zeit selbst aufgenommen habe. Leider habe sie, wie üblich, nichts auf die Rückseite geschrieben, so daß sie auf Vermutungen angewiesen sei: wahrscheinlich eine Kirche in einem kleinen Ort am Bodensee, nein, nicht auf der Reichenau. Sie zeigt mir das Bild, eine barocke Kreuzigungsszene: über dem Kopf des sterbenden Christus ein Engel, der eine Schriftrolle zerreißt, das menschliche Sündenregister enthaltend. »Ich glaube«, sagt sie jetzt, »daß Paulus genau dies gemeint hat. Hier ist es: ›Dann wird einem jeden von Gott sein Lob zuteil werden.‹ Kein Sündenregister, keine Abwägung der guten gegen die bösen Taten, wie man es von anderen Bildern kennt, die sich mir früh eingeprägt haben. Es ist, als würden die Fehler, die man gemacht hat, irgendwo zwischen dem Urteil der Menschen und dem Urteil Gottes auf der Strecke bleiben. Und was ich so aufregend finde« - sie sieht an die Zimmerdecke, während sie das aufgeschlagene Buch in der linken Hand hält -, »es kommt offenbar nicht nur - oder gar nicht! - auf die *Taten* eines Menschen an, sondern darauf, was einer im Sinn gehabt, was er gewollt hat. Wie heißt es? ›Er wird das Trachten der Herzen offenbar machen.‹ Damit wäre mir schon geholfen. Meine Absichten waren immer besser als das, was daraus geworden ist, mein Herz ist reiner als es meine Hände sind ...« »Und das haben Sie sich immer übel genommen?«, frage ich. »Ja«, antwortet sie, »ich war immer bereit, mich selbst zu verurteilen. Eigentlich brauche ich gar kein Gericht am Ende des Lebens, die Verhandlungen finden schon mittendrin statt, und ich bin als meine eigene Anklägerin viel findiger denn als meine Verteidigerin. Wenn Furcht eine der Wurzeln der Religion ist, dann bin ich vielleicht von Anfang an dazu verurteilt, ein religiöser Mensch zu sein. Dabei fand ich es immer erbitternd, daß die Religion nur gerade für jene Probleme eine Lösung verspricht, die sie selbst erst geschaffen hat: Vergebung für die, die Schuld empfinden, Erlösung nur für jene, die sich zu Tode gefürchtet haben ...« »Furcht ist nicht in der Liebe«, sage ich, »sondern die vollkommene Liebe treibt die Furcht aus.« »Ich habe davon gehört«, murmelt sie; »es ist so schwer, diese Furcht loszuwerden. Aber ich habe ja wohl noch ein wenig Zeit. Und eine Anfängerin bin ich in dieser Sache auch nicht gerade mehr.«

Zum Gottesdienst

Angelika Obert

Exegetisch-homiletische Skizze

Was tun, wenn sich in der Gemeinde Parteien bilden, die sich unversöhnlich befehden? Ich stehe nicht außerhalb des Geschehens. Die einen liegen mir mehr als die andern. Die (m)einen haben mehr Recht als die andern. »Wir« vertreten den richtigen Weg, die andern gehen irre ...
Da muß doch wohl gekämpft und gestritten werden. Und es dauert nicht lange, bis sich die gegnerischen Gruppen ganz ineinander verbissen haben - bis Herz und Verstand vom »Feind« beherrscht werden, dem die letzten Gedanken vor dem Einschlafen gelten und die ersten am Morgen.

Das gilt vor allem, wenn ich selbst zur Zielscheibe der Kritik werde, wenn eine ganze Clique meine Arbeit madig macht. Darunter werde ich nicht nur selbstquälerisch leiden. Ich werde mich auch zur Wehr setzen, mich rechtfertigen und im Verein mit den mir verbliebenen Verbündeten gegen die Giftzwerge von der anderen Seite antreten.

Vier Jahre, nachdem er die Gemeinde in Korinth gegründet hat, befindet sich Paulus in solch bedrückender Situation. Er schreibt nach Korinth als ein umstrittener Mann, dessen Schwächen zum Gemeindegespräch geworden sind. Ein »Neuer« (Apollos) ist gekommen und hat ihm das Wasser abgegraben. Gleichzeitig hat sich der lebhafte Christenverein in Korinth überhaupt ziemlich selbständig gemacht. Nach vier Jahren steckt die Gemeinde in einer massiven Krise. Gezänk beherrscht die Gemüter und erstickt den Christusglauben. Es ist diese Krise, für die sich Paulus in erster Linie interessiert. Zugleich muß er aber auch mit seiner eigenen Rolle darin fertig werden. Er nimmt sich zusammen. Er versucht, den eigenen Schmerz zu transzendieren, die Kluften zu überbrücken. Er verzichtet (weitgehend) darauf, seine Widersacher zu widerlegen und sich selbst zu verteidigen.

Er sucht nach dem Ursprung des Streits, um ihn zu heilen. Und er findet die Wurzel des Übels in einem Haltungsfehler, der den Menschen zwar nicht angeboren ist, der ihnen aber, sobald sie auf dieser Erde zu laufen beginnen, anerzogen wird: Sie verwechseln das Haben mit dem Sein.

So meinen nun auch in Korinth die Frommen, als Christen »hätten« sie den Glauben und mit ihm die Gotteswahrheit. Als »Besitzer« von Wahrheit werden sie zwangsläufig zu Konkurrenten und Richtern: Mein Weg ist richtiger, mein Glaube gottnäher als deiner.

In der Besitzerhaltung wird alles verkehrt. Christus läßt sich nicht haben. In Christus läßt sich nur sein. Das ist das große Lebensthema des Paulus, seine unermüdliche Predigt – mit der er immer wieder unverstanden bleiben wird. Weil sich der Ursprung allen Lebens und jeder Freiheit nicht haben läßt, weil Glauben ein Sein in Hingabe ist, darum sind Konkurrenzverhältnisse irrelevant und Urteile relativ. Sie dürfen niemals zum treibenden Motor eines Christenlebens werden.

Dieser Einsicht geht Paulus im Bild vom »treuen Haushalter« nach. Es erscheint antiquiert, hat aber doch seinen plastischen Reiz. Zumindest von einer treuen Haushälterin haben wir aus Filmen und Romanen doch eine klare Vorstellung. Von ihr wird erwartet, daß sie alle Dinge im Haus mit liebevoller Sorgfalt hütet, ohne sich je mit ihnen zu brüsten, ohne je eine Position damit erringen zu können. Ihr Reichtum besteht niemals darin, daß sie das Haus und seine Einrichtung als ihren Besitz vorzeigen kann, sondern allein darin, daß sie täglich damit umgeht. Die Dinge gehören ihr nicht, und doch ist sie ihnen näher als die Hausherrin, denn sie berührt sie täglich, sie kennt sich aus ...

Mich lockt, da um den Weg der Kirche wieder gestritten wird, das Bild kirchenpolitisch umzusetzen: Verhalten wir uns als »treue Haushälterinnen«,

wenn wir das Evangelium - geglättet - wie ein Produkt auf den Markt tragen? Würde es seine weltverändernde, missionarische Leuchtkraft nicht viel mehr entfalten, wenn wir nur bescheiden, aber pfleglich danach lebten?
Noch schärfer werden die Konturen, wenn wir Lukas 12,3 ff. hinzudenken: Auch wenn es heute noch völlig verborgen bleibt, wer mit dem Schatz Christi wie ein Besitzer wirtschaftet, also »ungetreu« haushaltet - eines Tages, urplötzlich wird es doch »ans Licht gebracht« und nicht belanglos sein. Paulus spricht in 1. Korinther 3,11-17 davon, wie er sich diesen Moment der letzten Offenbarung vorstellt: wie ein Feuer, in dem alles Haltlose im Nu verbrennt. Keine Seele soll darin zugrunde gehen. Aber der »Ungetreue« wird vor einem Aschehäuflein stehen.
Ungetreu als Haushälter werden wir, wo wir uns selbst zu Herrschaften machen, zu Richtern über andere, zu Richtern über uns selbst. Ja, auch das Selbstgericht ist eine Form von Herrentum, eine Anmaßung, die uns nicht zusteht, außerhalb unserer Möglichkeiten liegt.
Ich stimme mit Klaus Eulenberger überein, auch für mich liegt der befreiende, aufregende Aspekt der Perikope in dem kleinen Nebensatz: »auch richte ich mich selbst nicht«.
Durchzubuchstabieren, was das bedeutet, darauf dürfte sich eine Predigt ruhig einmal konzentrieren. »Sich selbst zu richten« heißt ja fast immer auch, sich selbst zu rechtfertigen, die Schattenseiten wegzudenken, in eine falsche Wahrnehmung zu geraten. Und wenn es, was ja durchaus gleichzeitig geschehen kann, dazu kommt, daß wir uns selbst verdammen und schlecht finden, dann werden wir gewiß auch andere verdammen und noch viel schlechter finden ... Es bleibt doch immer wieder dieser permanente Prozeß des Vergleichens, Konkurrierens und Urteilens, der das Herz verengt und für die Liebe Christi unempfänglich macht.
»Dem Herrn den Weg bereiten« lautet das Thema am 3. Adventssonntag. Im Licht der Perikope bedeutet das: Verlernt das »Richten«, denn jedes abschätzende Urteil ist wie ein Stein, der Gottes Liebe den Zugang versperrt. Natürlich werden wir, solange wir leben, auch urteilen müssen. Aber unsere Urteile werden Gott den Weg nicht versperren dürfen. Bei ihm allein ist die Wahrheit aufgehoben. Von ihm allein wird sie gewiß ans Licht gebracht. Er allein wird am Ende jedem Menschen und seinem Werk gerecht.
Wenn wir uns vom Richtzwang befreien lassen, wird viel Energie wieder in Fluß kommen. Wir haben dann den Kopf frei für die Treue, die tut, was wirklich zu tun ist. (Nicht jammert, sondern zupackt!) Wir haben das Herz frei für die Gnade des kommenden Gottes - für Weihnachten.
Die Befreiung vom Selbstgericht und die damit verbundene Befähigung, der Liebe Gottes »den Weg zu bereiten«, möchte ich zur zentralen Botschaft der Predigt machen. Ich möchte dabei allerdings dem Gedankengang der Perikope und auch ihrer konkreten Veranlassung nah bleiben. Denn die Lage, in der Paulus sich befindet, ist doch hochaktuell: »Mobbing« ließe sich nennen, was ihm in Korinth widerfährt. Sein Ansehen steht auf dem

Spiel, seine Überzeugungen werden in Frage gestellt. Jeder Mensch in unserer pluralistischen und leistungsorientierten Gesellschaft weiß, welche Bedrohung für die eigene Identität das bedeutet. Wie Paulus damit umgeht, welchen Lösungsweg er findet, dem möchte ich in der Predigt nachgehen. Ich kann mir aber auch gut vorstellen, daß man sich stärker von der Perikope löst und beim Thema »Adventsverweigerung« ansetzt - weil die Stimmung so mies ist im Betrieb, in der Familie ... oder daß man mit den Steinen, die Gott im Weg liegen, ganz plastisch etwas anfängt. Sie könnten z. B. im Mittelgang der Kirche liegen, jeder Stein ein fertiges Urteil - und im Lauf des Gottesdienstes weggeräumt werden.
Die thematischen Pole, die in Liturgie und Predigt zu entfalten wären, sind nach meinen Überlegungen:
zerstörerische - fruchtbare Auseinandersetzung
Haben - Sein
Herrschen - Dienen
Richten - nicht richten
Gott den Weg versperren - Gott den Weg bereiten

Vorschläge zur Liturgie

Lieder
Wie soll ich dich empfangen ... (EG 11; 1,4,7,8)
Bereitet doch fein tüchtig den Weg ... (EG 10; 2+3)
Ist Gott für mich, so trete ... (EG 351; 1,3,6)
Gott liebt diese Welt ... (EG 409)
Komm, o mein Heiland Jesu Christ ... (EG 1; 5)

Eingangsgebet
Dies ist der Ort und dies ist die Zeit, hier und jetzt wartet Gott darauf, in unsere Erfahrung einzudringen, um unser Denken zu verändern, unser Leben zu verändern, unser Verhalten zu verändern.
Alle: DAMIT WIR DIE WELT UND DAS GANZE LEBEN IN EINEM NEUEN LICHT SEHEN.
Um uns mit Hoffnung zu erfüllen, mit Freude und Gewissheit für die Zukunft.
Alle: DIES IST DER ORT WIE JEDER ORT, DIES IST DIE ZEIT WIE JEDE ZEIT; HIER UND JETZT WOLLEN WIR SEIN LOB SINGEN.
(aus El Escorial, s. u.)

Sündenbekenntnis
Gott, unser Vater im Himmel, wir zucken zusammen, wenn schlecht über uns geredet wird, wir haben Angst davor und lassen uns von dieser Angst leiten. Was die andern von uns denken, ist uns viel wichtiger, als was du denkst. So sind wir oft feige und unehrlich.
Alle: Gott, wir bitten Dich: Mach uns Deiner Liebe gewiß.

Gott, unser Vater im Himmel, wir urteilen hart über Menschen, die uns nicht liegen. Wer uns nicht entgegenkommt, den finden wir bedrohlich. Wir legen uns die Welt zurecht, wie sie uns paßt. So sind wir oft ungerecht.
Alle: Gott, wir bitten Dich: Mach uns Deiner Liebe gewiß.
Gott, unser Vater im Himmel, wir möchten immer noch anders sein, als du uns gemacht hast, stärker, gesünder, schöner und klüger. Wir möchten immer obenauf sein. Wir hadern mit unseren Schwächen. So sind wir oft freudlos.
Alle: Gott, wir bitten Dich: Mach uns Deiner Liebe gewiß.

Gnadenzuspruch
Jesaja 43,1

Fürbittengebet
Ewiger Gott, Du bist der Urpsrung des Lebens. Alles Leben hängt ab von Dir. Du sorgst für den ganzen Erdkreis. Wir beten für unsere Nächsten, deren Glauben und Überzeugung anders sind als unsere, deren Sehnsucht wir oft nicht verstehen. Lehre uns, nicht zu vergessen, daß Du alle Menschen liebst. Hilf uns, zu achten, was wir noch nicht begreifen. Hilf uns, daß wir uns freuen können, wo immer wir Wahrheit, Schönheit und Liebe entdecken. Hilf uns, mit anderen liebevoll zu leben, so daß sich Deine Herrschaft mehr und mehr auf alles Leben erstreckt. Darum bitten wir dich im Namen dessen, der sich für alle hingab, Jesus Christus.
Alle REISS NIEDER, WAS UNS TRENNT, UND VEREINE UNS ZU EINER GEMEINSCHAFT.
Ewiger Gott, befreie uns von Angst und Vorurteilen und von der Unwissenheit, die uns hindert, mit Freude ein Teil der menschlichen Familie zu sein. Befreie uns zur Zugehörigkeit und zur Sorge um alle.
Alle: REISS NIEDER, WAS UNS TRENNT, UND VEREINE UNS ZU EINER GEMEINSCHAFT.
Liebender Gott, befreie uns aus der Engstirnigkeit, die allzu rasch ablehnt, aus der Selbstgerechtigkeit, die allzu rasch verurteilt, aus der Engherzigkeit, die den Blick für das Gute in anderen verstellt. Befreie uns, damit wir lieben und lernen können.
Alle: REISS NIEDER, WAS UNS TRENNT, UND VEREINE UNS ZU EINER GEMEINSCHAFT.
Gnädiger Gott, befreie uns aus unserer Verzagtheit, damit wir Zeugnis von Deiner Liebe geben, aus unserer Unwilligkeit, das Zeugnis anderer zu hören, aus unserer Schwerfälligkeit, Dich an Orten zu erkennen, wo wir dich nicht vermutet hätten. Befreie uns, damit wir erkennen und glauben. Amen.
(aus El Escorial, s. u.)

Die Gebete aus El Escorial sind aus: Gottesdienstbuch El Escorial, in »Nicht mit halbem Herzen« - Gebete aus der Ökumene II, hrsg. Ev. Missionswerk (EMW), Hamburg 1990.

Vorschlag zur Predigt

Möglicher Anfang

Bevor wir den Predigttext hören, will ich von Schwester Anna erzählen, die eine Perle war und die gute Seele im Haushalt meines Großvaters. Vor allem wir Kinder liebten Schwester Anna, denn vor ihr brauchten wir kein bißchen Angst zu haben. Nichts Furchterregendes ging von ihr aus, nichts Forderndes. Sie war ja bloß die Anna, die Dienstbotin, die putzte und kochte, den Abwasch machte, die Kohlen schleppte, morgens den Ofen heizte. Eine ganz schlichte Frau mit einem kleinen Horizont und einem großen Herzen. Nie hatte sie eine eigene Familie, nie auch nur eine eigene Wohnung. Einen Wecker besaß sie, eine Puppe und ihre Schwesterntracht – eigentlich war sie ja Diakonisse. Nie hätte sie sich ein Urteil erlaubt über das, was die Herrschaften, die klugen und hohen Leute dachten und machten. Aber was die Kinder trieben, und wie es den Kindern ging, davon wußte sie immer mehr als Vater und Mutter. Und wie der Ofen zu heizen war auch ohne Kohle und wo es noch was zu hamstern gab nach dem Krieg – darauf verstand sie sich – so daß sie am Ende alle sagten in der Familie: Was wäre nur aus uns geworden, wenn wir die Anna nicht gehabt hätten? Schwester Anna ist alt geworden und leicht gestorben. Ich habe sie auf dem Totenbett gesehen: federleicht wie ein Kind, das Antlitz in vollkommenem Frieden.

Nun sind sie selten geworden, die Annas dieser Welt. Aber unser Predigttext meint, solange es noch Christenmenschen gibt, müßten sie eigentlich zahlreich sein. Wir alle, so schreibt der Apostel Paulus, müßten in Gottes Haushalt doch so etwas wie eine Schwester Anna sein, ob Mann oder Frau, nicht mehr und nicht weniger als eine Bedienstete. So steht es im ersten Brief an die Korinther:

Lesung des Predigttextes.

Zum weiteren Verlauf

– Paulus selbst war keine »Schwester Anna«, sondern ein komplizierter Mensch, ein Denker, ein Gründer, eine Autorität. Er trägt Verantwortung, er hat was zu verlieren: Sein Ansehen ist bedroht und auch sein Lebenswerk in Korinth. Es wird schlecht über ihn geredet. Ein Neuer ist aufgetaucht, der alles besser weiß und macht. In der Gemeinde wird verbissen gestritten.

– Wie geht es mir, wenn meine Arbeit bedroht ist? Wenn mir ein Konkurrent das Wasser abgräbt? Wenn meine Überzeugungen in Frage gestellt werden und ich mich an den Rand gestellt, ja angefeindet finde? Ich bin hin- und hergerissen zwischen Kampfeslust und Selbstzweifel. Mal möchte ich die Gegner »vernichtend« aus dem Feld schlagen, mal fühle ich mich völlig als Versagerin. Eine quälende Situation, die mich gefangenhält und niederdrückt ...

- Paulus sucht eine Lösung - nicht nur für sich, auch für die Gemeinde, in der so giftig konkurriert wird. Er verzichtet darauf, obenauf zu sein. Er stellt sich untenan. Denn Gottes Wahrheit ist kein Knochen, den man sich erbittert gegenseitig aus dem Maul reißen könnte. Niemand kann sie besitzen. Niemand ist Herr über den rechten Weg. Wo unversöhnlich gestritten wird, führen wir uns aber auf wie die Herren und haben doch nichts als unsere eigenen Irrtümer im Maul.
- Gottes Wahrheit ist wie das Haus, in dem wir die »Schwester Anna« sind. Das ist eine große Entlastung.
- Wir müssen uns nicht mehr abverlangen als wir können. Nicht mit uns hadern, wenn wir erfolglos sind. Nicht immerzu mit uns ins Gericht gehen, weil wir nicht gut genug scheinen. Wir müssen uns nicht selber das Zeugnis schreiben. Denn auch das ist Anmaßung. An welchem unbarmherzigen Maßstab messen wir uns? Wir können doch nicht einmal das »Trachten« des eigenen Herzens wirklich ergründen ...
- Wir müssen aber auch die anderen nicht beiseite fegen, um unseren Platz, unser Ansehen und Recht zu behaupten. Wir sind für das letzte Wort im Streit der Welt tatsächlich nicht verantwortlich, und unser Lebenswerk zerbricht nicht, wenn es in den Schatten gestellt wird.
- Denn unser Werk ist doch nur Dienst in Gottes Haushalt. Er ist der Herr. Er wird es ans Licht bringen, würdigen, jedem Menschen gerecht werden.
- In dieser Gewißheit, daß Gott kommt, sind wir geborgen und gelassen, selbst da, wo wir im Streit verlieren, Spott und Anfeindung erleben.
- Viele gibt es, die wollen von Weihnachten nichts wissen - weil sie tief bedrückt sind, weil die Stimmung im Betrieb oder in der Familie auf dem Tiefpunkt ist. Weil Streit herrscht. Weil sie sich mißachtet und angefeindet fühlen: »Jetzt kann ich doch nicht auch noch Advent feiern ...«
- Müßte es nicht heißen: jetzt gerade - jetzt, wo der Wind mir ins Gesicht bläst, jetzt will ich Advent feiern, will ich auf den Gott warten, der gewiß kommt?
- Wochenspruch: »Bereitet dem Herrn den Weg« - macht seiner Liebe und Barmherzigkeit die Bahn frei. Jedes abschätzige Urteil, jeder vernichtende Gedanke, jedes Richterwort, das ich über mich selbst oder über andere ausspreche, ist es nicht wie ein Stein, der Gott den Weg versperrt?

Möglicher Schluß
So oft legen wir uns diese Steine gegenseitig aufs Herz, wenn wir einander richten und bedrückende Urteile aussprechen. Dabei brauchen wir uns doch gegenseitig - es kann sich doch keiner allein die Bahn frei machen, keiner allein Gott den Weg bereiten. Wir brauchen das Lob, die Bejahung, die Achtung auch derer, die uns nicht so nahe stehen, um unbeschwert zu atmen - und wie wir sie brauchen, so brauchen sie uns.

Aber in der Gewißheit, daß Gott kommt und wir in ihm geborgen sind, dürfen wir auch immer ihn zuerst wirken lassen: Die Steine, mit denen wir uns selbst belasten, die Selbstzweifel und Minderwertigkeitsgefühle, die gilt es, im Glauben loszulassen. Halten wir uns aus, wie wir sind. Dann wird uns der Atem Gottes erreichen und heilen.

Kontexte

»Love all. Serve all. Save the planet.«
(Aufschrift auf dem Button des Hard Rock Cafés in London)

»Zu leben begonnen hatte er erst an jenem Tage, an dem er sich der Truppe anschloß, als er zu dienen begann als der Letzte und Einfachste unter ihnen.«
(Henri Miller, »Das Lächeln am Fuße der Leiter« Bibl. Suhrkamp 198, Seite 24 ff.

»Das Lichtwesen, so berichten sie einmütig, richtet die Frage keineswegs anklagend oder drohend an sie, denn – gleichgültig, wie auch immer ihre Antwort ausfallen mag – fühlen sie doch nach wie vor dieselbe uneingeschränkte Liebe und Bejahung von ihm ausgehen.«
(R. Moody, »Leben nach dem Tod«, Rowohlt, Seite 65 ff.

»Mein Kind, es sind allhier die Dinge,
Gleichviel ob große, ob geringe,
Im wesentlichen so verpackt,
daß man sie nicht wie Nüsse knackt.

Wie wolltest du dich unterwinden,
Kurzweg die Menschen zu ergründen.
Du kennst sie nur von außenwärts.
Du siehst die Weste, nicht das Herz.«
(Wilhelm Busch)

4. Sonntag im Advent

Annäherungen an den Predigttext
Brief an die Gemeinde in Philippi 4,4-7

Hanne Köhler

Gedanken aus Gesprächen mit Frauen und Männern im Alter zwischen 30 und 60 Jahren, die der Kirche eher kritisch, aber interessiert gegenüberstehen.

»Der Text rauscht vorbei. Nicht einmal ein Donnerhall bleibt.« Wie schon so oft, erlebe ich auch mit diesem Bibelabschnitt wieder, daß ein Gespräch nur nach mehrmaligem Lesen der Verse möglich wird. »Da steckt viel zu viel auf einmal drin«, »Ich bin nicht mitgekommen in dieser kirchlichen Formelsprache«, »Moment, lies das nochmal«. So oder ähnlich lauten alle spontanen ersten Reaktionen. Beim Verstehensversuch mit unterschiedlichen Bibelübersetzungen wird übereinstimmend die Lutherrevision von 1984 als sprachlich schöner aber schwerer zu verstehen beurteilt, während die Gute Nachricht als eher unserer Denkwelt entsprechend eingestuft wird.

Die massive Aufforderung »Freuet euch« im Bibelabschnitt reizt zunächst zur Ironie, »Freude, Friede, Fridolin«, »Darf ich jetzt aufhören zu grinsen?« und erst dann zur Auseinandersetzung. Für mich überraschend verbinden in zwei Gesprächsgruppen, unabhängig voneinander, einige die doppelte Mahnung zur Freude mit dem Weihnachtsengel in der Erzählung von Heinrich Böll, der ständig »Friede, Friede« sagt. Durch solche Sätze entsteht keine Freude, freuen läßt sich nicht befehlen oder durch Druck erreichen.

Trotzdem kommt an, daß dieser Bibelabschnitt davon spricht, daß »der Welt etwas Schönes passiert«. Einige werden beim Zuhören an die Weihnachtsbotschaft (Siehe, ich verkündige euch große Freude. Lk 2) erinnert. Diese Assoziation wird gerne aufgenommen. »Das höre ich gern. Ich möchte mich nicht immer mit Problemen beschäftigen.« »Ja, so will ich auch erlöst werden.« Genauso wie die Weihnachtsbotschaft widerspricht der Abschnitt aber den Erfahrungen des täglichen Lebens. »Sorgt euch um nichts, wer kann sich denn das leisten? Ständig hetze ich zwischen meiner kranken Mutter, meinem Job und dem Kindergarten hin und her. Manchmal bin ich selbst erstaunt, wie ich das alles auf die Reihe bekomme.« »Natürlich mache ich mir Sorgen. Meine Firma ist verkauft worden und

viele haben schon ihre Arbeit verloren. Ich weiß nicht, wie es mit mir weiter geht.« »Als mein Mann damals mit seiner Krankheit (Krebs) kämpfte, da habe ich mir furchtbar Sorgen gemacht und auch beten gelernt. Aber zum Schluß konnte ich gar nicht mehr in die Kirche gehen. Da klang es doch immer so, als würde mit dem richtigen Glauben schon alles wieder gut. Aber der X ist doch gestorben, und wir konnten nichts tun.«
Eine Frau schlägt vor, die Verse eher mit Ostern als mit Weihnachten zu verbinden. »Ostern hat mit Leben und Tod zu tun. Da ist nicht nur eitle Freude und Sonnenschein. An Ostern bin ich eher bereit mich mit tiefgehenderen Fragen zu beschäftigen.« Andere stimmen ihr zu. Trotz gegenteiliger Lebenserfahrungen wünschen sie sich in der Weihnachtszeit keine Thematisierung der Probleme.
An Klärungen werden sprachliche Übersetzungen gewünscht. Was ist mit »allewege« in Vers 4 gemeint? Wie kann Güte allen Menschen »kundsein« (Vers 5)?
Ich hatte erwartet, daß zumindest einige spontan die Segensformel aus Vers 7 als Kanzelsegen wiedererkennen. Dies ist jedoch nur auf Rückfrage und nach Erinnerung durch mich der Fall. »Ja, stimmt, jetzt, wo du das sagst, fällt es mir auf.« Aber selbst bei denjenigen, denen die Formulierung vertraut vorkommt, kann kein Zugang zum Inhalt des Verses vorausgesetzt werden. »Das wäre doch mal ein Anlaß, daß mir jemand erklärt, was damit gemeint sein soll.« »Ich kann das nicht erklären, aber für mich ist dieser Satz keine Floskel, sondern sehr anspruchsvoll und tut mir jedes Mal gut.« »Für mich ist das immer das Zeichen, das die Predigt jetzt zu Ende ist und ich im Gesangbuch das nächste Lied aufschlagen soll.«
Insgesamt sehe ich mich aufgrund der Gespräche herausgefordert, einen Adventsgottesdienst so zu gestalten, daß Freude nicht gefordert, sondern während des Gottesdienstes spürbar wird – durch Musik, durch freundliche Begrüßung, durch die Raumgestaltung, durch ein ausgestaltetes Gloria usw. – auch als Kraftquelle für die Sorgen des Alltags.

Zum Gottesdienst

Hans Hermann Blettgen

Theologisch-homiletische Skizze

1. Das Zentrum von Philipper 4,4–7 liegt in der Naherwartung.
2. Das Gefälle ist eindeutig: Die Nähe Gottes bestimmt den Menschen. Der Mensch bestimmt nicht – auch nicht mit seinen Stimmungen und Gestimmtheiten am 4. Advent – die Nähe Gottes. Sie ist weder eine Frage von Einstellungen noch eine Frage des Datums.

3. Die Nähe Gottes befähigt den Menschen, die »Welt im Licht der Möglichkeiten Gottes« (Ernst Lange) wahrzunehmen. Das läßt ihn fröhlich und gelassen werden.
Freude und Gelassenheit prägen das Leben dessen, der auf den nahen Gott adventlich wartet.
4. Freude und Gelassenheit versetzen in die Lage, die Spannung zwischen dem »Noch-Nicht« der Erlösung aller Kreatur von lebensfeindlichen Verhältnissen und Zuständen und dem »Schon« der im Glauben »geschauten« Möglichkeiten zur Veränderung jener Verhältnisse und Zustände auf den weltumspannenden Gottesfrieden hin, wartend zu ertragen bzw. zu tragen.
»Verhältnisse« steht für die vom menschlichen Willen und Vorstellen unabhängigen »äußeren« Lebensumstände politischer, sozialer oder wirtschaftlicher Art, die alles Leben schwer erträglich bzw. unerträglich machen können.
Mit »Zuständen« ist vor allem das Bewußtsein von der Unzulänglichkeit bzw. von dem bruchstückhaften Charakter aller menschlichen Lebensäußerungen gemeint, das den Menschen nicht selten hoffnungslos und niedergeschlagen sein läßt.
5. Freude und Gelassenheit sind Voraussetzungen für das friedliche Zusammenleben mit allen Kreaturen.
Freude und Gelassenheit lassen den Menschen sorgloser an seine alltäglichen Aufgaben herangehen. Sie ermöglichen, gegebenenfalls auch loslassen zu können; denn der Mensch weiß sich und alle und alles im Frieden Gottes geborgen und bewahrt.
Lähmende Hoffnungslosigkeit und Niedergeschlagenheit bzw. zwanghafter Tatendrang sind immer auch Anzeichen für Unfrieden mit sich selbst, mit anderen, mit der Welt.
6. Der Gelassene bejaht, daß menschliches Besorgen und Sorgen nur vorläufig, bruchstückhaft sein kann. Er verhält sich deshalb »milde« und »gütig« anderen und sich selbst gegenüber.
Der Gelassene strebt zwar danach, vollkommen zu werden, ist aber frei von der Besessenheit, vollkommen zu sein. Er weiß, daß er niemals »wie Gott« werden wird.
7. Das Gebet befähigt den Menschen, seinen Wartestand durchzuhalten.
Der Nähe Gottes entspricht das Gebet. Im Gebet verläßt der Mensch sich selbst, indem er sich auf Gott hin »verläßt«. Er verläßt seinen Zweifel, seine Angst, seine Sorge; er verläßt alles Unfertige und Vorläufige und wird so »gelassen«. Im Gebet gewinnt er die Freude und Gelassenheit, die notwendig sind, um die Spannung des Wartens, die Spannung zwischen dem »Schon« und dem »Noch nicht« auszuhalten. – Im Gebet sind wir »uns selbst vorweg in der Gebärde« (Karl Rahner).
8. Gebetserfahrung treibt zum Dank gegenüber Gott. Sie läßt freudige Gelassenheit zu einer Dauerhaltung werden. Der Mensch ist sich im Glauben dessen gewiß, daß Gott der gesamten Schöpfung »allezeit« nahe

ist und daß ihm im Gebet der Zugang zum nahen Herrn »allezeit« möglich ist.
9. »Im Herrn« kommt dem Menschen all das nahe, was er bis dahin für anders, für fremd und abgespalten, vielleicht sogar für feindlich gehalten hat. Er erkennt es als zu ihm, zu Gott, zu seiner Welt, zu einem großen umfassenden Ganzen zugehörig. Die Welt erscheint ihm im Rahmen des weltumspannenden Frieden Gottes.
Der Friede Gottes ist zunächst keine moralische Pflicht oder politische Aufgabe. Er ist »Segen« Gottes, Geschenk Gottes. Erst dann, wenn der Mensch seine Augen und sein Herz, seinen Denkhorizont und seinen Arbeitseinsatz, sein Wollen und sein Vollbringen von Gott gehalten weiß, wachsen ihm der Mut und die Kraft, die Freude und die Gelassenheit zu einem verbindlichlicheren, friedensstiftenden Leben zu. Der Friede Gottes wird »geboren«.
10. Der Friede Gottes ist - wie das Friedenskind in Bethlehem - durch menschliche Unzulänglichkeit und durch lebensfeindliche Verhältnisse ständigen Gefährdungen ausgesetzt. Solange der Mensch im Wartestand lebt, bedarf er immer neu der Anstöße und Einsichten durch Propheten und Apostel.

Vorschläge zur Liturgie

Lieder zu Beginn: Macht hoch die Tür ... EG 1; oder: Wie soll ich dich empfangen ... 11,1-3+7.
Nach der Lesung aus der hebräischen Bibel: Tochter Zion, freue dich ... EG 13.
Vor der Predigt: Nun jauchzet, all ihr Frommen ... EG 9,1+5+6.
Nach der Predigt: Die Nacht ist vorgedrungen ... EG 16.
Zum Abschluß: Wir wollen fröhlich singen Gott ... EG 167; oder: Herr, wir bitten: Komm und segne uns ... Beiheft '84 zum EKG 847.

Eingang
Psalm 102,14+16+18+20-23 oder Jesaja 52,7-10

Eingeständnis
Gern / Gott / lebten wir / gelassen / und fröhlich - / Dir nahe / Doch / näher als Du / kommen uns / immer wieder / Sorge / und Trübsinn

Zuspruch
Psalm 145,18 oder: Sacharja 9,9

Kollektengebet
Der Du / Gott / uns nahe bist / und auf uns wartest / Komm / und rede zu uns / dann kommen wir / Dir nahe

Zu den *Lesungen* vergleiche die agendarischen Texte zum vierten Sonntag im Advent.

Fürbittengebet
Der Du / Gott / aller Kreatur nahe bist / komm / es ist Zeit - / werde Mensch / unter uns / durch uns / in einer Welt / die auf Dich / wartet /
Komm / - komm endlich - / noch verlangen wir nach deiner Freude / noch spüren wir deinen Frieden nicht
Daß / Du kommen wirst / dafür danken wir Dir / schon heute
Diese komprimierten Aussagen benötigen um sich herum einen *Raum des Schweigens*, damit sie »ankommen« können!

Vorschlag zur Predigt

Möglicher Anfang
Paulus sitzt in Ephesus ein und wartet auf sein Urteil.
»Was soll ich denn tun außer warten, bis der Vorstand endlich entscheidet?«, fragte mich gereizt ein leitender Angestellter, der schon seit Monaten um seinen Arbeitsplatz bangt.
Viele Menschen in vielfältigen »Gefängnissen« und Bedrängnissen warten.
Eine junge Frau wartet, daß ihr Mann wieder zu ihr und den zwei Kindern zurückkehrt.
Ein Vierzigjähriger wartet auf das Ergebnis einer Gewebeuntersuchung.
Ein politischer Flüchtling aus dem Kosovo wartet auf die Verlängerung seiner Aufenthaltserlaubnis.
Manche ertragen das Warten, andere stumpfen ab, verlieren ihre Interessen, vernachlässigen ihre menschlichen Beziehungen, »sterben« viele Tode vor ihrem Tod. »Da kann man nichts machen!«, glauben und bekennen sie.

Zum weiteren Verlauf
»Ihr könnt etwas machen!«, ermuntert Paulus die Philipper. Wörtlich: »Freut euch im Herrn ...!«
Paulus und die Philipper verbindet eine enge Beziehung. Die Philipper sorgen sich sehr um den Gründer ihrer Gemeinde. Sie wissen, daß das Urteil »Tod« lauten könnte. So tun sie, was sie glauben, tun zu sollen. Sie sammeln Spenden. Der Apostel nimmt das Geld an. Er nimmt es m. E. aber nur an, um die Spender von ihrem Ohnmachtsgefühl, nichts machen zu können, zu befreien.
Paulus wäre nicht Paulus, wenn er nicht versuchte, das Augenmerk der Philipper von sich selbst weg auf den »Herrn« zu lenken.
»Freut euch im Herrn ...!«
Ich verstehe: Laßt euch nicht gefangen nehmen von meiner Gefangenschaft. Ich lasse das nicht zu und ihr sollt es auch nicht zulassen. Meine

mißliche Lage, das, was vor Augen ist, ist nur die halbe Wirklichkeit. Gott ist uns nahe. Er ist uns näher als mir meine Stricke nahe und euch eure Sorge um mich nahe sind. Das ist die andere Hälfte der Wirklichkeit.
So ist das! Wir beginnen, unter Wirklichkeitsverlust zu leiden, wenn wir unserem persönlichen Unglück bzw. den Unglücksnachrichten und -bildern in Presse, Funk und Fernsehen ungeteilte Aufmerksamkeit schenken. Wenn wir unsere Stimmungen und Gestimmtheiten und jene Nachrichten und Bilder unkontrolliert auf uns wirken lassen. Sie besetzen unser Sehen und Hören. Sie machen uns glauben, daß es nur noch eine Frage der Zeit sei, bis auf unserer Erde die Lichter ausgehen. Und dann werden wir bald den Satz nachplappern: »Da kann man nichts machen!« Ich halte diesen Ausspruch für einen der gottlosesten Sätze, die je über Menschenlippen gekommen sind. Wenn uns an unserer Zukunft liegt, dürfen wir uns den Luxus eines solchen Aberglaubens nicht leisten.
Wir können etwas machen!
Unser Machen könnte damit beginnen, daß wir nach einer Warte suchen, die es uns erlaubt, unsere Welt von ihren unausgeschöpften Möglichkeiten her in den Blick zu nehmen.
Diese Warte spricht Paulkus m. E. an, wenn er »im Herrn« schreibt. Sie ermöglicht uns, all das, was uns Sorgen macht, unsere Einsamkeit, vor allem in diesen und den kommenden Tagen, unsere Gemütsverdrossenheit, unsere Krankheiten, unsere Trauer, unsere Trennungsangst; unsere Angst um unsere Arbeitsstelle; der soziale Frieden in unserem Land; unsere Ohnmachtsgefühle den politischen und sozialen Weltverhältnissen gegenüber, die Schreckensbotschaften der selbsternannten Unheilspropheten unserer Tage, fröhlicher und gelassener, weil nicht nur im Schatten unserer Unzulänglichkeit, sondern auch im Licht der schöpferischen Möglichkeiten Gottes zu sehen.
Was wir brauchen, um zu dieser Warte zu gelangen, das sind »Gegen«-geschichten, »Gegen«-bilder und »Gegen«-visionen. Geschichten, Bilder und Visionen von einer anderen, jetzt nur von uns gebrochen wahrnehmbaren Wirklichkeit: von Freude an- und füreinander, vom gelingenden Leben, vom »guten Zusammenleben aller mit allen« (Martin Buber), d. h. Geschichten, Bilder und Visionen vom Frieden. Wenn wir diese durch Augen und Ohren bewußt in uns aufnehmen, damit sie auf unseren Verstand und auf unser Herz einwirken, so werden sie uns allmählich von unserer Sorge und von deren Auswirkung auf uns, von zwanghaftem Tatendrang oder von lähmender Hoffnungslosigkeit gleichermaßen befreien.
Jene Geschichten, Bilder und Visionen finden wir in der Bibel.
Die Bibel ist eine Ansammlung von Geschichten, die es uns ermöglichen, die Welt »im Herrn« zu sehen.
Z. B. die Weihnachtsgeschichte. In ihr ist von der »großen Freude« die Rede, die »allem Volk« widerfahren wird. Und vom »Frieden« ist da die

Rede, vom erdumspannenden Gottesfrieden. Keiner von uns ist von der weihnachtlichen Freude und vom weihnachtlichen Frieden ausgenommen, kein Land, kein Volk der Erde.
Glauben wir daran? Wollen wir daran glauben? D. h.: Setzen wir unsere Augen und Ohren, unseren Kopf und unser Herz diesen Geschichten und Bildern und Visionen gezielt aus? Glauben und erwarten wir also, daß das weihnachtliche Freuden- und Friedenskind in uns und durch uns und dementsprechend unter uns geboren wird? – Was uns zukünftig erwartet, hängt immer auch davon ab, auf wen bzw. auf was wir warten! – Warum strafen wir dem Gerede von der angeblich utopischen, d. h. an keinem Ort unserer Erde zu verwirklichenden weihnachtlichen Freude und weihnachtlichem Frieden nicht Lügen, indem wir der Freude und dem Frieden einen Ort in unseren Köpfen und Herzen einräumen? Die Rolle von Zuschauern wird auch Weihnachten 1997 nicht zu besetzen sein. Zuschauer werden Weihnachten nicht erleben.
Es geht bei alldem nicht zuerst um die Fragen einer gläubigen Weltanschauung. Es geht um die Frage unseres Überlebens. Leben, wirklich leben als Mensch unter Menschen, als Geschöpf unter Mitgeschöpfen, können wir nur mit jenen alten prophetischen Geschichten und Bildern in Hirn und Herz, die unsere Hoffnung wecken, wach halten und verstärken und uns so das Warten überhaupt erst ermöglichen und zugleich erträglich machen. Die Frage, ob diese Doppelsicht auf unsere Welt nicht zur Bewußtseinsspaltung führen könnte, möchte ich mit einer Gegenfrage beantworten: Ist unsere Welt anders als mit gespaltenem Bewußtsein zu ertragen? Ist der unbeirrbare Blick auf die Macht lebensfeindlicher Verhältnisse und zugleich auf unser eigenes eher ohnmächtiges, weil bruchstückhaftes Denken, Reden und Tun anders durchzuhalten als von der Warte »im Herrn«, d. h. von der Warte der guten Möglichkeiten Gottes her? Adventliches Warten außerhalb dieser Warte gibt es nicht! Wer oder was sollte uns denn sonst von der »Krankheit zum Tode« (Sören Kierkegaard), vor der Verzweiflung schützen? Wer von uns vermöchte sich aus eigener Kraft der lähmenden Banalität dessen, was ist, zu entziehen, ohne selber lähmend banal zu werden? Welche frohe Botschaft hätten wir denn sonst den traurig-düsteren Botschaften eines Botho Strauß, eines Heiner Müller (†), eines Alain Minc oder anderen entgegenzusetzen? Die Banalität des Faktischen spricht allemal für eine »Renaissance des Bösen«, die Soziologen heute überall glauben ausmachen zu können. Auf dieser Linie weiter gedacht, kann es doch kein Zufall sein, daß Historiker sich mit der »Geschichte der Hölle« befassen oder Theologen ihre wissenschaftliche Aufmerksamkeit dem »Teufel« widmen.
Ich möchte uns ermuntern, den alten »Gegen«-geschichten und »Gegen«-bildern der Bibel zu vertrauen! Wir sind nicht ohnmächtig dem »Teufel« oder dem »Bösen« oder irgendeinem blinden Schicksal ausgeliefert! Wir können etwas machen, wir können sogar einiges machen!

Ich z. B. halte es in diesen Tagen so, daß ich mir immer wieder Johann Sebastian Bachs Weihnachtsoratorium anhöre.

»Jauchzet, frohlocket! Auf, preiset die Tage!
Rühmet, was heute der Höchste getan!
Lasset das Zagen, verbannet die Klage!
Stimmet voll Jauchzen und Fröhlichkeit an!«

Wenn ich die Musik, diese Worte höre, dann habe ich das Gefühl, daß meine Zukunftshoffnungen, meine Zukunftserwartungen durch mein Warten auf Weihnachten neue starke Spannungen bekommen.

Ich freue mich auf die Geschichte von der Geburt des Flüchtlingskindes in Bethlehem und auf die Geschichte von den Weisen aus dem Morgenland; ich kann sie nicht oft genug hören - allerdings in der Verdeutschung von Martin Luther. Ich freue mich auf die bekannten Lieder. Ich zögere nicht einmal, das Lied von der »stillen Nacht« zu singen, jedoch mit allen fünf Strophen. Ich freue mich auf den Tannenbaum. Ich freue mich auf unsere Weihnachtskrippe, auf den Engel mit dem gebrochenen Flügel. Ich freue mich auf die Heilige Nacht, auch wenn sie selten heilig ist. Ich freue mich auf den Schnee, auch wenn er nicht fällt.

Ich freue mich, weil ich das alles brauche, um mit allen meinen Sinnen zu erfassen, daß Gott uns nahe ist in dem Kind. Ich brauche das alles als Schutz für meinen Glauben an das Kind. Die Geschichten und Bilder und Lieder und Figuren hüten das Kind für meinen gefährdeten Glauben. Denn ich weiß ja schon heute, während ich noch auf die Geburt des Kindes warte, was wir dem Kind angetan haben und wieder antun werden.

Dagegen fürchte ich mich vor dem Augenblick, da wir die alten Geschichten und Bilder von der Freude und vom Frieden aus unseren Köpfen und Herzen verlieren. Denn wir verlieren damit zugleich die Gewißheit bzw. unser Gespür für die Nähe Gottes. Die Gott bestimmte Stelle in uns wird nicht leer bleiben. Ein anderer bzw. etwas anderes wird uns näher rücken und seine Stelle besetzen z. B. die Sorge mit ihren tausend verschiedenen Gesichtern.

Aber auch dagegen läßt sich etwas machen. »Im Herrn« sind wir in keinem Augenblick machtlos! Wer sich in einem solchen Augenblick der Verzweiflung im Gebet auf Gott hin verläßt, der wird erleben, daß die Sorge ihn verläßt. Der wird »gelassen«. Die Gewißheit von der Nähe Gottes wird in seinen Kopf und in sein Herz zurückkehren und mit ihr die schönen alten Geschichten, Bilder und Visionen von immerwährender Freude und vom ewigen Frieden. Sie werden sich neu in seinen Erwartungen und in seinem Warten auswirken. Die Augenblicke der Verzweiflung werden seltener. Zuversicht und Hoffnung bestimmen zunehmend sein Sehen und Hören. Die Welt wird sich für ihn zwar nicht in ein Paradies verwandeln, aber er wird mit Freude und Gelassenheit in ihr zu leben wissen.

Möglicher Schluß
Dann geschieht es, daß alles das, was er bislang für anders, für fremd und abgespalten, vielleicht sogar für feindlich hielt, eigene Verhaltensweisen oder Verhaltensweisen anderer, verdrängte Erinnerungen und Gefühle, gesellschaftliche Konflikte vor der Haustüre, aber auch entfernte Problemfelder im Zusammenleben der Völker, daß er das alles als zu ihm, zu unserer Welt, zu Gott, zu einem großen umfassenden Ganzen zugehörig erkennt. In den Menschen sieht er Mitmenschen, in den Geschöpfen Mitgeschöpfe, in der Umwelt unsere Mitwelt. Was ihm gleichgültig war, weckt sein Interesse. Er findet zu einem verbindlicheren Leben. MeW: Der Friede Gottes wird wirklich für ihn. Zwar nur hier und da, aber schon jetzt.
Wir können einiges machen! Denn der Friede Gottes umschließt, »bewahrt« unsere Augen und Herzen, unser Denken und unsere Arbeit, unser Wollen und unser Vollbringen. Beschränken wir uns in all dem - ihm vertrauend - nicht nur auf das, was uns vernünftig erscheint, so erleben wir die Geburt des Freuden- und Friedenskindes in uns und durch uns und unter uns. Dafür danken wir unserem Gott!

Kontexte

Wo ich gehe Du / Wo ich stehe Du / Du, Du / wieder Du, / immer Du, / Du, Du, Du. / Ergeht's mir gut, / Du. / Wenn's weh mir tut, / Du. / Du. / Du, / wieder Du, / immer Du, / Du, Du, Du. / Himmel: Du, / Erde: Du, / Oben: Du, / Unten: Du. / Wohin ich mich wende, / an jedem Ende: nur Du, / wieder Du, / immer Du, / Du, Du, Du.
(Rabbi Jizchak von Berditschew, in: Martin Buber, Werke 3. Band, Schriften zum Chassidismus, Verlag Lambert Schneider, Heidelberg 1963, Seite 331)

»... wir sind Gehilfen eurer Freude ...«
(2. Korinther 1,24)

»Bekleide dich mit der Fröhlichkeit, die allezeit bei Gott Gnade findet und ihm wohlgefällig ist, und schwelge in ihr. Denn jeder fröhliche Mann tut Gutes und sinnt auf Gutes und verachtet die Traurigkeit. Mache dich also rein von dieser bösen Traurigkeit, und du wirst Gott leben. Und alle werden Gott leben, wenn sie die Traurigkeit fortwerfen und nichts als Fröhlichkeit anziehen.«
(Hirt des Hermas)

Psalm

Ich bin vergnügt / erlöst / befreit / Gott nahm in seine Hände meine Zeit / Mein Fühlen Denken / Hören Sagen / Mein Triumphieren / Und Verzagen / Das Elend / Und die Zärtlichkeit

Was macht daß ich so fröhlich bin / In meinem kleinen Reich / Ich sing und tanze her und hin / Vom Kindbett bis zur Leich

Was macht daß ich so furchtlos bin / An vielen dunklen Tagen / Es kommt ein Geist in meinen Sinn / Will mich durchs Leben tragen

Was macht daß ich so unbeschwert / Und mich kein Trübsinn hält / Weil mich mein Gott das Lachen lehrt / Wohlüber alle Welt

(aus: Hanns Dieter Hüsch, Das Schwere leicht gesagt, 1997/4 © tvd-Verlag, Düsseldorf, 1991, Seite 45)

Traue nicht deinen Augen / Traue deinen Ohren nicht / Du siehst Dunkel / Vielleicht ist es Licht.
(Bert Brecht, Sprüche II, Gesammelte Werke Band 10, Frankfurt/M. 1987, Seite 966)

»Gott, gib mir die Gelassenheit / Dinge hinzunehmen, die ich nicht ändern kann, / den Mut, Dinge zu ändern, die ich ändern kann, / und die Weisheit, / das eine vom anderen zu unterscheiden.«
(Reinhold Niebuhr 1943, in: Evangelisches Gesangbuch o. J., Nr. 822)

»Wenn die Hoffnung aufhört, ist das Leben tatsächlich oder potentiell zu Ende. Die Hoffnung ist ein dem Leben selbst innewohnendes Element. Sie ist Ausdruck der Dynamik menschlichen Geistes. Sie steht im engen Zusammenhang mit einem anderen Element des Lebens: mit dem Glauben. Der Glaube ist nicht die schwache Form des Fürwahrhaltens oder des Wissens. Es geht nicht um den Glauben an dieses oder jenes. Glauben heißt, von etwas noch nicht Bewiesenem überzeugt sein, ist ein Wissen um die realen Möglichkeiten, bedeutet sozusagen, einer »Schwangerschaft« gewahr zu werden. Glaube ist dann rational, wenn es sich dabei um das Wissen um das Wirkliche, aber noch Ungeborene handelt ... Der Glaube ... ist die Vision der Gegenwart im Zustand der Schwangerschaft.«
(Erich Fromm, Hoffnung und Glaube; in: Die Revolution der Hoffnung. Für eine Humanisierung der Technik. Aus dem Amerik. von Liselotte und Ernst Mickel, © 1968 Erich Fromm, Stuttgart 1971. Mit freundlicher Genehmigung des Verlages Klett-Cotta)

Abwehr der Weltuntergänge

Ich glaube nicht mehr / daß das / was ist / sein kann / denn wo / kämen wir / denn hin / wenn das / was ist / wirklich / so wäre?

(Erich Fried, Gesammelte Werke, Gedichte 3, hrsg. von Volker Kaukoreit und Klaus Wagenbach, Berlin o. J., Seite 478)

Mir träumte jüngst von frohem Leben / Friedlichem Schaffen, freudigem Weben, / daß es nicht Krieg, noch Tücke gibt, / daß jeder jeden andern liebt / und keiner hungern, darben muß. / Jäh schrak ich auf, da fiel ein Schuß.
(Erich Fried, ebenda, Seite 555)

Heiliger Abend

Annäherungen an den Predigttext
Titus 2,11–14

Heinz Behrends

Ich lese den Text in einer Gruppe von engagierten Männern und Frauen der Gemeinde.
»Puh, das muß ich erst mal los werden«, sagt eine Frau. »Ja, ich auch.« »Was ist denn los?« – »Das klingt alles so negativ.« – »Ja, eine völlig negative Konnotation«, sagt der Psychologe und Drogenberater.
Zucht, Begierde und ungöttliches Wesen, das ruft negative Gefühle wach.
»Den Text möchte ich noch einmal hören«, sagt eine Frau. Ich lese ihn ein zweites Mal. »Ach, was sich da doch alles verändert, wenn man ihn noch einmal hört. Das fängt ganz positiv an, verhält sich wie eine Kurve, die dann fällt und wieder aufsteigt. Es fängt mit Gnade an, dann kommt die Tiefe der Zucht und der Begierden und hört mit Erlösung auf.« »Ja, das stimmt, aber mir ist das alles so passivisch. Das gefällt mir nicht. Ist erschienen, nimmt mich in Zucht, warten, sich für uns gegeben, gereinigt. Was können wir denn da noch tun.«
»Nein, ich finde, da wird viel zu viel von uns erwartet: absagen, gute Werke tun und was noch alles.«
Ich bestätige, daß beides im Text steht. Etwas Gutes wird uns getan, und wir sollen Gutes tun.
»Und was finden Sie die Zumutung dieses Textes?«, frage ich. »Das mit den Begierden. Ich möchte Begierde haben. Das hält mich lebendig«, sagt die 55jährige, »ist doch nur die Frage, wie ich mit ihnen umgehe.«
»Also, ich habe noch was anderes. Ich habe das mit der Hoffnung nicht verstanden. Wie kann man auf die Hoffnung warten. Hoffen ist doch schon warten.« Die anderen geben ihr recht.
Ich staune, was von diesem dichten und schwierigen Text, diesem Satzmonstrum mit Substantiven, Genitiven, Dativ und Akkusativ bei zweimaligem Hören alles aufgenommen und gehört wurde.
»Ich finde, die Gnade ist das Wichtigste in diesem Text.«
Die Konfirmanden, denen ich den Text vorlege, bestätigen das.
Nach der bekannten schwedischen Methode, das Wichtigste, das Unverständlichste und die Fragen mit vereinbarten Zeichen zu markieren, betonen sie für mich überraschend, wie wichtig sie die Gnade finden.

»Das bedeutet doch, daß alle Menschen gleich sind.«
Obwohl, gefühlsmäßig nehmen sie den Text eher als unangenehm wahr. Auf einer Skala mit Werten von −4 bis +4 sollen sie sich entscheiden, welche Gefühle der Text bei ihnen auslöst. Sie legen bis auf drei sich alle auf den indifferenten oder negativen Bereich fest. Sie hören die Handlungsanweisungen vor allem heraus. Gerecht und fromm sein. ›In Zucht nehmen, eifrig zu guten Werken sein, weltlicher Begierde absagen‹, das verstehen etliche einfach nicht und können es nicht für sich übersetzen. Aber die beiden Akzente dieses Textes haben auch sie herausgehört. Sie drücken das so aus: »Alle haben Gott schon einmal gespürt. Menschen brauchen Hilfe. Und: Menschen sollen sich zum Guten ändern.«
Ich staune über die Fähigkeit der Konfirmanden, den Text zu erarbeiten. Vielleicht war es ihnen eine Hilfe, den Text schriftlich vor sich zu haben. Wer zum Gottesdienst eh ein Blatt für die Besucher druckt, sollte den Predigttext mit abdrucken.
Ich führe noch zwei Einzelgespräche.
Eine junge Frau über V. 12 f.: »Ach du Schande, überschwenglich, kitschig und übertrieben. Der Brief hört sich an, als erlebe er gerade Sodom und Gomorrha. Zucht und Gnade passen nicht zusammen.« Sie weist auf die ›Ungerechtigkeit‹ im Text hin. Was ist damit gemeint? Ist unsere Ungerechtigkeit vor Gott gemeint? Wenn ja, was ist denn das? Oder die Ungerechtigkeit in der Welt? Das wäre ja schön. Aber wir sind ja nicht von der Ungerechtigkeit erlöst.
Eine suchende Beterin, nicht traditionell gebunden, aber kirchlich verbunden, faßt für sich zusammen:
»Das einzige Wort, das mich spontan trifft, ist das von der heilsamen Gnade Gottes. Aber von jemandem, der mir ein Geschenk macht, möchte ich nicht - unmittelbar nach Ankündigung des Geschenks - in Zucht genommen werden noch möchte ich, daß mir ungöttliches Wesen und weltliche Begierden unterstellt werden. Und ich weiß auch nicht, warum zuerst die heilsame Gnade als erschienen bezeichnet wird, ich dann aber auf die selige Hoffnung noch warten muß. Das zum Eigentum gereinigte Volk habe ich ärgerlich überhört. Als Hörerin erwarte ich vom Prediger, daß er mir erklärt, warum das Gnadengeschenk mit so vielen Forderungen befrachtet wird. Vielleicht hoffe ich, daß er mir das in Zucht nehmen als Hilfe zu einem dankerfüllten Leben auslegt.«
Verblüffend finde ich, daß völlig unterschiedliche Menschen dasselbe beim Hören des Textes empfinden, und sie kommen auf dieselben Fragen. In gewisser Weise ist er in seiner komplizierten Struktur eindeutig. Eine Hilfe für den Prediger?
Auf die Frage, an welchem Sonn- oder Feiertag dieser Text wohl gepredigt würde, kommt niemand auf Weihnachten.
Aber Baum, Licht und Stimmung werden den Text gewiß erst einmal übertönen. Und zumindest das ›erschienen‹ wird klar erstrahlen.

Zum Gottesdienst

Dirk Keller

Exegetisch-homiletische Skizze

Der Titusbrief gehört zu den »Pastoralbriefen« im Neuen Testament. Er nimmt für sich in Anspruch, ein Brief des Apostels Paulus an seinen Mitarbeiter Titus zu sein (Titus 1,1.4). Damit signalisiert der Brief, welche autoritative Bedeutung sein Inhalt hat. Einerseits kommt er von dem Apostel der frühen Christenheit im Mittelraum, andererseits ist er an den Mitarbeiter in der frühchristlichen Heidenmission gerichtet. Titus war mit Paulus beim »Krisenkonvent« in Jerusalem, als die weitere Missionsstrategie für die zukünftigen nichtjüdischen Christen festgelegt wurde (Gal 2,1.3). Als ehemaliger Heide ist Titus lebendiges Beispiel für die paulinische Mission, was die Frage der Beschneidung, Zugehörigkeit und moralische Verpflichtung der Heidenchristen betrifft. Die exegetische Forschung ist sich weitgehend einig, daß der Titusbrief wie alle »Pastoralbriefe« nicht authentisch von Paulus an seinen Mitarbeiter gerichtet ist. Gleichwohl wird die Autorität des Apostels in Anspruch genommen, um Konflikte in der Folgegeneration zu regeln. Dabei geht es intensiv um die Schlüsselfrage, was denn der eindeutig »gesunde Glaube« der christlichen Gemeinde sei (Titus 1,13). Es geht um klare Abgrenzung von Glaubensinhalt und Gemeindeverfassung. »Irrlehrer«, »Schwätzer« und »Verführer« tauchen reihenweise auf, »denen man das Maul stopfen muß, weil sie ganze Häuser verwirren« (Titus 1,10 f.). Gleichzeitig werden Ämter und ihre Aufgaben beschrieben (Titus 1,5 ff.) und die moralische Anforderung an den einzelnen Christen (Titus 2). Man sucht nach innerer und äußerer Klarheit und Verbindlichkeit. Zur Konfliktregelung und Orientierung werden verstärkt akzeptierte Autoritäten der frühen Christenheit bemüht und als Autoren und Empfänger benannt. Das ist im 2. Jahrhundert nicht unehrenhaft und Lug und Trug. »In jener Zeit und in jenem Raum ist dieser massierte literarische Versuch kirchlicher Kreise, Paulus, den Apostel, als Kronzeugen im Kampf der Rechtgläubigkeit gegen die Ketzerei zu beschwören, historisch am ehesten verständlich«.[1]

Evangelische Exegese tut sich schwer mit dieser Literatur. Sie nennt sie »frühkatholische«[2] oder wirft ihr »christliche Bürgerlichkeit«[3] vor. Damit ist der evangelische Drang nach Innerlichkeit und Freiheit ausgedrückt, die Angst vor Dogmatismus und autoritärem Papismus. Diese Perspektive freilich wird dem Titusbrief nicht gerecht. Sie verkennt das echte Ringen um

1 Vielhauer, Geschichte, Seite 237
2 Berger, Bibelkunde, Seite 422
3 Hinweis bei Vielhauer, Geschichte, Seite 234

christliche Eindeutigkeit, verbindliche Orientierung und alltagsgemäßer Frömmigkeit. »Es geht dabei freilich nicht um das Absolutsetzen der eigenen Tradition, sondern um die Frage nach der Kontinuität des Evangeliums. Überhaupt sollte man weniger die ›frühkatholischen‹ Elemente dieser Briefe beklagen und als ›bürgerlich‹ gegen Paulus absetzen als vielmehr das hier zugrundeliegende hermeneutische Problem beachten und daran die Lösung messen«.[4]

Das Unbehagen in den »Annäherungen« verbindet sich mit dem benannten evangelischen Problem mit Dogmatismus, Gängelung und Autorität. Nicht ohne Grund wird deshalb die »heilsame Gnade Gottes« begrüßt und nur schwer mit der »Zucht« zusammengebracht.

Heiligabend als Predigtzeit bringt eine eigene Dynamik in den Text. In der Regel kommen hier immer noch Menschen, die regelmäßig einmal im Jahr im Gottesdienst sind. Ihr innerer Anknüpfungspunkt neben äußerer Gewohnheit mag sein, daß ihnen das Kind in der Krippe, der Stall, die Hirten mit ihren Schafen viel an Wärme und Geborgenheit in einer an sich bedrohten Welt vermitteln. Sehnsucht nach innerem Frieden und zeitlose Gelassenheit liegen darin. Es ist schwer in Sprache zu fassen, was an Erwartung und Aufgeschlossenheit in dieser Situation liegt.

Der Predigttext kann dazu verleiten, der Heiligabendgemeinde Gericht zu predigen, sie bei ihrem »ungöttlichen Wesen« und ihren »weltlichen Begierden« zu behaften. Kaufrausch, Hektik in Straßen und Gassen, äußere und innere Rastlosigkeit, Äußerlichkeit liegen als »Sünden« in der Luft. Ein »frommes« und »seliges« Leben in Ruhe und Beschaulichkeit bieten sich als Gegensatz im Titusbrief an. Gerade dann aber läßt sich die Predigerin, der Prediger vom selbst abgelehnten Dogmatismus und Papismus einholen. Es wird darauf ankommen, beim Hörer für die Fragen des Titus zu werben und Titus für den Hörer heute zu gewinnen.

In der Situation gibt es zwischen Titus und Gemeinde einen möglichen Ansatzpunkt. Beide sehen, daß Orientierung, Perspektiven und Stellungnahme wichtig sind. Die innere und äußere Welt ist unübersichtlich. Religiöse und ideologische Angebote nehmen zu und verstärken die eigene Unsicherheit. Klarheit und Festlegung sind damit ein Angebot, sich selbst neu auszurichten und die eigene Überzeugung und Frömmigkeit zu »erden«.

Titus bietet an, die Geburt Jesu an Weihnachten als Orientierungspunkt christlichen Glaubens zu sehen. Mit der Geburt dieses Kindes im Stall, bei Hirten und Schafen ist eine für den christlichen Glauben wichtige Seite Gottes unmittelbar deutlich geworden. »Gottes heilsame Gnade«, die im Hörer als Sehnsucht nach Geborgenheit, Vertrauen, Frieden, Licht ihren Resonanzboden hat, drückt sich lebendig in Jesu Geburt aus. Diese Gnade läßt Menschen nicht unberührt, entfaltet sich in ihnen. Titus formuliert

4 Berger, Bibelkunde, Seite 422 f.

dies für uns schroff mit den Worten »nimmt uns in Zucht«. Dahinter liegt freilich die Erfahrung und der damit verbundene Appell, daß sich Gott auswirkt in uns Menschen. Oder umgekehrt, daß Menschen im Kontakt mit der Gnade offen für einen anderen Umgang mit sich und andern werden. Die verspürte Gnade fließt durch sie hindurch und breitet sich in ihrem Handeln und in ihrer Lebensperspektive aus. Das geht so weit, daß sie auch in der eigenen Gegenwart auf eine neue Erscheinung des einst geborenen Herrn Jesus warten und damit ihre Hoffnung setzen auf den, aus dem Gottes Gnade in Bethlehem neu anfing zu fließen.
Wer sich darauf einläßt, schleckt nicht unbedingt immer Zucker wie das Weihnachtsgebäck. Er wird manches loslassen dabei, »gereinigt« von Gott. Insofern hat Titus' Angebot eine große innere Ernsthaftigkeit und fordert heraus, eigene Perspektiven anders zu setzen. Nur dann liegt die eigentliche Angst nicht da, wo Dogmatismus und Autorität drohen. Die eigentliche Angst liegt da, wo die Begegnung mit Gott und seiner Gnade mein Leben tatsächlich verändern könnte. Dort gewinnen nämlich Worte wie »Zucht« und »Etwas absagen« einen tiefen Sinn als inneren Kampf mit Widerständen gegen ein Leben mit Gottes Heil und Gegenwart.
Um mich selbst vor dogmatischer Sprache und moralischem Papismus zu schützen, wähle ich einen narrativen Zugang. Ich knüpfe an die Weihnachtsgeschichte an und identifiziere mich mit einem der Hirten in der Geschichte. An ihm will ich exemplifizieren, was der Geist hinter den Buchstaben des Titusbriefes auslöst in einem von Gottes »heilsamer Gnade« betroffenen. Um die sprachliche Dichte und die schroffe Formulierung des Textes nicht schon zu Beginn zwischen Hörer und Botschaft zu stellen, lese ich den Predigttext am Ende als Zusammenfassung meiner Gedanken.

Vorschläge zur Liturgie

Zum unverzichtbaren Liedgut für Heiligabend gehören die klassischen *Lieder* »O du fröhliche« (EG 44) und »Stille Nacht« (EG 46). Mir scheint, daß in ihnen Jesus emotional in den Besuchern geboren wird. Wir sollten uns davor hüten, zu schnell Rührseligkeit und Sentimentalität zu unterstellen.

Psalm
Anstelle eines herkömmlichen Psalmes schlage ich Jesaja 9,1-6 vor, um die Sehnsucht nach Frieden und Geborgenheit sprachlich in die Sehnsucht Israels nach dem Messias auszudrücken. Das mag im Gespräch mit Gottes jüdischem Volk schwierig sein, nimmt freilich die neutestamentliche Einordnung der Geburt Jesu in die Geschichte Gottes mit seinem Volk ernst.

Schriftlesung
Auch die Weihnachtsgeschichte (Lukas 2,1–19) gehört zum absoluten »Muß« an Heilgabend. Damit wird für die Besucher die Welt neu »in Ordnung gebracht«, Traditionen werden wieder angeknüpft, biblische Kompetenz an desem Tag ernstgenommen. Vielleicht hat das damit zu tun, daß der Verfasser des Titusbriefes seinerseits über die apostolische Autorität an Tradition und akzeptierte Kompetenz anknüpft.

Gebet
Lebendiger Gott,
Gott meiner Sehnsucht,
Gott meiner Hoffnung.
Dein Sohn ist geboren,
in einem Stall,
unter einem guten Stern,
von besorgten Eltern.
Friede, Wärme, Geborgenheit wünsch ich mir,
wenn ich daran denke.
So bitte ich Dich:
komm mir mit Deinem Frieden,
mit Deiner Wärme,
mit Deiner Geborgenheit entgegen.
Komm zu mir mit Deinem Sohn.
Herr, erbarme Dich.

Fürbitte
Der Gedanke der Predigt, daß Gnade die Kraft hat zu verändern und neue Wege öffnet, spiegelt sich an konkreten »Zielgruppen«, etwa die Familie, jeden einzelnen oder aktuellen außen- und innenpolitischen Vorgängen des Tages.

Vorschlag zur Predigt

Möglicher Anfang
Liebe Gemeinde,
jedes Jahr neu geht mir die Weihnachtsgeschichte wieder zu Herzen. So, als ob ich nach langer Zeit wieder mal gute Freunde treffe und der Funke überspringt. Das ist das Kind, Jesus, gerade geboren. Das sind Maria und Josef, abgekämpft vom langen Weg und den unfreundlichen Wirten in Bethlehem. Da ist der gute Stern, der über der Krippe steht. Engel schicken Hirten mitten in der Nacht auf den Weg zum Kind.
Das alles strahlt irgendwie Frieden aus. Der Stall scheint warm und ruhig. Gelassenheit und Geborgenheit würde ich dort erwarten.

Mit einem aus dieser Weihnachtsgeschichte möchte ich mich ein wenig anfreunden, mit einem Hirten unterwegs sein nach Bethlehem, an der Krippe stehen und dann wieder raus in die dunkle Nacht. (Wenn eine Krippe in der Kirche steht, dann bietet es sich an, von dort eine Hirtenfigur zu holen, auf die Kanzel zu stellen und von ihr zu erzählen).
Nehmen wir einmal an, dieser Hirte könnte erzählen. Erzählen von Bethlehem und allem, was er gesehen und gehört hat. Dann würde sich das vielleicht so anhören: (aus Hirtensicht in »Ich«-Form)
»Ich bin also einer der Hirten von Bethlehem. Es wundert mich bis heute, daß ich sogar in der Bibel stehe. Damals in unserem Dorf hab ich es nämlich nicht einfach gehabt. Ich bin einfach nicht so recht mit den Leuten warm geworden. Was schuld dran war, weiß ich's? War's mein eigener Drang nach Freiheit und Unabhängigkeit? Waren's die vielen Ratschläge und Vorschriften meiner Eltern? War's das Dorf selbst mit seinen eingespielten Regeln, die mich immer eingeschränkt haben? Jedenfalls war mir am Ende das Leben draußen auf dem Feld, mit den Schafen lieber. Da war ich mein eigener Herr. Ja, klar, es ist schon richtig, daß man da draußen so auf dumme Gedanken kommt und krumme Wege geht. Man muß halt sehen, wo man bleibt. Die andern schaffen es einfach besser, als ›normale‹ Leute sich durchs Leben zu schlagen und sich durchzusetzen.«

Zum weiteren Verlauf
Der Hirte erzählt mit wenigen Beispielen, wie sich eigenes Zutun, Erwartung der andern und Berufsklischee verdichten zu dem Gesamtbild, daß von Hirten eigentlich nichts Gutes kommen kann. Die »weltlichen Begierden« und das »ungöttliche Wesen« aus dem Titusbrief werden an ihm lebendig. Projektionen aus der eigenen Gegenwart sind gewollt und eventuell aktuellen Ereignissen anzupassen.
Der Besuch im Stall wird zur Begegnung mit Gottes heilsamer Gnade (Titus 2,11). Der Friede in Bethlehem, die Wärme holen ihn ein und verzaubern ihn. Er ist verblüfft darüber, daß diese tiefe innere Erfahrung gerade bei einfachen Leuten wie einem Zimmermann und seiner Frau in dieser Herberge ihn einholt. Das wirft ihn auf sich selbst und die Frage, wo dieser Friede, dieses Heil in ihm lebendig werden. Er findet in sich neben dem Drang nach Ungebundenheit und Freiheit die Sehnsucht, auszubrechen aus dem, was er sich und andere für ihn festgelegt haben. Er wird wach für die Güte und Gnade, die er in sich trägt.

Möglicher Schluß
»Und wenn es damals schon Zigaretten gegeben hätte, dann wär ich raus aus dem Stall, vor die Tür. Und dann hätt ich mir erstmal eine angezündet. Und zum Einschlafen war mir gar nicht zumute. Hellwach war ich. Mit einem Mal war alles wieder möglich. Ich war bereit, noch mal anzufangen. Dem Kind da drin, dem trau ich zu, daß es mir wieder begegnet. Das war

mehr als eine Zufallsbegegnung. Von dem werd ich träumen. Hundertprozentig. Und womöglich erscheint mir der Jesus auch in echt irgendwann. Darauf will ich vorbereitet sein!«
Später wird einer in einem Brief davon schreiben, was diesem Hirten widerfahren ist. Hier die Worte, die er dafür findet:
(Titus 2,11–14 gelesen)

Kontexte

Alternativ wäre denkbar, einen fiktiven Brief des Titus zurückzuschreiben. In ihm könnte Titus die Situation in seinem Umfeld beschreiben, die Unsicherheiten im Glauben und im christlichen Alltag. Auch er könnte an die Weihnachtsgeschichte anknüpfen und Bezüge zur Gnade Gottes im Stall von Bethlehem herstellen.

Literatur

Horst Dietrich Preuß/Klaus Berger: Bibelkunde des Alten und Neuen Testaments, Zweiter Teil; UTB 972, 2./1984
Philipp Vielhauer: Geschichte der urchristlichen Literatur; Berlin, New York 1975

1. Weihnachtstag

Annäherungen an den Predigttext Titus 3,4–7

Sabine Bäuerle

Die Annäherungen an den Predigttext nehmen ein Gespräch in einer Gruppe auf, die sich in der Kirchengemeinde Frankfurt-Hausen regelmäßig zu einem »Bibeltee« trifft.

1. Der Kasus: Wie geht's mir mit dem 1. Feiertag?
Man beginne mit dem, was der Fall ist – zumindest wenn der Fall, der Kasus die Situation von Hörerinnen und Hörern so deutlich bestimmt wie zu Weihnachten. In einem ersten Gesprächsgang, noch bevor der vorgeschlagene Bibeltext gelesen wird, erzählten wir von »unserem« ersten Weihnachtstag. Unterschiedliche Erinnerungen, Empfindungen und Erwartungen kamen zur Sprache. Was denn »weihnachtlich« ist, läßt sich nicht auf einen Augenblick, auf einen Gedanken, auf ein Gefühl reduzieren. Die einzelnen Weihnachtstage vom Heiligabend (der meist am frühen Nachmittag beginnt) bis zum zweiten Festtag haben ein eigenes Gepräge und schließen sich zu einer – individuell und familiär je besonderen – ›Weihnachtsgeschichte‹ zusammen.
So wünschen sich die einen nach dem familiären (Pflicht)Programm des Heiligabends, an dem sie für angereiste Kinder, Enkelkinder und Verwandte Geschenke vorbereiten, kochen, intensiv da sein müssen, schlicht Zeit zum Lesen, zum Nachdenken, zum Ausspannen. Nach dem »Wir-Tag« beginnt dieser Morgen als ein »Ich-Tag«, der nach dem Trubel des Vorabends Ruhe verspricht und zur Ruhe kommen läßt. Für andere dagegen ist es der Familientag des Jahres, nahezu rituell gestaltet mit festem Besuchsprogramm, bestimmten Festmahlzeiten, obligaten Spaziergängen u. ä. Je nach äußerer und innerer Familienbindung wird dieser Tag dann als ausgesprochener »Wir-Tag« oder als mehr oder minder fremdbestimmter »Ihr-Tag« erlebt. Für einen Dritten ist der erste Feiertag schon wieder ein fast normaler Sonntag ohne besondere Vorkommnisse und Pflichten. Die Erfahrungen mit dem ersten Weihnachtstag bewegen sich also zwischen Anspannung und Erholung, Aufregung und Normalität.
Ein »Versprecher« beschreibt das Verhältnis zu ihm vielleicht am deutlichsten: »Weihnachten ist immer viel los, die Familie kommt, alles muß

gerichtet sein. Da bin ich froh, wenn der erste Feiertag kommt und Weihnachten rum ist.« Weihnachten und alles, was biblisch, traditionell und emotional dazugehört, ist vorrangig mit dem Heiligabend verknüpft. Wenn gottesdienstlich (noch) Weihnachten gefeiert wird, ist Weihnachten immer auch schon ein Stück vorbei: »Ich steh' an deiner Krippen hier«, singen die Hirten, während sie im Aufbruch begriffen sind, einige sogar schon wieder auf dem Rückweg. Wenige, das zeigt der Besuch der Gottesdienste am Weihnachtstag im Gegensatz zu den gefüllten Bankreihen am Vorabend, verharren an diesem Morgen am Ort des Geschehens.

2. Der Text: Was hat Titus 3,4–7 mit Weihnachten zu tun?
»Weihnachten ist eine Geschichte, die erzählt werden will.« Die Auswahl der Perikope mit ihrer schwerfälligen Begriffsdogmatik erscheint demgegenüber geradezu als Weihnachtsverweigerung. So ist es kaum verwunderlich, daß der Bezug des Predigttextes zu Weihnachten nicht recht sichtbar werden will. Einzig Vers 4 (»erscheinen«) ließ sich – mit einiger Mühe – auf den Kasus beziehen. Der Weihnachtsbotschaft wohnt ein Geheimnis inne. Aber ob dieses darauf angewiesen ist, gegenüber dem theologisch unverbildeten Verstand in dogmatischen Lehrstücken verborgen zu werden?

3. Der Text für mich: Assoziationen, Gedanken, Bilder
Ein theologischer Begriffstext wie dieser provoziert in unserem Gespräch ebensolche Reaktionen: »Gott schenkt Leben«, »mit Jesus verändert sich unser Leben«, »durch die Taufe werden wir rein«. Die ersten Äußerungen aus der Runde bleiben unanschaulich und abstrakt, im wahrsten Sinne aus ihrem lebensgeschichtlichen Kontext herausgerissen. Der Text wird als Übersetzungsaufgabe wahrgenommen, und nicht als möglicher Entdekkungszusammenhang eigener und fremder Lebensdeutung gehört. Was bedeutet dieser Ausdruck, jene Wendung? Und was bedeutet sie für uns, hier und heute?
Der Nachgang zum Text fördert Assoziationen zutage, die um einzelne Begriffe kreisen:
– Das »Bad der Wiedergeburt«: »Ein wunderschöner Gedanke, daß durch ein Bad alles abgewaschen ist. Unsereiner hat immer was, was abzuwaschen wäre.« Bilder von Reinlichkeit und Reinheit werden aufgerufen, Wünsche und Bedürfnisse, die nicht nur den Strategien der Werbung geschuldet sind: Die Flecken auf der weißen Weste, die nicht zu entfernen sind; die Hände, die sich niemand mehr schmutzig machen will …
– »Weihnachten« und »Taufe«, die Eckpfeiler volkskirchlichen Christentums und der Familienreligion. Ob in beiden nicht gelebte Religion zu bloßer Konvention und Gewohnheit geworden ist, überlegt eine. Oder ob nicht doch hier wie dort eine Sehnsucht von Menschen zum Ausdruck kommt; die Sehnsucht nach Lebensgeleit und behüteter Zukunft, die Sehnsucht nach Frieden, selbst wenn es nur einmal der häusliche ist? Der

Wunsch, Menschlichkeit im Angesicht des Kindes - des göttlichen wie des eigenen - zu finden und zu erleben, haftet beidem unablösbar an - mit und ohne allen regressiven Anteilen, die sich darin eben auch widerspiegeln. - Das Ereignis der Geburt des Kindes in Heiliger Nacht, die geistliche Wiedergeburt im Taufgeschehen und dessen Erinnerung verheißen einen Neuanfang inmitten menschlichen Lebens. Die Assoziationen, die sich zwischen Kasus und Text einstellten, ähneln Gedanken zum Jahreswechsel. Dort, wo der Weihnachtstag in Ruhe erlebt wird, kommt es zu Rückblicken und zum Blick in die Zukunft. Nicht zufällig hatte ja Martin Luther den 25. Dezember zum Neujahrstag erklärt. Von Erneuerung ist im Predigttext die Rede und von Hoffnung. Beides wird im Gespräch aufgegriffen, bleibt aber auch nicht ohne Widerspruch. Die lebensgeschichtliche Erfahrung stellt beiden ihre Stiefschwestern zur Seite: Möglichkeiten der Veränderung und Erneuerung die Erfahrung, daß viel Altes bleibt, mitgeschleppt wird, nicht loszuwerden ist; der Hoffnung, lebendig zu sein und zu werden, die Verzweiflung über Krankheit, Verlust, unzeitigen Tod. Von dem einen zu reden, vermag vom anderen nicht zu schweigen.

Zum Schluß
Es mag homiletisch richtig sein, daß Kasus und Text nicht zueinander passen müssen, beide jedenfalls nicht einem Zwang zur wechselseitigen Anpassung unterliegen (dürfen). Wo aber der Bezug des Textes zur Situation theologisch angestrengt hergestellt werden muß, geraten beide zuguterletzt in schlechte Konkurrenz. Was Wunder, wenn da viele Predigerinnen und Prediger eigene Wege gehen - jenseits der Perikopenordnung!

Zum Gottesdienst

Klaus Guhl

Exegetisch-homiletische Skizze

Auf den ersten Blick

Ein einziger langer, verschachtelter Satz erstreckt sich über vier Verse! In einem Atemzug soll alles zum Ausdruck gebracht werden. Da setzt ein Verfasser bei seinen Lesern viel voraus! Zuviel für den normalen Hörer in unseren Gottesdiensten.
Vermutlich fand dieser komprimierte Text seinerzeit bei den HörerInnen seinen Anknüpfpunkt. Beinahe 2000 Jahre später wirkt er unnahbar, spröde. Schwer faßbar, entzieht er sich - kaum gelesen - schon wieder dem Gedächtnis und zeigt uns die kalte Schulter. Mit Recht sprechen die Annä-

herungen von einer »schwerfälligen Begriffsproblematik«. Was einst Ausdruck eines Lebensempfindens war (Freude: »Wir sind selig«/V. 4), kann jetzt nicht mehr so ohne weiteres verstanden und auf die heutige Situation übertragen werden.
Predigt ist Verkündigung und muß mehr von sich fordern als eine bloße »Übersetzung« der zentralen Begriffe. Auch dürfen Text und Kasus nicht in das Prokrustesbett gegenseitiger Anpassung gesteckt werden. Man mag sich mit den Annäherungen von diesem Text abwenden; kaum einer - am wenigsten wohl die Gemeinde - wird es einem übel nehmen. Man kann aber ebensogut diesen Text als Herausforderung annehmen - als Aufgabe, bei der wir nicht aufgeben. Denn sind komprimierte Texte erst einmal entschlüsselt, dann entfalten sie sich mit einer Vielfalt und Pracht, daß es in einer üblichen Predigt kaum zu fassen ist. Wo da beginnen? Bei Gottes Liebe, bei Taufe, bei Wiedergeburt, bei Christus, ewigem Leben oder der Erbschaft ...? Doch kaum kühn zum Höhenflug angesetzt, spürt man, daß sich zwar das Dunkle der Welt gut konturieren läßt, doch die Farben der Freude schwer zu beschreiben sind. Leicht ist es, den maroden Zustand der Welt zu kritisieren. Schwer ist es, ein Gefühl (»wir sind selig«) zu vermitteln. Der Wege also sind viel und der von mir begangene ist nur ein Vorschlag.

Zum Text

Heute wird kaum einer noch behaupten wollen, daß der Verfasser des Titusbriefes wirklich Paulus gewesen ist, der an seinen Schüler Titus, seinem Sohn dem Glauben nach (1,4), geschrieben hat. So hätte sich diese komprimierte Form der Mitteilung vielleicht erklären lassen. Ein Lehrer schreibt seinem fortgeschrittenen Schüler, der Vater lehrt den Sohn und knüpft an vorhandenes Wissen an.

Das Lied

Ein Blick in den griechischen Text des Nestle-Aland 26. Auflage führt zu einer anderen Erklärung: Die Verse 4-7 sind dort in Versform aufgeschrieben. Wir haben es mit einem überlieferten Traditionsstück zu tun, wahrscheinlich einem Lied, das Autor und Lesern bekannt war - vielleicht ein Tauflied - und vom Autor um ihm wichtige Aussagen ergänzt wurde. Die sogenannte Pistisformel in V. 8 bestätigt diesen Eindruck, denn Pistisformeln schließen sich an überlieferte Traditionsstücke an und bekräftigen sie. Ein Bezug zum Psalm dieses Tages »Singt dem Herrn ein neues Lied ...« (Psalm 96) stellt sich ein.
Der Autor stimmt den Aussagen des bekannten Liedes zu und setzt diese Zustimmung gleichzeitig bei seinen Lesern voraus. Im vertrauten Lied findet er einen Anknüpfungspunkt, eine Basis für seine Ausführungen. In denen kommen Einflüsse der paulinischen und nichtpaulinischen Tradi-

tion zusammen.[1] Schade, daß V. 8 in der Perikope fehlt. Ich empfehle, ihn mit hinzuzuziehen. Nach einem langen und auch abschreckenden Satz ist seine Kürze wohltuend. Der Prediger/die Predigerin kann sich von hier aus aufmachen, den verknoteten Predigttext, deren Anknüpfungspunkt den heutigen Hörern ja fehlt, zu entwirren. Was ist denn gewißlich wahr ...? Oder er wagt es, den Kernsatz des Liedes auf eine bekannte Melodie singen zu lassen. Wer Talent oder einen guten Musiker hat, kann eine eigene Melodie finden. Welche Melodie man auch wählt, sei es ein freudiges (Kinder-)Lied, ein getragener Choral oder eine triumphale Hymne, in jedem Fall trägt, interpretiert und kanalisiert die Melodie die Aussage des Textes. Es bleibt jedoch auch bei einer rein gesprochenen Predigt nicht aus, daß Phantasie ergänzen muß, was Tradition nicht überliefern konnte.
Der Kernsatz der Perikope heißt:
»Als aber erschien die
Freundlichkeit und Menschenliebe Gottes, unseres Heilandes,
machte er uns selig ...
damit wir ... Erben des ewigen Lebens würden.«[2]

Weitere Textbeobachtungen

Ein Blick noch in den griechischen Text. Die Freundlichkeit Gottes, die χρηστοτηζ, scheint mir eine nicht zufällige lautmalerische Beziehung von Gott zu Jesus, dem Christus, herzustellen, wie auch zu Kaiser Claudius Zeiten die Juden aus Rom vertrieben wurden, weil ein gewisser Chrestos Streit hervorrief (gemeint war wohl Streit um Christus). Was damals Unkenntnis des Sueton war und verwechselt wurde, könnte in einem poetisch geformten Lied durchaus als beabsichtigte Verknüpfung gemeint gewesen sein. Die Freundlichkeit Gottes klingt dann schon im Titel Christus an.
Den Formulierungen unseres Textes entsprechen die Formulierungen im Kaiserkult. Man könnte nun hier eine frühe, christliche Kritik am damaligen Kaiserkult vermuten. Doch scheint mir dies eine moderne Interpretation. In 3,1 wird die Gemeinde ermahnt, der Obrigkeit untertan und gehorsam zu sein. Außerdem hat der Kaiserkult sich göttlicher Attribute bedient. Der Kaiser erhöhte sich, indem er sich göttliche Eigenschaften anmaßte. Welcher Gott müßte sich aber kaiserlich-menschlicher Attribute bedienen, um sich zu erhöhen?
Mir fällt keine moderne Analogie zur Hofsprache ein. In Zeiten der Demokratie ist ja die Aura der politischen Macht keine göttliche mehr. Für die Predigt wirft dieser Aspekt also nur wenig ab. Auch die lutherische Übersetzung der φιλανδρωπια mit »Leutseligkeit« führt kaum weiter. »Leut-

1 (vgl. Band II/4 Exegese von Michael Wolter)
2 Karin Moskon-Raschick in »Göttinger Predigtmeditationen« 1991/11, s. 41 oder anders vgl. Wolter, Exegesen A 4/II

seligkeit« versteht sich heute eher als Scheinverhalten eines Vorgesetzten, der z. B. für die Zeit einer Betriebsfeier die Hierarchien außer Kraft setzt. Danach gelten dann wieder die alten Regeln.

Zum Kasus

Auffällig ist, daß sowohl Gott als auch Christus als Heiland (Ich bevorzuge die Formulierung »Retter« o. ä.) bezeichnet werden. Der auf die Erde niedergekommene, in Christus menschgewordene Gott wird von seinen Anhängern jedoch recht schnell wieder erhöht.
Der besondere Glanz des Weihnachtsfestes scheint mir ebenfalls der Versuch zu sein, den menschgewordenen Gott möglichst schnell wieder in die Höhe zu heben, wo er für den Rest des Jahres denn auch hingehören soll. Denn ein Gott in der Höhe ist ein ferner Gott. Ein naher Gott wäre ja ein Gott, der mich verändern könnte. Wie beunruhigend! Daran ändert auch der Wunsch nach einem von Fall zu Fall nahen Gott nichts. Im Grunde ist Gott uns in der Ferne lieber.
So mag es denn sein, daß bei den frühen Christen auf Kreta und anderswo die schlichte Botschaft von dem Erscheinen Gottes geradezu Kaskaden von Assoziationen auslöste, heute läßt die Botschaft über Weihnachten hinaus die Mehrzahl doch kalt. Bei uns in Norddeutschland reden wir denn auch vom Weihnachts- und nicht vom Christfest. Es kommt der Weihnachtsmann am Heiligen Abend und nicht das (kaum weniger kitschige) Christkind. Kaum ist der Kult um den bärtigen Senior im roten Mantel abgeklungen, spätestens also am 25. 12., wenn die Geschenke ausgepackt sind und unsere Kinder wieder aufpassen müssen vor fremden, freundlichen Männern, beginnt das familiäre Freizeitvergnügen, welches ob soviel ungewohnter Innigkeit spätestens am darauffolgenden Tage in Streß ausartet. Volkskirchliche Gepflogenheiten stellen die Rangfolge auf den Kopf, ist doch der 24. 12. erst der Vorabend des eigentlichen Christfests am 1. Weihnachtstag.

Homiletische Konsequenzen

Einiges über den Titusbrief hat man vielleicht am Heiligen Abend erfahren, wo der Ordnung nach über Titus 2,11–14 gepredigt werden soll. Ist das so? Oder wird in der Christvesper ein Krippenspiel aufgeführt, schreckt man davor zurück, der ungeübten Festtagsgemeinde zu schwer Verdauliches vorzusetzen?
Es soll verkündigt werden, daß im Kommen Gottes in diese Welt etwas Ungewöhnliches geschehen ist; nicht irgendwo, irgendwann, für irgendjemanden, sondern auch für uns heute, für mich. Gottes Abstieg hebt den Menschen auf. Hebt ihn nicht hinweg aus dieser ambivalenten Welt, sondern ermutigt ihn, sich den Widrigkeiten und Aufgaben der Welt gewachsen zu zeigen. Also in drei Schritten:

1. Es ist etwas geschehen
   (Gott, Quelle und Schöpfer allen Lebens, ist präsent in jedem neuen Leben. Er ist in Christus Mensch geworden und hat sich väterlich liebevoll zu seinen Kindern herabgebeugt.)
2. Dieses geht auch mich an. (Als Zeichen dieser Aussagen gilt die Taufe.)
3. Es ändert meine Zukunft.
   (Weiß ich all dies? Oder muß ich daran - von außen - erinnert werden?)

Ausdruck dieses Geschehens ist Freude. Freude über eine Geburt kommt als analoges Motiv an den Beginn der Predigt. Wo erleben wir Gott auf frischer Tat? Wo freuen sich alt und jung, Lebendige und Erstarrte? Bei der Geburt eines Kindes!

Vorschläge zur Liturgie

Lieder
EG 40 »Dies ist die Nacht, da mir erschienen des großen Gottes Freundlichkeit«
EG 56 »Weil Gott in tiefster Nacht erschienen«
EG 288,6.7 »Nun jauchzet dem Herren, alle Welt«

Psalm 96

Zum Gloria
Vor Weihnachten verstummt, strahlt von nun an das Gloria in Excelsis, die hymnische Fortsetzung des Gesangs der Engel auf dem Felde, den Glanz dieser Zeit in jeden anderen beliebigen Sonntag im Jahr aus. Das Erscheinen Gottes beschränkt sich nicht auf diesen einen Heiligen Tag, sondern wird - bis auf die Fastentage - jeden Sonntag bekräftigt und zugesagt. Auch daraus ließe sich in der Predigt etwas machen.

Kollektengebet
Gütiger Gott,
Du bist zu uns herabgestiegen, bist in Christus Mitmensch und Bruder geworden.
Wir bitten dich um die Kraft des Geistes,
der uns zu ganzen, geheilten, liebesfähigen Menschen macht,
der den Himmel auf Erden schafft.
Laß uns denken, handeln und fühlen im Vertrauen von Jesus Christus, Deinem Sohn, unserem Bruder, der mit Dir und dem Heiligen Geist lebt und regiert von Ewigkeit zu Ewigkeit. Amen.

Vorschlag zur Predigt

Möglicher Anfang
Liebe Gemeinde,
der Tag danach. Wie verzaubert. Ein Kind ist geboren. (Das Walten Gottes auf frischer Tat). Die Geburt, welch ein Ereignis! Natürlich war der werdende Vater mit dabei. Nun will er, trotz Erschöpfung nach dieser langen Nacht, Eltern, Schwiegereltern, Freunde, frischgebackene Onkel und Tanten, ... alle anrufen. »Ja, es ist gesund.« Längenmaß, Gewicht und Geschlecht werden genannt. »Ja, ja, einen Namen haben wir auch schon«. Zwei-, drei-, viermal nimmt er Dank und Glückwünsche entgegen, hört fröhlich-neckende Kommentare zur Namensgebung. Dann bricht er ab. »Was mach' ich hier eigentlich?«, fragt er sich. Merkt, daß er sich durch seine rastlose Hektik um etwas beraubt. Um den Zauber am Tag danach. Er kocht sich einen Tee, setzt sich in eine ruhige Ecke und läßt die Gedanken kreisen. Wie hatten sie sich auf dieses Kind gefreut. Hatten sich ausgemalt, wie sie wohl sein werde, die Zukunft zu dritt. Hatten das Kinderzimmer eingerichtet, waren auf Vorbereitungskursen ... (ggf. weiter ausmalen).
Nun war es soweit. Ihr Kind war geboren. Alles war gut gegangen, zum Glück. Ein tiefes Gefühl von Stolz, Dankbarkeit und heiterer Gelassenheit durchströmte ihn. Er dachte an die Zukunft, nicht an knappe Kindergartenplätze, verkehrsbelastete Städte, Masern und Windpocken, sondern an fröhliches Kinderlachen, die ersten Schritte, die Taufe und später vielleicht Drachen steigenlassen im Herbst. Leise begann er, vor sich hinzusummen, eine sanfte, freudige Melodie stieg in ihm auf.
Lassen wir nun unseren jungen Vater in seinen Gedanken weiter dahinträumen, liebe Gemeinde. So wie ihm oder doch ähnlich geht es vielen jungen Vätern. So oder ähnlich geht es frischgebackenen Geschwistern, Großeltern, Onkeln und Tanten. Ein Kind ist geboren. Das Wunder des Lebens hat sich ereignet. Gerade in den ersten Tagen ist es noch ganz deutlich zu spüren: Neues Leben fasziniert. Es rührt uns an und wirft uns aus der gewohnten Bahn, läßt in uns andere, weiche Saiten erklingen.
In dieser Nacht haben wir die Geburt Gottes im Stall von Bethlehem gefeiert. Wir singen, wir freuen uns, beschenken einander, weil Gott uns beschenkt hat. Der ferne, fremde Gott, ist nicht in weiten Höhen geblieben, sondern ist zu uns herabgestiegen. Menschen haben dies in Liedern besungen, von Anfang an. Auf den Stall, auf die Engel, auf die Hirten und die Heiligen Könige könnte man u. U. verzichten, doch die Freude über die Geburt, die mußte weitergesagt werden. Und was in trockenen Worten nicht gesagt werden konnte, erklang in einer Melodie. Man sang seine Freude. Sang, daß Gott, der Retter herunterkam auf die Erde; sang, daß er in Christus als Retter erschien; sang, daß man selbst erhöht wurde, weil man durch die Taufe zu Christus gehörte. Der Text eines dieser Lieder ist uns bis zum heutigen Tag erhalten:

Lesung: evtl. zuerst den Kernsatz/dann den vollständigen Predigttext

Zum weiteren Verlauf
Die alte Konfirmandenfrage: Warum feiern wir jedes Jahr die Geburt, die doch eigentlich schon geschehen ist?
Antwort: Einmal als Erinnerung daran, daß an uns etwas geschehen ist, aber doch auch, damit die Erlösung auch zu einem jeden von uns kommt. »Gottes Reich kommt wohl ohne unser Gebet von ihm selber; aber wir bitten in diesem Gebet, daß es auch zu uns komme.« (Luther im Kleinen Katechismus).

Möglicher Schluß
Vor langen Jahren ist etwas geschehen. Ich bin getauft worden. Der Geburtstag wird gefeiert, doch der Tag, an dem Gott mich als sein Kind angenommen hat, der wird vergessen. Unverständlich eigentlich. An diesem Tag ist mir Großes zugesprochen worden. Ich wurde verknüpft mit einer langen Reihe von Menschen, die über die Jahrhunderte hinweg mit Christus verbunden waren. Gleichzeitig wurde mir der Geist Gottes zugesprochen, der mich stark genug macht, dem Leben nicht auszuweichen, und vor der Zukunft brauche ich mich - in aller Verantwortung für diese Welt - eigentlich nicht zu fürchten. Denn wo immer ich auch gehe, was immer auch geschieht, überall und unter allen Umständen wird der Segen Gottes mit mir sein.
Wie gesagt, ich vergesse diese Zusage häufig. Da ist es gut, daß ein Tag, wie das Christfest von außen meine alltägliche Routine durchbricht und mir sagt, daß Gottes Ankunft auf Erden auch mir gilt. Amen

Kontexte

»Ehre sei Gott in der Höhe, der heruntergekommen ist bis in meine Tiefe.«
(Elmar Gruber, Bayrisches EG, Seite 98)

»Es gibt erfülltes Leben trotz vieler unerfüllter Wünsche.«
(Bonhoeffer, Bayrisches EG, Seite 80)

(Das ansprechend gestaltete bayrische EG ist mit seinen Zitaten und Zeichnungen oft hilfreich und ist auch mit Gitarrenakkorden erhältlich).

»Ich darf sagen, daß ich in der ganzen Schrift nicht lieblichere Worte hab gelesen von Gottes Gnaden geredet denn diese zwei: Chrestotes und Philanthropia, darin die Gnade also abgemeldet ist ... Erdenk dir also einen guten Freund, so hast du ein Bild, wie sich Gott dir in Christo darbietet ...«
(Luther WA 10 I, I, 102, zitiert nach Predigtstudien 73/74, Seite 75)

weihnacht

damals
als gott

im schrei der geburt
die gottesbilder zerschlug

und

zwischen marias schenkeln
runzelig rot
das kind lag

(Kurt Marti: geduld und revolte. die gedichte am rand, Neuausgabe 1995. © Radius-Verlag, Stuttgart 1984)

geburt

ich wurde nicht gefragt
bei meiner zeugung
und die mich zeugten
wurden auch nicht gefragt
bei ihrer zeugung
niemand wurde gefragt
außer dem Einen

und der sagte
ja

ich wurde nicht gefragt
bei meiner geburt
und die mich gebar
wurde auch nicht gefragt
bei ihrer geburt
niemand wurde gefragt
außer dem Einen

und der sagte
ja

(Kurt Marti a. a. O., Seite 68)

»Aber da ging uns Gottes lichte, warme Herzlichkeit wie eine Sonne auf. Wir fanden neues Leben, nicht weil wir uns so sehr darum bemüht hätten, sondern weil er sich unser annahm. Wir fanden das wirkliche neue Leben, als wären wir neu geboren worden. Mit dem Heiligen Geist hat uns Gott gewaschen, gereinigt und erneuert. Jesus Christus war es, der Gottes Geist in reicher Fülle über uns ausgoß und uns das wahre Leben schenkte. Seine Freundlichkeit machte Menschen aus uns, die mit Gott eins sind. Sie hilft uns, so zu leben, daß wir Gott gefallen. Sie wird es sein, die uns an seinem ewigen Reich Anteil gibt, an dem seligen Leben in Gott.«
(Jörg Zink »Das Neue Testament«, Kreuz Verlag, Stuttgart)

2. Weihnachtstag

Annäherungen an den Predigttext Brief an Hebräerinnen und Hebräer 1,1-3 (4-6)

Kurt Dohm

Gesprächspartner dieses Textes waren einige Frauen aus der Mutter-Kind-Gruppe. Wir haben über diesen Text am Vormittag miteinander gesprochen, während im Nebenraum die Kinder von anderen Müttern und einer Betreuerin beschäftigt wurden.

Nach dem ersten Lesen des Textes herrschte zunächst einmal eine eher ratlose als nachdenkliche Stille. »Das ist schwer zu verstehen, das muß man mehrmals lesen.« Aber auch nach wiederholtem Lesen löste sich die Ratlosigkeit nicht gleich auf. »Gut, daß ich sonst kaum zur Kirche gehe. Das ist so typisch für die Kirche: schwierig, irgendwie unnahbar, unpersönlich. Man hört den Text, hat aber gleich alles wieder vergessen. Wenn so gepredigt wird, möchte ich auch nicht zum Gottesdienst gehen.«

Ich habe gefragt, was als schwierig empfunden werde. »Die Sprache; sie müßte geändert werden. So redet doch niemand mehr.« Auf besondere Schwierigkeit stieß dabei Vers 3 mit seiner befremdlichen Bildsprache wie: »Abglanz der Herrlichkeit«, »trägt alle Dinge mit seinem Wort«, »hat vollbracht die Reinigung von den Sünden«, »er hat sich gesetzt zur Rechten der Majestät der Höhe.« Wenn auch der Ausdruck nicht fiel, so war es wohl vor allem der hymnische, mythologische und kultische Charakter der Sprache, der nicht mehr verstanden wurde. Die Teilnehmerinnen konnten keinen Bezug zu ihrer eigenen Lebenswirklichkeit herstellen.

Ganz anders hingegen fand das Zitat aus Psalm 2,7 Aufnahme in der Gesprächsrunde: »Du bist mein Sohn, heute habe ich dich gezeugt.« Hier wurde mit den Begriffen vom Sohn und von der Elternschaft die eigene Lebenswirklichkeit in der Familie angesprochen. Dieser Vers weckte in den jungen Müttern Aufmerksamkeit und Bereitschaft zum Zuhören.

Auch die Sentenz in V. 6 »es sollen ihn alle Engel anbeten«, rief Interesse hervor. »Man soll zu Jesus aufschauen«, so wurde dieser Satz verstanden. Anscheinend wurde hiermit etwas in der eigenen Art und Weise zu glauben getroffen, das ganz persönliche Verhältnis zu Jesus, das sich als Verehrung, Anbetung und Orientierung an seiner Person ausdrückt.

Positiv empfunden wurde der Beginn des Textes, Vers 1, allerdings erst, nachdem ich ihn in eine einfachere Satzstruktur gebracht hatte. Gott hat

früher durch die Propheten zu anderen geredet und er redet jetzt zu uns durch Christus. Gott ist verläßlich. Das wurde noch mit einem Hinweis auf V. 12 b unterstrichen: »Du aber bist derselbe«. Vielleicht aber, so meinten einige, habe das frühere Reden Gottes nicht ausgereicht und es sei jetzt in seinem Sohn zur Erfüllung gekommen.
Ich habe daran erinnert, daß dieser Text am 2. Weihnachtstag gepredigt werden soll. Da gab es zunächst Verwunderung und eine starke Abwehr. »An Weihnachten hat man doch den Kopf noch ganz voll von anderen Dingen. Da ist die Familie zusammen. Da braucht man Zeit zur Entspannung, Zeit, um zu sich selbst zu kommen. Ein solch schwieriger Text ist da wenig hilfreich.« Die Bereitschaft zum Nachdenken sei ja da, aber dies sei doch schwer. Man würde wahrscheinlich alles ganz schnell wieder vergessen.
Wir fanden dann im Text doch Bezüge zum Weihnachtsfest. Die Rede vom »Sohn« erinnert an die Geburt Jesu. Sie läßt auch die eigene Familie in den Blick kommen. Die Geburt des eigenen Kindes liegt noch nicht lange zurück. Erinnerungen werden wach. Freude und auch Sorgen über die Kinder kommen auf.
Auch das Wort »Abglanz« paßt zu Weihnachten. Wie der ganze Text mit einem Goldgrund hinterlegt zu sein scheint, so ja auch das Weihnachtsfest mit seinem Angebot und Anspruch von Glanz, Friede, Erneuerung. Das wird noch einmal durch die »Engel« in V. 6 verstärkt.
Weihnachten ist eben etwas Besonderes. »Da verhält man sich auch anders. Man geht anders mit seinen Mitmenschen um, freundlicher, hilfsbereiter, weniger gleichgültig. Eigentlich sollte das immer so sein, nicht nur zur Weihnachtszeit.«
Ich fragte, ob eine von den Frauen denn wohl am 2. Weihnachtstag im Gottesdienst sein würde. »Wahrscheinlich nicht«, war die Antwort. Da stünden Familienbesuche auf dem Programm, Besuche bei den Eltern und Verwandten. Am 2. Feiertag würden wohl eher alleinstehende Menschen kommen oder ältere Leute. Oder wer es am Heiligen Abend nicht geschafft hat.
Zielgruppe für eine Predigt über diesen Text können also wohl nur im Ausnahmefall Eltern mit Kindern sein.
Was erwarten nun die Mütter, wenn sie denn doch kämen, von einer Predigt über Hebräer 1? Sicher eine Entschlüsselung der Bilder und Begriffe. Vor allem aber gerade auch zu Weihnachten eine sehr persönlich gehaltene Ansprache, die auf ihre eigene Lebenssituation, ihre Wünsche und Hoffnungen eingeht. Ob das mit diesem Text gelingen kann?

Zum Gottesdienst

Rainer Heimburger

Exegetisch-homiletische Skizze

Exegetische Erwägungen

Der Predigttext umfaßt das Exordium, den Eingang des Briefes (1,1-4) sowie die ersten beiden Sätze des ersten Lehrstückes (1,5-14: Der Sohn ist größer als die Engel). Mit großer stilistischer und rhythmischer Sorgfalt entfaltet es die überragende Bedeutung des »Sohnes« und stellt damit den Grundgedanken des Schreibens vorweg. Die inhaltliche Fülle und thematische Geschlossenheit von V. 1-4 legt es nahe, sich in der Predigt auf diesen kürzeren Text zu beschränken.

V. 1-2 a: Gott hat »geredet«. Mit diesem fundamentalen Satz eröffnet der Verfasser des Hebräerbriefes sein Schreiben. Im Unterschied zu légein (erzählen, sagen, schildern, ausführen), das nach dem Was des Gesagten fragen läßt, zielt laleīn auf das Sprechen im Gegensatz zum Schweigen (vgl. E. Gräßer, An die Hebräer, EKK Bd. XVII/1, Neukirchen-Vluyn 1990, Seite 50). Gott offenbart sich, indem er aus sich heraustritt und redet. Der eine und gleiche Gott hat durch die Propheten zu den Vätern, die auch unsere Väter sind (3,9) und jetzt durch den Sohn zur christlichen Gemeinde (»uns«) gesprochen. Der Unterschied zwischen ihnen und uns liegt nicht in der Offenbarung als solcher vgl. 4,2), sondern in der Art und Weise, wie das Evangelium hörbar wird, nämlich nicht (nur) durch Propheten, sondern durch den Sohn Gottes. Die parallele Gegenüberstellung »vorzeiten« - »in diesen letzten Tagen« drückt ebenfalls eine qualitative Differenz der Zeiten aus: Der Sohn ist die abschließende Offenbarung des Wortes Gottes.

V. 2 b: Der Sohn ist von Gott zum »Erbe von allem« eingesetzt und (zusammen mit dem Vater) präexistenter Schöpfer der Welt.

In V. 3 wechselt das Subjekt. Nicht mehr Gott, sondern der Sohn ist das Subjekt. In hymnischer Form wird seine Präexistenz (V. 3 a.b), sein Sühnetod (V. 3 c) und seine Erhöhung (V. 3 d.4) ausgeführt. Die erste Präexistenzaussage (V. 3 a) bestimmt das Verhältnis des Sohnes zu Gott als »Abglanz seiner Herrlichkeit« und »Ausprägung seines Wesens« (charaktèr ist das von einem Stempel gewonnene Abbild seines Gepräges.). Während alle irdischen Erscheinungen nur »Schatten« und »Beispiele« der jenseitigen Welt sind, ist der Sohn als »Abglanz« und »Ausprägung« »die schlechthin gültige Offenbarung der jenseitigen Wirklichkeit Gottes« (Gräßer Seite 62).

Während V. 3 a vom göttlichen Sein des Sohnes handelt, bringt V. 3 b sein göttliches Tun zum Ausdruck: »Er trägt (besser bewahrt, erhält) das All durch sein machtvolles Wort.« Hier ist eine Gottesprädikation, die in jüdischen Texten Jahwe als kraftvoll regierenden König über die Welt bezeichnet, auf den Sohn übertragen worden.

V. 3 a.b entfaltet das Wesen des Sohnes in präsentischen Aussagen. Die irdisch-menschliche Wirksamkeit, die für den Verfasser im Tod am Kreuz gipfelt und seine Erhöhung sind für ihn abgeschlossene Handlungen (Aorist). Durch seinen Sühnetod macht Christus die Sünden (Plural!) vor Gott unwirksam (vgl. 2,17). »Es geht ... um Vergebung alter Schuld.« (Gräßer Seite 64).
V. 4 schließt die obigen Gedanken ab und leitet mit dem Stichwort »Engel« zum folgenden lehrhaften Abschnitt über.

Systematisch-theologische Aspekte des Textes

1. Der Gott der Bibel ist ein redender Gott. »Wenn die heutige Rede vom Tode Gottes daran erinnern will, daß Gott in den Ereignissen von Natur, Welt und Geschichte verborgen und stumm ist, dann wiederholt sie damit nur eine Wahrheit, die schon dem Hebr nicht mehr neu war: Gott hat geredet im Sohn ... Alles von Gott gestiftete Heil bleibt an das Wort gebunden, das in Christus Gestalt gewann.« (Gräßer Seite 68)
2. »Es ist das eine Wort Gottes, das die alt- und neutestamentliche Verkündigung gemeinsam qualifiziert. Aber es ist der Sohn als das eine Wort Gottes, das den ersten Bund für »veraltet erklärt« (8,13) und »den neuen und lebendigen Weg« des Heils eröffnet (10,20).« (Gräßer Seite 69) Damit wird das Verhältnis von Altem und Neuem Bund vom Verfasser des Hebräerbriefes »dialektisch bestimmt als Einheit und Verschiedenheit, als das Ja und das Nein.« (Gräßer Seite 69).
3. Im Zentrum der Perikope steht der »Sohn Gottes«. »Der Begriff bringt die ursprüngliche und wesentliche Zugehörigkeit Jesu zu Gott zum Ausdruck – und damit seinen göttlichen Ursprung, sein göttliches Wesen, sein präexistentes Gottsein. Mit ihm ist gesagt, daß Gott nicht bloß in dem Menschen Jesus von Nazareth, sondern als dieser Mensch zu uns gekommen ist.« (O. Hofius, in: Pastoraltheologie 1991/8 (GPM), Göttingen 1991, Seite 51)

Homiletische Erwägungen

Weihnachten ist etwas Besonderes. Es liegt ein besonderer Glanz über diesen Feiertagen. Geschenke werden gemacht. Die Familien kommen zusammen. Das lange Weihnachts-Wochenende 1997 läßt Zeit für Begegnungen, zur Vertiefung und Erneuerung der Verbundenheit. Aber das Angebot von Glanz, Friede und Erneuerung ist zugleich auch der Anspruch, der vom Weihnachtsfest ausgeht. Schlimm, wenn es nicht gelingt, die Klippen des Familienstreits zu umschiffen; enttäuschend, wenn die Geschenke nur Formalitäten sind und an meinen innersten Wünschen vorbeigehen; schwer und einsam sind diese Tage für die, die niemanden haben, der sie besuchte, niemand, der mit ihnen redete und sie verstand. Am 2. Weihnachtstag sind wohl Menschen mit guten und mit enttäuschten Weihnachtserfahrungen im Gottesdienst. Der Predigttext regt an, mit diesen Menschen darüber nachzudenken: Woher kommt dieser Glanz, den sie an den Feiertagen erlebt oder vermißt haben? Ist er nicht der »Abglanz«, der Freude darüber, daß Gott uns »besucht« (Lk 1,69) und »zu uns geredet hat durch den Sohn«?

Vorschläge zur Liturgie

Lied zum Eingang
EG 23 »Gelobet seist du, Jesu Christ«

Eingangsspruch
Lukasevangelium 1,68

Hinführung zum Kyrie und zum Gloria
»Oft meinen wir: Der Himmel ist verschlossen, Gott schweigt, ist fern, hat uns vergessen, wir sind uns selbst überlassen. Uns bleibt, ihn um Erbarmen zu bitten: -
Seit Jesus geboren ist, können wir glauben: Gott spricht zu uns, ist für uns da, schenkt uns, wonach wir uns sehnen. Der Himmel ist offen. Mit den Engeln können wir singen: -«
(C. Zippert, Gottesdienstbuch, Gütersloher Verlagshaus, Gütersloh 1990, Seite 18)

Loblied
EG 45 »Herbei, oh ihr Gläub'gen«

Kollektengebet
Gott,
in der Geburt deines Sohnes gibst du dich selbst
und machst unser Leben hell.
Laß uns dich aufnehmen
und deine Boten sein.
(Bearbeitung eines Gebetes aus: Beratungsstelle für Gestaltung ..., (Hrsg.), Liturgieentwürfe für das Kirchenjahr, Frankfurt 1985, Seite 40)

Hauptlied
EG 57,1.3-7 »Uns wird erzählt von Jesus Christ«

Predigtlied
EG 42 »Dies ist der Tag, den Gott gemacht«

Gebet zum Abendmahl
Gott,
lieber Vater,
du bist zu Weihnachten in Christus für uns
zum Brot des Lebens geworden.

Du suchst uns,
um dich uns mitzuteilen,
um mit uns zu teilen:
deine Liebe,
dein Erbarmen,
dein ewiges Leben.
Hilf uns,
unsere Hände
frei zu machen
und anzunehmen,
was du uns schenkst
durch unsern Herrn
Jesus Christus.
Amen.
(Klaus von Mehring, Weihnachtsgebete, Quell Verlag, Stuttgart 1995, Seite 53)

Lied zum Ausgang: EG 27 »Lobt Gott, ihr Christen alle gleich«

Vorschlag zur Predigt

Möglicher Anfang
Weihnachten ist etwas Besonderes. Trotz allem Streß im Vorfeld des Festes – es liegt ein Glanz über diesen Tagen. Wir verhalten uns anders: freundlicher, hilfsbereiter, weniger gleichgültig. Wir nehmen uns Zeit zu Besuchen und zum Gespräch. Weihnachten ist etwas Besonderes. – Besonders schlimm empfinden wir deshalb, wenn wir Weihnachten allein verbringen müssen, wenn niemand anruft und zeigt, daß er an uns denkt. Es ist schlimm, wenn es nicht gelingt, während des Festes die Klippen des Familienstreits zu umschiffen. Woher kommt der Glanz der Weihnachtstage, den wir empfinden oder umso schmerzlicher vermissen, wenn wir ihn nicht erlebten? Was macht Weihnachten zu so einem besonderen Fest?
Die Geschenke allein sind es nicht. Das haben wir mit den Jahren gelernt; auch nicht der Kerzenschein und der geschmückte Baum. Sie gehören dazu, wie das glitzernde Geschenkpapier zu den Weihnachtsgeschenken gehört. Wir freuen uns daran. Aber wichtiger ist, was sich dahinter verbirgt. Unser Predigttext will uns helfen, hinter aller glänzenden Fest-Verpackung das Geheimnis des Glanzes von Weihnachten zu entdecken. Mit zwei Sätzen packt er uns das Geschenk von Weihnachten aus. Das ist das Geschenk Gottes an uns: »Gott hat geredet durch den Sohn.«

Zum weiteren Verlauf
– Es ist wichtig, daß mit und zu uns geredet wird. Wenn niemand mit uns gesprochen hätte, hätten wir das Säuglingsalter nicht überlebt. Es gibt

nichts Schlimmeres, als wenn sich Menschen aus Haß oder aus Gleichgültigkeit anschweigen, wenn sie in der Familie stumm aneinander vorbeileben.
- »Gott hat geredet.« Er ist nicht stumm geblieben. Wir sind ihm nicht gleichgültig; hier auf der Erde, diesem winzigen Staubkorn in den unendlichen Weiten des lautlosen Alls. Gott hat geredet. Seit es Menschen gibt, hat Gott mit ihnen geredet. Die ganze Bibel zeigt uns, wie Gott in vielen Stimmen geredet hat: mit Abraham und Mose hat er geredet. Durch die Propheten hat er zu Israel gesprochen, gütig und barmherzig, zornig und zurechtweisend. Und manchmal war sein Schweigen beredter als viele Worte.
- Und schließlich: »Gott hat geredet durch den Sohn.« Er sagt und zeigt uns, was Gott uns sagen und zeigen will.
- Er ist »das Ebenbild seines Wesens«. »In Jesus zeigt Gott sein wahres Gesicht. Sicher, Gott ist auch der Schöpfer, der fortwährend seine Welt erschafft, an jedem neuen Tag, in jedem neuen Kind, jeder Kreatur. Und er ist im Sterben und Vergehen. ... Wir erfahren am eigenen Leib den Gott, der sich in der Natur verströmt in unendlicher Fülle, in unendlichem Formenreichtum, unendlicher Dynamik, unendlicher Macht. Aber in Jesus, seinem wahren Gesicht, zeigt er, wozu das alles.« Liebe ... ist das Ziel der Wege Gottes«. (T. Giesen, Gott liebt dich und braucht dich, Stuttgart 1989[3], Seite 124)
- Der Sohn ist »der Abglanz seiner Herrlichkeit«. Das griechische Wort, das hier gebraucht wird, ist »charaktèr«. Es meint eigentlich den Stempelabdruck. An ihm erkennen wir den Charakter Gottes, wie und wer Gott ist. Dieser Sohn ist »ganz der Vater«.
- »und hat vollbracht die Reinigung von den Sünden ...« Jesus zeigt uns: Gott legt uns nicht auf unsere Schuld fest. Wo wir für uns und für andere keinen Ausweg aus der Verstrickung in alte Schuld sehen, eröffnet er neue Möglichkeiten. Er vergibt unsere Schuld, und wir können anderen ihre Schuld vergeben.

Möglicher Schluß
Das ist das Geschenk Gottes an uns. Gott bleibt nicht stumm. Er redet zu uns durch seinen Sohn. Er zeigt uns, wie er es mit uns meint, wie sehr er uns liebt. Er legt uns nicht auf unsere Schuld fest, sondern schenkt uns einen Neuanfang.
Woher kommt der Glanz dieser Weihnachtstage?, habe ich am Anfang gefragt. Ist der Glanz unseres Weihnachtsfestes nicht der Abglanz jenes Lichtes, das mit Jesus Christus in die Welt gekommen ist? Gott hat uns beschenkt, weil er uns liebt. Daran erinnern wir uns in diesen Tagen und beschenken die, die wir lieben.
Gott hat uns besucht und durch seinen Sohn mit uns gesprochen. Er läßt uns nicht allein, weil wir ihm viel bedeuten. Daran erinnert uns Weihnachten, und darum nehmen wir uns in diesen Tagen Zeit, die zu besuchen und

mit jenen zu sprechen, die uns etwas bedeuten. Gott hat geredet durch den Sohn. Sein Leben und seine Worte haben die Welt heller gemacht. Daran erinnert uns Weihnachten. Und nach Weihnachten? Vielleicht lassen wir ja den Weihnachtsbaum mit seinen Lichtern auch deshalb noch bis ins neue Jahr stehen, weil wir wissen: Gott spricht zu uns - nicht nur zur Weihnachtszeit.

Kontext

O. Hofius plädiert in seiner Predigtmeditation dafür, mittels des Predigttextes »die fundamentalen Sätze des christologischen Dogmas zu entfalten« (a. a. O. Seite 52.), und hierzu bei der Person Jesu Christi einzusetzen und von daher das Werk des Sohnes - seine Geburt, seinen Tod und seine Erhöhung zu bedenken. Reizvoll erscheint mir dazu eine Verschränkung und doxologische Verstärkung lehrhafter Passagen mit Liedstrophen aus dem EG (der »Sohn« EG 23,3 und 27,2-5; der Schöpfungsmittler EG 37,2 und 24,5; der »Retter« EG 24,3 und 30,3).

1. Sonntag nach Weihnachten

Annäherungen an den Predigttext 1. Johannes 1,1-4

Ludger Arnold

»Herr Kollege, darf ich grad' mal in ihren Pfarrerkalender schau'n?«, fragte ein Pfarrer leise. - »Aber, aber! Sie wollen doch wohl nicht nach einer Alternative für den entsprechenden Sonntag suchen?!«, flachste ein weiterer Pfarrer quer über den Tisch. »Warum eigentlich nicht?«, gab der angesprochene zurück und erläuterte: »Bei diesem abstrakten Sprachgebrauch ist das einzig Konkrete, bei dem ich beim Lesen hängen bleibe, die »Freude« in Vers 4.« -

So locker begann in der ersten Sitzung des Jahres 1996 im *Kirchenkreisvorstand* des Kirchenkreises Eschwege das Gespräch über diesen Text. Da neben den gewählten Mitgliedern auch die Stellvertreter und die Landessynodalen eingeladen waren, saßen an diesem Abend zwölf Personen, Pfarrer und Laien, zusammen, um über die Jahresplanung und wichtige Entwicklungen zu beraten und durch die offene und vertrauensvolle Gesprächsatmosphäre in diesem Kreis ergab sich nach diesem Anfang ein recht lebhaftes Gespräch. -

»Nein, das sehe ich nicht so«, entgegnete dann jemand in der Runde. »Das ist doch etwas Handgreifliches, ein fast sinnlicher Einstieg, wenn da vom Hören, Sehen und Betasten die Rede ist. Denn wenn wir von Weihnachten herkommen, dem Fest des Erlebens, bei dem alle Sinne beteiligt sind, ist bei allen die Erinnerung noch ganz frisch an die festliche Stimmung, die Weihnachtslieder, die wir gehört und gesungen haben, das warme Licht der Kerzen und die anderen Lichter in den dunklen Tagen, die Gerüche, den Geschmack des Weihnachtsgebäcks, das Aufstellen der Krippe ...« »Wir haben gehört, gesehen, betastet - vom Wort des Lebens - heißt es zwar im Text, aber ich nicht - ich war eben nicht dabei an der Krippe. Bei allem Bemühen um das Feiern des Weihnachtsfestes stehe ich bestenfalls in einer Tradition, ist das Erleben wieder nur vermittelt«, wirft ein anderer Teilnehmer ein.

»Aber der Briefschreiber hat erlebt und deshalb schreibt er es für uns auf, damit wir teilhaben an seinem Erleben und dadurch Gemeinschaft haben mit ihm. Etwa in dem Sinne: Ich sage Euch das, was ich erlebt habe, damit eine Gemeinschaft der Freude unter uns entsteht.« -

»Und eine Gemeinschaft mit Gott!« »So ähnlich geht es uns doch häufig bei unseren Predigten auch – es gibt einen konkreten Anlaß, wir aber reden nur über ihn, deshalb könnte man hier auch mal erklären, mit welchem Ziel eigentlich gepredigt wird.« »Deshalb ist mein Anknüpfungspunkt auch der Satz »und deshalb ... verkündigen wir euch das Leben«, was doch bedeutet, daß Jesus die Lebensmitte ist und wir das vermitteln wollen. Diese Lebensmitte ist der Grund für unsere Gemeinschaft und für unsere Freude – deshalb reden wir darüber. In der Hoffnung, daß dies nicht ohne Folgen bleibt, sondern die Gemeinschaft wächst.«
»Aber das konkrete Erleben, das nachvollziehbare Anfassen und Sehen, das müßte man doch hier für die Predigt nutzbar machen – gerade im Umfeld von Weihnachten. Denn wir waren zwar nicht an der Krippe, haben aber doch unser Weihnachten erlebt.« »Ich möchte dabei noch einmal an meiner Idee von vorhin anknüpfen, dem konkreten Weihnachtserlebnis, z. B. dem Aufstellen der Krippe, weil das bei unseren Kindern immer etwas ganz Besonderes ist und jedes Jahr wieder Anlaß ist für lange Gespräche über das Geschehen in Bethlehem. Wenn sie Ochs und Esel in den Stall stellen und Maria und Josef und das Kind in die Mitte, dann reden wir darüber, welche Bedeutung dieses Kind in der Krippe für uns und die Gemeinschaft hat. Vielleicht könnte man – mit Blick auf das Fest der Hl. Drei Könige aus deren Sicht erzählen, was sie gehört, gesehen und betastet haben – damals und heute – und warum sie jetzt alles weitererzählen müssen.«
»Mir wird dabei immer wieder deutlich, wie wichtig Ganzheitlichkeit ist, daß wir Denken und Fühlen verbinden und bei unserem Reden, beim Predigen diese Verbindungen aufzeigen.« »Schön, wie hier die eigentliche Bedeutung von Weihnachten deutlich wird, die im Flimmern der Fußgängerzonen oft verloren scheint – das Empfinden von Gemeinschaft, von gemeinsamer Freude und dem Wunsch, andere daran teilhaben zu lassen.«
»Da bekommt man fast schon wieder Lust auf Weihnachten.«
»Aber was ist mit denen, deren Weihnachtserlebnis ein ganz anderes ist, bei denen es das Allermeiste, was eben erwähnt wurde nicht gibt, bei denen das »Fest der Familie« immer wieder Grund für Streit und Ärger ist oder bei denen nach dem Abendessen der erste schon voll wie ein Uhu ist? Kommen die in unseren Predigten auch vor, können die sich in unseren Predigten auch wiederfinden?« »Wenn wir von solchen Familien wissen, sollten wir versuchen, mit ihnen direkt ins Gespräch zu kommen.« »Aber Nöte und Sorgen müssen in unseren Überlegungen, bei unserem Anknüpfen an dem konkreten Erleben auf jeden Fall auch vorkommen, denn die frohe Botschaft wurde auch zuerst denen ganz unten in der Gesellschaft mitgeteilt; die Hirten auf dem Felde waren die ersten an der Krippe.« »Die Gemeinschaft, von der in dem Text die Rede ist, muß sich genau darin beweisen, daß sie Anteil nimmt, daß wirklich alle sich in ihr aufgehoben fühlen. Dazu Möglichkeiten aufzuzeigen, könnte eine wichtige Konkretion der Aussage bringen und die Aufgabe verdeutlichen, ›Weihnachten‹ mit in den Alltag zu nehmen.«

Hier hätte das Gespräch noch länger fortgesetzt werden können, doch hätte es sicher weiter vom Text weggeführt und so hielten wir den selbstgesteckten Zeitrahmen ein.
Wie sehr Verlauf und Ergebnis dieses Gespräches zeigen, daß es sich um einen Kreis von »Insidern« handelt, die alle durch Studium oder rege Beteiligung an Gottesdiensten und Gemeindeleben vor allem auch mit der besonderen Sprache dieses Textes umgehen können, zeigte sich in den Gesprächen, die ich zu diesem Text mit zwei Konfirmandengruppen und einer *Gruppe von Oberstufenschülern* führte. Mit den Schülern hatte ich wenige Wochen zuvor, unabhängig vom Unterricht, einen Adventsgottesdienst für die Jahrgänge 10 bis 13 der Adam-von-Trott-Gesamtschule in Sontra vorbereitet. In dem verabredeten Nachbereitungstreffen sprachen wir auch über diesen Text, den ich ihnen bereits mehrere Tage zuvor ausgehändigt hatte. Er war ihnen völlig fremd geblieben und trotz einigen Bemühens fanden sie kaum einen Anknüpfungspunkt, denn die komplizierte Textstruktur und abstrakte Begrifflichkeit wirkte sehr abweisend.
»Leben« und »Gemeinschaft« waren für sie zuerst die zentralen Begriffe, ergaben aber keinen Gesamtsinnzusammenhang. »Wort des Lebens« und das »Leben ist erschienen« mußten erst gemeinsam diskutiert werden, um daraus auf Jesu Geburt zu kommen, sein Sterben und seine Auferstehung waren hier zuerst im Blick.
Dann aber ergab es für sie einen Sinn, »die Jünger haben erlebt und erfahren und wollen das auch verkündigen, um Gemeinschaft aufzubauen.« – Und gedankenverloren sagte jemand den Satz: »Verkündigen macht auch Freude.« Das aber deckte sich mit ihren Wünschen an den selbst gestalteten Gottesdienst, denn das Herstellen von Gemeinschaft, einen Erlebnispunkt in der eher anonymen und kopflastigen Welt der Schule zu setzen war ein wichtiges Ziel.
Aber, »da mit Jesus das ›ewige Leben‹ erschienen ist, wird hier bereits auf Ostern, die Auferstehung und ihre Bedeutung für uns hingeweisen.« »Weihnachten und Ostern werden irgendwie verbunden.« »Und Jesus steht für konkrete Inhalte, die in den nächsten Versen deutlich werden, die eine konkrete Orientierung bieten und Anforderungen auch an unsere Lebensgestaltung stellen.«
In den beiden *Konfirmandengruppen* war das Verstummen nach dem Lesen und Vorlesen des Textes noch viel extremer und fast vollständig.
Der einzige Begriff, bei dem sie hängenblieben, war der des »ewigen Lebens« und von da aus gingen auch ihre Vorstellungen Richtung Ostern und Auferstehung und das »Erscheinen des Lebens« wurde damit in Verbindung gebracht und: »Wie sieht dieses ewige Leben aus?«, war ihnen eine wichtige Frage. Im Gespräch konnte dann der Zusammenhang mit Weihnachten geklärt werden. Klar war dann auch sofort, warum hier alles weitererzählt werden sollte, denn die gegenseitige Anteilnahme im Dorf und das Vertrauen macht diese »Laberkette« notwendig, denn nur das Wis-

sen voneinander schafft Gemeinschaft, und diese ist als Absicherung sehr wichtig - Vereinzelung erleben gerade sie als beängstigend und gefährdend. »Woher weiß der Johannes eigentlich was am Anfang war?«, war eine weitere wichtige Frage.
Als Anforderung an den Predigenden forderten sie eine Übersetzung in ihre Sprache, der Text sollte verständlich gemacht werden. Dabei wollten sie auch erklärt haben, wie man als Prediger sich die Textzusammenhänge erschließen kann, »woher man weiß, welche Worte was bedeuten sollen.«

Zum Gottesdienst

Hans Werner Dannowski

Exegetisch-homiletische Skizze

Der Verfasser der johanneischen Schriften liebt die Vorwörter, die wie eine Ouvertüre alles Kommende in seinen Themen schon aufklingen läßt und letztlich wie eine Zielangabe klingt, aus der sich die Entfaltung wie von selbst ergibt. So beginnt das Johannesevangelium mit dem Wort, das bei Gott war und das Fleisch wurde. So geht der 1. Johannesbrief einen Schritt in der Heilsgeschichte weiter und beginnt mit dem Hinweis auf das Wort des Lebens, das erschienen ist und das die Gemeinde »begriffen« und »betastet« hat und in dem sie ihre Gemeinschaft hat. Und diese Gemeinschaft der Gemeinde ist, da sie zugleich eine Verbindung »in ihm« ist, in der gleichen Intensität eine Gemeinschaft mit Gott und Christus. Gemeinde, Gott und Christus sind eine Beziehungseinheit.
Der Verfasser des 1. Johannesbriefes mag eine gnostische Gegnerschaft gegen sich, zumindest ein gnostisches Umfeld um sich haben. Das bedeutet Aufnahme und Grenzziehung zugleich. Die Anknüpfung mag in der Betonung liegen, mit der die anfanglose Ewigkeit des Logos als des Wortes des Lebens akzentuiert wird. »Was von Anfang an war«: Die arché ist der Uranfang, der Ursprung, die Anfanglosigkeit, die den Anfang setzte und in der die ganze Dynamik war, die in dem Schöpfungsakt des Anfangs zum Ausdruck kam. Uranfang und Ewigkeit sind also zwei verschiedene Seiten derselben Sache; oder genauer: zwei Seiten desselben Gottes, weil genau darin das Leben war.
Die Abgrenzung zur Gnosis, und darin liegt natürlich die Pointe auch dieses Textes, ist die Betonung der Epiphanie des Lebens. Und dies ist nicht nur ein geistiger Prozeß, den man mit der Erkenntnis der Erleuchteten in sich aufnehmen und so Teil der Ewigkeit und Anfanglosigkeit Gottes werden kann. Nein, die Epiphanie ist Gestaltwerdung auch in der Konkretion

der äußeren Erscheinung. Nicht nur mit den Augen sehen, mit dem Munde sprechen und mit den Ohren hören kann man das. Mit den Händen betasten kann man das, das Wort des Lebens. Nicht nur die Akustik und die Optik, auch die Haptik gehört zu den Dimensionen von Offenbarung. Geradezu kindliche Sinnenhaftigkeit ist das, in der das Anfassen, das Umarmen, das Umgreifen eine so entscheidende Rolle spielt. Martin Luther hat dies in der Sinnenhaftigkeit seiner Offenbarungserkenntnis sofort gespürt und über 1. Johannes 1, besonders auch über den ersten Vers, eine wunderbare Auslegung geschrieben. »Was für eine Einfalt der Rede ... So reden unsere Kinder. Ich habe nie eine einfältigere Sprache gehört. Und doch ist darunter eine solche Größe verborgen, daß man's nicht begreifen kann. Es ist, als ob er lallte wie ein Kind und doch ist eine Größe ohnegleichen damit verbunden. Kein Apostel hat eine so einfältige Redeweise gebraucht. Das ist keines Geistes außer des Heiligen Geistes Weise, so einfältig Großes zu offenbaren und auszusprechen. Hören wir also zu, wenn der Heilige Geist zu lallen anfängt und achten wir mehr auf die Sache als auf die Worte« (Martin Luther, Vorlesung über den 1. Johannesbrief 1527, Calwer Luther-Ausgabe Band 9, Seite 115). Die Sache aber, um die es geht, ist das Paradox der Offenbarung, daß das ewige Wort Fleisch und also anfaßbar wird, und die Ewigkeit in die Zeit eintritt und als Geschichte »begreifbar« wird.
Auf einen zweiten Sachverhalt muß exegetisch noch hingewiesen werden, gerade, weil vielen Predigern 1. Johannes 1 als ein so unzugänglich dogmatischer Text erscheint. Für den Verfasser des 1. Johannesbriefes ist Dogmatik und Ethik, Wort und Tat so sehr eins, daß der Ursprungsort der Gotteserkenntnis fast gefährlich im Ethischen erscheint; daß Gott daran erkannt wird, wie wir uns untereinander lieben. Nichts wäre also der Intention des 1. Johannesbriefes ferner, als diese Sätze als dogmatischen Vorspann (miß) zu verstehen. Das Wort des Lebens ist das Wort der Beziehung, das Wort des Berührens und Anfassens im Gegensatz zur »Wortlosigkeit des Einanderumbringens« (Martin Buber), Wort und Tat stürzen in Christus ineinander, und es ist die Dynamik der Offenbarung, daß das ewige, unanschaulich nicht greifbare Wort in seiner geschichtlichen Erscheinung eine solche Wirkmächtigkeit hat, daß es zum Wort des Lebens wird.
Homiletisch halte ich es für völlig verfehlt, den konzentrierten Sprachcharakter eines Prologs zu einem unübersteigbaren dogmatischen Gebirge hochzustilisieren und dann über seine Unbesteigbarkeit gekonnt zu lamentieren (Beispiel: Wolfgang Seehausen, in: Worte am Sonntag heute gesagt, II, 1, Gütersloher Verlagshaus Gerd Mohn, 1973, Seite 49). Den Bibeltext vielmehr herunterholen an den Ort, an dem er entstanden ist: in der gelebten Gemeinschaft christlicher Geschwisterlichkeit, die in der Nähe der Schwester und des Bruders die Epiphanie als Epiphanie des ewigen Gottes erfährt.

Vorschläge zur Liturgie

Lieder
EG 23 Gelobet seist du, Jesu Christ ...
EG 26 Kanon: Ehre sei Gott in der Höhe ...
EG 36 Fröhlich soll mein Herze springen ...
EG 41 Jauchzet, ihr Himmel ...
EG 66 Jesus ist kommen ...

Kollektengebet
Leben entsteht unsichtbar, entwickelt sich im Stillen,
nicht machbar, nicht einsehbar.
Du schaffst es, Gott.
Darum bitten wir dich:
Sprich du dein Wort,
daß wir es hören und fühlen.
Mein Leben in deinem Sohn,
der für uns Wahrheit, Gerechtigkeit und
Friede ist, heute und allezeit.
Amen.

Fürbittengebet
Aus dem Unbegreiflichen bist du
uns nahe gekommen, du unser Gott.
In Christus hat dein Wort uns berührt,
in Hingabe und Liebe.
Dafür danken wir dir:
für die Freude unseres Lebens,
für den Wärmestrom in unserer Zeit,
für die guten Mächte, in denen
wir geborgen sind.

Und nun bitten wir ... (jeweilige Konkretionen)

Du gibst, gibst von dir, Gott,
gibst über dich hinaus.
Gibst Leben und Freude, Gemeinschaft und Erfüllung.
Das erbitten wir für alle Menschen und danken dir für die
Größe deiner Gabe, deiner Nähe in Christus, unserm Herrn.
Amen.

Vorschlag zur Predigt

Es ist jetzt eine Reihe von Jahren her, aber ähnliche Situationen gibt es zu Weihnachten immer einmal wieder. Da war kurz vor Weihnachten die furchtbare Erdbebenkatastrophe in Armenien gewesen. Die Aufführung

des Weihnachtsoratoriums von Johann Sebastian Bach wurde daraufhin als Benefizkonzert für die armenischen Erdbebenopfer gestaltet; der Kollege hatte am Anfang ein paar Worte des Gedenkens gesagt, und ein Armenier, der in der Stadt lebte, hatte für die Anteilnahme und für die Solidarität gedankt. Und dann ging die Musik los mit dem »Jauchzet, frohlocket, auf preiset die Tage«. Der unbeschreibliche Jubel über die Erscheinung, über die Menschwerdung des ewigen Wortes und die langanhaltende Freude darüber, auch in den stillen, den besinnlichen Partien des Bachschen Werkes. Und da war zugleich doch auch noch etwas anderes in dem Raum der Kirche. Da sahen alle, denke ich, zugleich mit dem Jubel der Trompeten die Bilder des Fernsehens, die wir in den letzten Tagen in uns aufgenommen hatten. Die zerstörten Häuser, die jammernden Menschen. Die deutschen Helfer mit den Suchhunden, die nach Leben unter den Trümmern fahndeten. Die Flugzeuge mit Lebensmitteln, Zelten und Medikamenten. Die Interviews mit den Vermutungen der Armenier, die russischen unterirdischen Atombombenversuche könnten Schuld an dem Erdbeben sein. Und unvermittelt schoben sich bei diesem oder jenem der Älteren vielleicht die Bilder der eigenen Flucht oder der eigenen Kriegserfahrung darüber. Und währenddessen ging der Jubel immer weiter, und die Verkündigung der Menschwerdung kam immer dichter auf die Ereignisse des Tages zu. »Ehre sei Gott in der Höhe - und Frieden auf Erden«. Es gibt Augenblicke, viele Augenblicke, in denen die Wahrheit einen berührt. Dies war solch eine verdichtete Erfahrung. Wenn wir das zulassen, dann werden wir nicht dort bleiben, wo wir sind.
Mit einer solchen oder einer ähnlichen Geschichte könnte die Predigt beginnen. Wichtig ist, daß die Sinnenhaftigkeit unserer Welterfahrung zwischen Tod und Leben, zwischen dem Alten und dem Neuen dabei herauskommt. Das Wort des Lebens ist da, das Leben ist erschienen: das vollzieht sich doch nicht in eine imaginäre Welt hinein. Das ist fühlbar, betastbar, schmerzhaft – beglückend. Und dann würde ich an persönliche Erfahrungen anknüpfen und beginnen, von dem »Wort des Lebens« zu sprechen. Im Wort kommt die Liebe zur Welt. »Geh weg!«, sage ich, oder: »Komm zu mir!« Am Anfang des Lebens steht das Ur-Wort des Du oder die Absage an die schöpferische Kraft des Wortes. Die Behandlung des Menschen als eine Sache. Den Kriegen und der Vernichtung ging immer die Diffamierung des Anderen voraus, dem Judenmord der Judenhaß und die Sprache des Unmenschen. Worte sind Taten, und das hingerissene Du ist die Gemeinschaft, die die Kraft des Lebens ist. Die Ehrlichkeit des »Es hat mir die Sprache verschlagen« ist das Eingeständnis dessen, der keinen Weg mehr weiß.
Und dann möchte und müßte ich von der Erscheinung des ewigen Wortes reden. Von Jesus, der das unter uns erschienene Leben ist, weil er das Wort des Lebens ist: Seine Art, mit uns Menschen zu reden, so daß Menschen aufblühen unter seinem Wort. Daß sich Menschen überhaupt erst finden, sich erkennen, umkehren, zu sich selbst finden als die von Ewigkeit her

geschaffene Wahrheit des göttlichen Geschöpfes. Die unnachahmliche Weise, das Ja über einem Menschen zu sprechen und das Nein zu einem Nein in der Liebe werden zu lassen. Das ist die Erscheinung des Lebens. Anfaßbar ist sie, weil sie konkrete Gemeinschaft ist. Anschauung und Anhörung und Umarmung. Sein Reden läßt den Hörer nicht hinter sich, sein Schweigen macht ihn nicht tot. Er hat Worte der Wahrheit, aus dem Leben wie aus einem tiefen Brunnen aufsteigt. Anhauchen des Geistes, Worte der Ewigkeit in der Zeit.
Der Schluß muß dann die ambivalenten Erfahrungen der Anfangsgeschichte wieder aufnehmen. Das Wort des Lebens, das mich auf einmal berührt. Der Sinn des Lebens kehrt bei mir ein, vielleicht in einer Situation, die mich ganz verzweifelt hat werden lassen. Das ist wie eine Umarmung, wie ein Blick aus guten Augen. Die Güte wird das letzte Wort behalten, Gerechtigkeit wird es geben. Schalom wird sein. We shall overcome, some day. Die Würde der nicht bewiesenen und nicht beweisbaren Wahrheit will ich hochhalten. Ja, das Leben ist erschienen, und wir haben gesehen und bezeugen und verkündigen euch das Leben. Und die Freude kann wachsen und vielleicht sogar heute, morgen, für kurze Zeit vollkommen sein.

Kontexte

Reinhold Schneider hat beschrieben, wie der zu Weihnachten verkündigte Gott zu unserem Gott werden kann:
»Der Friede fängt an in einem jeden von uns, ganz tief in uns selbst. Er beginnt als Gelöbnis, dieses muß nicht ausgesprochen werden, es muß da sein. Ist es da, so wird es sich auch auswirken, die Lebensführung bestimmen. Andere werden die Unwiderruflichkeit dieses Entschlusses spüren, in sein Kraftfeld gezogen werden, sich verwandeln. Wir müssen zum lebendigen Frieden werden. Es kann nur im Namen Gottes geschehen, der der Friede ist.«
(Reinhold Schneider aus: Der Friede der Welt, st 1048, © Insel Verlag, Frankfurt am Main, Seite 64)

Und Rolf Zerfaß schreibt in »Für uns Menschen. Predigten zum Lesejahr B« (Patmos Verlag, Düsseldorf 1993, Seite 39):
»Christen wie Nichtchristen sind bis heute fasziniert von einigen charakteristischen Sentenzen Jesu (wie Mt 5–7; Mk 12,13 f.; Lk 10,29), weil sich in ihnen auch für den sachlichsten Betrachter ein ›Bewußtseinsvorsprung‹ manifestiert, über den die Menschheit bis heute einfach nicht hinausgekommen ist. Bewußtseinsvorsprung besagt aber – auch bei Philosophen, Soziologen, Literaten, bei denen er uns heute begegnen mag – nicht nur, daß einige Menschen etwas mehr denken als andere, sondern daß sie ›ihrer Zeit voraus sind‹. Waren Marx, Freud, Nietzsche und Kierkegaard ›Zeit-Genossen‹ des 19. Jahrhunderts, oder manifestiert sich nicht in ihrem Bewußtsein ein Vorsprung an Geschichts- und Existenzerfahrung, der erst von unserer Generation allmählich eingeholt und verarbeitet, geprüft und bestätigt wird? Die Generation der Johannes-Gemeinden bekennt im Prolog im Blick auf Jesus: ›Aus seiner Fülle haben wir alle empfangen‹.«

Altjahrsabend

Annäherungen an den Predigttext
Brief an die Gemeinde in Rom 8,31 b–39

Heiderose Gärtner

Eine Jugendgruppe der offenen Teestubenarbeit in Ludwigshafen-Oggersheim war bereit, mit mir diesen biblischen Text zu besprechen. Die Jugendlichen waren zwischen 15 und 18 Jahre alt.

Sie hatten einen photokopierten Text vor sich und näherten sich ihm, indem sie die Verse mit einem +, –, oder einem ? versahen. Das Fragezeichen sollte bedeuten: »Das verstehe ich nicht«. Das Minus-Zeichen am Rand hieß: »Das finde ich nicht gut«, und das Plus-Zeichen sollte signalisieren: »Das ist okay, das gefällt mir«.

32: Es gefiel ihnen nicht, daß sich hier offensichtlich ein Vater nicht auf die Seite seines Sohnes gestellt hat. Und wiederum störte es, daß dieser Sohn hier so eine Sonderstellung einnimmt, wo doch so viele Menschen im Leben nicht verschont werden.

33: Unverständlich war für sie der Ausdruck: die Auserwählten. Wer ist das? Wir sind das doch nicht, so fühlen wir uns nicht. Und wie paßt das dazu, daß letztendlich doch nur Gott gerecht macht?

34: Gott scheint uns Menschen nicht zu verstehen. Jesus muß für uns eintreten, er kennt die Menschen, er weiß, wie sie sind. Schön - aber doch auch wieder schade, daß Gott uns nicht nahe genug kommen kann, um uns zu verstehen.

35: Okay, das ist gut zu wissen, die Liebe Christi ist unerschütterbar. - Echt geil!

36: Unverständnis, das verstehen wir nicht, was soll das?

37: Ein Satz, der uns gefällt und mutig macht.

38, 39: Super dieser Text, tolle Sprache - da kommt Ermutigung, Trost und Kraft rüber.

Die Jugendlichen erzählten, daß sie jedes Jahr an Silvester vor der großen Party in die Kirche gingen. Ich erinnerte mich an unsere Silvestergottesdienste in Oggersheim, da gab es wirklich immer mehrere Reihen Jugendlicher. An diesem Abend durfte ein Lied nicht fehlen, das war vorher abgesprochen worden, nämlich: »Von guten Mächten ...«

An Silvester sind sie fröhlich und ausgelassen, aber ein wenig müsse man vom alten Jahr Abschied nehmen, so ein positiver Rückblick, ein fröhliches

Resumée sei das Richtige. Und Ermutigung für das neue Jahr, dieses Wissen um die Geborgenheit sei wichtig. Dies erwarten sie vom Silvestergottesdienst.
Einerseits sei der Text nicht so geeignet, irgendwie sind Konflikte in der römischen Gemeinde zu spüren. Auf der anderen Seite sind die Verse 31 b und 38, 39 ganz toll und genau richtig. Es sollten Gottesdienstzettel mit diesen Texten zum Austeilen angefertigt werden, damit man noch später etwas davon hat.
Für die Predigt ist ihnen wichtig, daß der Text offen, behutsam und meditativ interpretiert wird, weil die Verse alleine schon so stark sind, daß sie nicht »kaputt« interpretiert werden dürften.
Etwas verschämt gestanden sie mit der Zeit, daß sie außer an Weihnachten oder Jugendgottesdiensten nicht in die Kirche gingen, daß sie sich aber ihre tolle Silvesterparty ohne den Gottesdienst nicht vorstellen könnten.

Zum Gottesdienst

Anselm Friederich

Exegetisch-homiletische Skizze

Altjahrsabend ist ein emotional schwieriger, spannender Abend. Der Verstand mag versichern, es geschehe »eigentlich« gar nichts Besonderes (»... ein Winterabend wie andere auch«, »... reine Äußerlichkeit, dieser Wechsel der Jahreszahl«), die Seele jedoch empfindet es anders: Sie spürt am äußeren Zeitenwechsel das tiefe Fließen der Zeit, dem wir uns nicht entziehen. Sie spürt am äußerlichen Übergang, wie vergänglich sie ist und wie gefährdet. Dies zu spüren bewegt und beunruhigt.
Daher das starke Bedürfnis nach festen Formen und wohlgeplanten Rahmenbedingungen gerade an diesem Abend: Bitte zur Feier nur passende, vertraute Gäste! Bitte in der Kirche wieder das alte, liebe Bonhoeffer-Lied, the same song as every year! Bitte Worte der Geborgenheit! Und bitte ein »positives« Rückblicken, – denn wie der Predigttext, so soll wohl auch das vergehende Jahr nicht gnadenlos seziert, nicht »kaputt-interpretiert« werden.
Das Großartige und Schwierige beim Schluß des 8. Kapitels im Brief des Paulus an die römische Gemeinde als Predigttext für den Altjahrsabend liegt darin, daß in dieser Passage sehr tröstliche, ermutigende und warme Worte verwoben sind mit ganz anderen, sperrigen, dunklen und leiderfüllten Worten. Wie gelingt es, dieses Gewebe nicht zu zerreißen? Es ist sicherlich gut, sich nicht einfach auf das Fettgedruckte in der neurevidierten

Lutherbibel zu beschränken. Es kommt darauf an, die schmerzlichen, nicht-eingängigen Klänge des Liedes gebührend wahrzunehmen und mitanklingen zu lassen. Nur so, im Zusammenklang seiner unterschiedlichen Stimmen, zeigt es, daß es mehr ist als ein gutgemeintes Mutmachlied.

Hilfreich ist es dabei, in die Predigtvorbereitung jene Abschnitte aus dem Ersten Testament einzubeziehen, auf welche sich Paulus direkt und indirekt bezieht. Das ist zunächst Jesaja 53, als Hintergrund der Formulierung, Gott habe seinen Sohn »dahingegeben« (V. 32). Jesaja 53 wird ein »Knecht« Gottes geschildert, dessen schmerzliches, belächeltes Leben und Sterben im Nachhinein verständlich wird als ein Weg leidender Selbsthingabe. Der, so heißt es, komme vielen anderen Menschen zugute.

Wie auch immer man die Gestalt jenes »Knechtes« versteht, sein Schicksal steht auf jeden Fall in enger Verbindung mit dem Weg Israels als Ganzem. Jesaja 41,8 wird ja das Volk Israel selbst von Gott ausdrücklich »mein Knecht« genannt. Der Bezug auf ganz Israel ist auch im Römerbrief ein Grundanliegen, eine Grundperspektive, die nicht vergessen werden darf. Unmittelbar auf den Predigttext folgt Paulus' ausführliche Auseinandersetzung mit Israels Weg. Diese Nähe scheint mir wichtig für die Auslegung. Was wir von Gott und Jesus predigen, muß auch noch haltbar sein, wenn es um Gott und Israel geht. Deshalb tue ich mich bei V. 32 schwer, von »stellvertretendem Sühneopfer« zu predigen. Dieser Ausdruck ist schon innerhalb des christlichen Sprachgebrauchs problematisch, weil er zu sehr nach einem blutrünstigen, beleidigten Tyrannengott klingt. Kurt Koch, der katholische Bischof von Basel, hat treffend formuliert, es sei »zu verstehen, daß die Vorstellung von der Erlösung des Menschen durch den als Sühne verstandenen Kreuzestod Jesu dem heutigen Menschen und selbst dem Christen die größten Schwierigkeiten bereitet, weil sie ihm das Bild eines Gottes zu vermitteln scheint, dessen unnachsichtige Gerechtigkeit ein Menschenopfer, und zwar das Opfer des eigenen Sohnes, verlangt habe«. (in »Stimmen der Zeit« 5/96; p. 338) Denkt man an Auschwitz, wird das Reden von einem Gott, der durch Menschenopfer versöhnt werden soll, vollends zur zynischen Phrase.

Jesus ist durch menschliche Grausamkeit zu Tode gekommen, nicht durch göttliches Kalkül. »Es kann keine Rede davon sein, daß Gott dieses Opfer gebraucht hätte oder doch ›ganz gerne gesehen‹ hätte. Gott benötigt es überhaupt nicht für seinen Vergebungswillen. Nach dem Gleichnis vom verlorenen Sohn vergibt Gott auch ohne jedes Blutvergießen. Man kann daher auch nicht sagen, Gott hätte seinen Sohn irgendwem oder irgendwie ›geopfert‹, – den Menschen oder gar sich selbst. Auch das führt in eine Sackgasse, da für irgendein Opfer keine Notwendigkeit bestand. Und wenn es heißt, Gott habe seinen Sohn ›(dahin-)gegeben‹, dann in dem Sinne, daß er ihn den Menschen und damit ihrer Willkür und so auch dem Risiko der Ermordung auslieferte. Aber damit ist nicht gesagt, daß er ihn opferte.« (Klaus Berger, »Gottes einziger Ölbaum«, Stuttgart 1990, p. 61).

»Nicht Gott ist hier grausam, sondern die Grausamkeit der Menschen ist der Anlaß, von der äußersten Liebe, der schlechthin wunderbaren, durch nichts mehr zu begreifenden Zuwendung Gottes zu den Menschen zu sprechen. Die Grausamkeit der Menschen, der Gott sich konfrontiert sah, hat er zum Ausdruck äußerster, unvorstellbarer und anstößigster Liebe seinerseits werden lassen. Er hat sie völlig umgewandelt, wie nur er Haß und Unglück verwandeln kann.
Das heißt: Gott bedurfte dieses Todes keineswegs. Seinen Vergebungswillen hat er schon zuvor durch Jesus Christus verkünden lassen. Doch dieser Tod wird im Sinne gerade dieser liebevollen Zuwendung, als deren äußerstes und letztes Konkretwerden aufgefaßt. Nicht nur ohne Grund, sondern gegen alle Gründe liebt Gott.« (ebd., p. 60)
Nochmals zu Jesaja 53: »Wer glaubt dem, was uns verkündet wurde?«, so beginnt dieses Kapitel. Die Frage ist hilfreich auch für unseren Text, denn sie macht deutlich, was es mit der Formulierung »für uns« auf sich hat: Der Christus ist »für uns« dahingegangen, das heißt: Sein Leben, Leiden und Sterben, sein schmerzlicher Weg ist uns »verkündet«, weitererzählt worden. Wie alle biblischen Erzählungen will auch die Erinnerung an Jesu Weg »geglaubt«, das heißt persönlich angeeignet werden. Beim Nacherzählen, beim Hören, Nachempfinden, Nachsingen, Nachspielen des Weges Jesu wird seine Geschichte zu unserer, die uns heilt, befreit und somit »alles schenkt«, wie Paulus sagt. »Das Geheimnis der Heilstat Gottes in Christus ist nicht metaphysischer, sondern existentieller Art. Die Wahrheit der ›Dahingabe‹ des ›Sohnes‹ erschließt sich nicht der Logik einer Sühne- oder Versöhnungstheorie, sondern dem Gehorsam des Glaubens. Wer das ›für dich‹ so hört, daß er darin sich selbst von Gott her empfängt, versteht ›ohne weiteres‹ das Wesen der Erlösung. ... Gibt Gott sich aber selbst für uns hin, was sollte er uns dann noch vorenthalten?« (Walter Schmithals, Der Römerbrief, Gütersloh 1988, p. 309)
Die Sorge, Er könnte doch noch etwas vorenthalten, Er könnte irgendwann, unverhofft, doch noch eine bedrohliche Altlast hervorholen, scheint etwas zutiefst Menschliches zu sein. Sie spricht sich aus in der Urangst, angeklagt und verurteilt zu werden. Sie meldet sich in Träumen und ist in Kafkas »Prozeß« literarisch entfaltet. Sie erscheint im Predigttext ab V. 33. Dabei hat Paulus wiederum eine Passage aus Deuterojesaja vor Augen, diesmal Kapitel 50, 8 f., eine Sequenz kurzer Sätze, die eine Art himmlisches Gericht skizzieren. Vor den Schranken dieses Gerichtes tritt das prophetische Ich ziemlich forsch auf, bis dahin, daß es gegen seine Ankläger drohende Weissagungen richtet. Was macht den Beklagten so mutig? »Siehe, Gott, der Herr hilft mir; ... Er ist nahe, der mich gerecht spricht.« Im Sterben und Auferstehen Jesu sieht Paulus diese prophetische Zuversicht bestätigt und intensiviert. »Dabei spricht Paulus in der knappest möglichen Form die Sprache der urchristlichen Bekenntnisse (...): ›Christus Jesus ist gestorben.‹ Soteriologische Theorien über die Wirkungsweise des

Todes Jesu anzustellen ist auch in diesem Zusammenhang nicht nötig und nicht möglich. ... Der Tod Jesu, wie auch immer im einzelnen gedeutet, bedeutet Gottes Ja zu dem mit Recht angeklagten Sünder, und dieses Ja ist unwiderruflich.
Das ›mehr: er ist auferweckt‹ gibt dieser Unwiderruflichkeit Ausdruck.« (ebd. p. 311)
Die »Unwiderruflichkeit«, nie mehr verklagt und verurteilt zu werden, ist jedoch keine »Heilsgewißheit« in dem Sinne, als ob man sie nur einmal verstanden und angenommen haben müsse. Das macht Paulus sehr krass deutlich mit dem dritten Text aus dem Ersten Testament, welchen er heranzieht, - in diesem Fall mit wörtlichem Zitat -, nämlich Psalm 44. »Schwert« ist das Stichwort, welches in Paulus diesen Psalm wachruft, »Schwert« als Symbol für Krieg. Ps 44 singt vom Krieg und klingt zunächst ganz wie ein Lied zum Richterbuch: Gott zieht mit Israel in die Schlacht. Gott erficht den Sieg. - Gott, und nicht die eigenen Bogen und Schwerter (Ps 44,7), die deutsche Dreistigkeit, auf die Koppelschlösser der Wehrmacht die Worte »Gott mit uns« zu schreiben, kann sich also nicht auf Ps 44 berufen, nicht einmal auf seine triumphierenden Anfangsverse, und erst recht nicht auf deren Fortsetzung. Die nun ist das Entscheidende: Mit einem Mal bricht nämlich der Ton radikal um in ein klagend-anklagendes »Warum?«. »Warum verstößt du uns denn nun?«. Eine plötzliche, unbegreifliche Kette von militärischen Niederlagen macht dem Glauben, Gott ziehe mit ins Feld, ein Ende. Gottes Entzug wird erlebt als tödliche Blamage (»Du machst uns zum Sprichwort«). Der Psalmbeter versucht, Gott wie einen Schläfer wachzurütteln, damit Er sich wieder für Israels Kriege engagiert. Dabei greift er zu Tönen, wie sie sonst für das Hiobbuch typisch sind, und beteuert nachdrücklich Israels Treue: »Dies alles ist über uns gekommen; und wir haben doch dich nicht vergessen ...« (V. 18).
Israel ist treu - und Gott entzieht sich trotzdem! Das ist ein Skandal, der den Beter schier verzweifeln läßt. Ohne Gott hätte Israel es leichter. Diese abgründige Einsicht steht hinter dem 23. Vers, welchen Paulus nun wörtlich zitiert: »Um deinetwillen werden wir täglich (bzw. ›den ganzen Tag‹) getötet und sind geachtet wie Schlachtschafe ...«
Man wird dem Gewicht dieser Klage nicht gerecht, wenn man sie mit P. Stuhlmacher reduziert auf die »Gefährdungen, die den Christen als missionarischen Zeugen des Christusglaubens zustoßen« (NTD 6, Göttingen 1989, p. 128). Ps 44 ist kein Missionslied, sondern ein Verzweiflungsgebet in Kriegszeit! Wie ein Schatten ragt dieses schreiende, hadernde Gebet bedrohter Juden in den Predigttext, wie ein Anwalt menschlicher Leiden, die um keiner Glaubenshoffnung willen vergessen, verdrängt oder theologisch »aufgelöst« werden dürfen. Paulus selber löst nichts auf, sondern bezieht alles in seine Gewißheit ein, Gott habe sich in Christus »für alle« dahingegeben, und werde uns deshalb mit Christus »alles« schenken. Dieses zweifache »alle(s)« hat einen universalen, kosmologischen Klang wie

unser Wort »das All«. Es geht um die gesamte Schöpfung. »Gottes Heil ist nichts Partikulares.« (U. Wilckens, Der Brief an die Römer, EKK VI/2, 1980, p. 174)

Die Liebe Gottes, die Jesus, den Christus auferweckt hat und in ihm wirkt (weshalb sie Paulus in V. 35 auch »Liebe Christi« nennen kann), diese kreative Kraft berührt die Welt auf allen Ebenen. Es gibt keinen Bereich, keine Gegenkraft, die ihr entzogen ist. Darauf deuten die Gegensatzpaare »Tod – Leben«, »Gegenwärtiges – Zukünftiges«, »Hohes – Tiefes« (was möglicherweise »den höchsten und niedrigsten Stand der Gestirne, die den Lebenslauf feindlich beeinflussen können« meint, so Stuhlmacher a. a. O.). Darauf deuten in ihrer Weise auch die Zahlen 7 und 10, an denen sich Paulus bei seinen langen Aufzählungen orientiert hat (sieben Mächte in V. 35, zehn in V. 38 f.). Sowohl die Siebener- als auch die Zehnerzahl weisen auf das Ganze.

Durch Israel und durch Jesus, den Christus zum Ganzen zu gehören, mit zu dem unbegreiflichen Ganzen, das Gott geschaffen hat, noch täglich schafft und erträgt: Das möchte ich mit der Silvester-Gemeinde besingen und im Abendmahl feiern als Ermutigung und Halt im Fließen der Zeit und Vergehen der Jahre.

Vorschläge zur Liturgie

Eröffnungsgebet

Eine/r: Die Dunkelheit der Nacht umgibt uns.
Licht und Wärme umschließen uns.
Die Arbeit eines Jahres ist getan.
Wir öffnen uns Dem, der uns bewahrt hat.
Wir kommen zur Ruhe.

Alle: im Angesicht Gottes, der uns geschaffen hat,
im Angesicht des Sohnes, der für uns gestorben und auferstanden ist,
im Angesicht des Geistes, der uns hilft, unsere Wege zu gehen
in Freundschaft und Zuneigung.

Eine/r: Du Urgrund aller Dinge,
schenke uns die Fülle dessen,
wonach unser Leben sich sehnt:

Alle: Liebe für Gott
Liebe von Gott
das Lächeln Gottes
die Gnade Gottes
die Weisheit Gottes
die Furcht Gottes
die Phantasie Gottes
und Gottes Sinn in allen Dingen.

Eine/r: So wollen wir dieses Jahr beschließen,
wollen es zurückliegen in Frieden.

Alle: Im Schatten und Licht,
bei Tag und Nacht,
jeden Augenblick
umgebe uns deine Güte
und belebe uns dein Geist.
Amen.

(Bearbeitung eines Abendgebetes aus »Das kleine Gottesdienstbuch – Liturgien der Iona-Kommunität in Schottland«, 1995 p. 22)

Abendmahls-Gebet bei der Elevation von Brot und Wein

(Zum Hintergrund der Geste der Elevation vgl. Anselm Grün in »Eucharistie und Selbstwerdung« Münsterschwarzach 1990, p. 20 f: »In der elevatio ziehen wir gleichsam die Hände aus dem Krug der Welt, ... Nur indem wir die Hände herausziehen aus der Umklammerung durch die Welt und unser Leben Gott hinhalten, wird es verwandelt und heil. Wir selbst können uns nicht heilen. Wir selbst können die Gaben auch nicht so genießen, daß sie unsere tiefste Sehnsucht stillen. Wir müssen sie in Gott hineinhalten, damit er sie für uns verwandle zum Brot des Lebens, ... und zum Kelch des Heiles ...«)

Liturg/Liturgin: »Unser Herr Jesus Christus, ... nahm er das Brot, dankte ... das tut zu meinem Gedächtnis« (Das Brot wird hochgehalten)

Sprecher/Sprecherin: Du Gott unseres Friedens,
Mit diesem Brot halten wir Dir hin
alles, was uns zerbrochen ist in diesem Jahr,
alle Träume, die sich nicht erfüllten,
alle Kämpfe, aus denen wir geschlagen hervorgehen,
alle Menschen, die wir verletzt und enttäuscht haben,
alle Verletzungen und Enttäuschungen, die uns zugefügt worden sind,
alles, was unverständlich war und es vielleicht auch bleibt,
alles noch Blutende, noch Unaufgelöste,
das wir so schnell hinter uns lassen:
Alles das halten wir Dir hin und bitten Dich:
Wandle es! Verwandle es so, daß es uns stärkt zu neuem, ehrlicherem, friedlicherem Zusammenleben!

Liturg/Liturgin: »Genauso nahm er auch den Kelch ... zu meinem Gedächtnis« (Der Kelch wird hochgehalten)

Sprecher/Sprecherin: Du, Gott unseres Heils,
mit diesem Wein halten wir Dir hin
alles, was uns beglückt hat in diesem Jahr
was uns erheitert und vergnügt hat,
was uns begeistert hat,

ermutigt zu gewagten Wegen und originellen Schritten,
alle bestandenen Prüfungen,
alle zu gutem Abschluß gebrachten Arbeiten,
alle Freundschaft und Liebe, die wir genossen haben,
alles, was sich geklärt hat und zum Guten gewandt,
alle Versöhnung und Verständigung, die Du uns geschenkt hast:
Alles das halten wir Dir hin und bekennen:
Es ist von Dir gekommen, Dir danken wir's,
Dir geben wir's zurück, Dir legen wir uns selbst in die Hand.
Nimm uns so, wie wir sind!
Nimm uns und heile uns!

Lieder
Eine direkte Aufnahme und eigenwillige Nachdichtung des Predigttextes liegt in Paul Gerhardts Lied »Ist Gott für mich ...«, EG 351 vor.
Klassische Jahreswende-Lieder finden sich in EG 58–64.
Die enge Beziehung von Röm 8 zu Röm 9–11 ließe sich singend aufnehmen, wenn zum Schluß des Gottesdienstes das sonst eher an Erntedankfest übliche Lied EG 502 gesungen würde: »... freue dich, Israel, seiner Gnaden«.

Vorschlag zur Predigt

Möglicher Anfang
Was tut Paulus da, liebe Gemeinde, was tut er in diesen Versen? Er argumentiert, – das tut er ja auch sonst gern und viel. Doch ist das in diesem Fall nicht alles. Es kommt ein Punkt, da hält's Paulus nicht länger beim Argumentieren, da fängt er an zu singen. Die Schlußverse jedenfalls, mit denen unser Predigttext ausklingt, die sind eindeutig Gesang.
Die Mischung macht das Besondere des Abschnittes aus. Diese Mischung aus Argumentieren und Singen ist wie ein Feuerwerk: Die Argumente jagen die Seele höher und höher, bis der Gesang aufstrahlt in triumphierendem Glanz: »Ich bin gewiß, niemand kann uns verurteilen, nichts kann uns scheiden von der Liebe Gottes!«
Aber das Sprach-Feuerwerk hat auch seine dunklen Töne. Der Sprach-Lichter-Regen läßt auch Entsetzliches aufleuchten. Eine Jugendgruppe, der dieser Text vorgelegt wurde, hat das instinktiv gespürt und ungeniert benannt: »... der seinen eigenen Sohn nicht verschont hat ...« – dieser Gott gefiel den Jugendlichen überhaupt nicht. Ein Vater, der sich nicht auf die Seite seines Sohnes stellt, war ihnen verdächtig. Und noch etwas störte die Jugendlichen, nämlich der Satz: »Um deinetwillen werden wir getötet den ganzen Tag, wir sind geachtet wie Schlachtschafe.« Was sollte das heißen: Wie hing das mit dem sonst so zuversichtlichen Lied zusammen? Unverständlich war den Jugendlichen das, fremd, kalt, unsympathisch. Der

nichtgeschonte Sohn und die Menschen als Schlachtschafe: Solche Bilder wirken wie unliebsame Gespenster, wie dunkle Gäste am freundlich-besinnlichen Silvesterabend. Doch vielleicht sind gerade diese störenden, harten Bemerkungen kostbar? Vielleicht sind sie unentbehrlich, um Paulus' Worte nicht nur in Auszügen zu genießen, sondern als Ganzes zu verstehen? Gott schont nicht, das ist wahr ...

Zum weiteren Verlauf

Entfaltung des Gedankens: Gott schont uns nicht und hat auch Jesus nicht geschont. Der leidende Jesus rückt mit den leidenden Menschen aller Zeiten zusammen.

»... wie Schlachtschafe ...«, das erinnert an Auschwitz, - vielleicht auch an Schreckensbilder des zu Ende gehenden Jahres? -- Ich erzähle, aus welchem Psalm Paulus den Vergleich mit den Schlachtschafen entnommen hat und lese Passagen aus Psalm 44 vor, zuletzt Vers 24.

Meine Predigt geht weiter:

»Was für gellende Sätze, hart am Rande der Lästerung! Was für ein Ringen mit Gott! ›Um deinetwillen werden wir wie Schlachtschafe angesehen und behandelt‹, das bedeutet: Wir können Dich - Gott - aus unserer Not nicht heraushalten, so fremd und so fern Du uns auch wirst.

Gott nicht heraushalten zu können, das ist der entscheidende Punkt. Hätte Paulus die sperrigen Verse weggelassen, hätte er nur Gottes freundliche Begleitung besungen und den Schmerz herausgehalten, wie Gott seine Geschöpfe nicht schont, so wäre sein Feuerwerk ein lieber, schöner Schein geworden, wenig tröstlich allerdings, da wenig realistisch. Paulus muß, um ehrlich zu sein, dem ›Gott für uns‹ die menschliche Erfahrung von Gottferne und Gottfremdheit gegenüberstellen. Diese Spannung löst er durch keine Argumentation auf, sondern er geht ihr nach und vertieft sie am Lebensweg Jesu ...«

Betrachtung von Vers 34: Ich versuche deutlich zu machen, daß Gott selber leidet, wenn sein Christus getötet wird. Ich deute »Auferwecken« als Sieg von Gottes Schöpfungskraft, und deute Christi »Vertreten« als Überspringen dieser kreativen Kraft auf uns, wenn wir Karfreitag und Ostern feiern. Ich deute die sieben aufgezählten Gefahren in Vers 35 und die zehn aufgezählten Mächte in Vers 38f. als Beschreibung des ganzen Universums mit all seinen Kräften und Gegenpolen. Nichts davon kann uns von Gott trennen.

Möglicher Schluß

Doch nun noch einmal die Frage vom Anfang: Was tut er da, der singende Denker? »Er schreibt den Höhepunkt seines wichtigsten Briefes«, sagen viele Ausleger. Sie hören Paulus' Gesang als Siegeslied. Vielleicht hat er es selbst so verstanden? Ich mag es eher anders deuten. Unmittelbar auf unseren Predigttext folgen ja drei lange Kapitel, in denen der Apostel nach

Israel und seinen Wegen mit Gott fragt. Was darf ich als Christ zu Israel sagen? Was verbindet mich mit Israel? Was trennt uns? Paulus wußte, daß er sich mit diesen Fragen auf schwierigstes, schmerzlichstes Gelände begab. Das ist bis heute so. Das christliche Gespräch mit Israel ist von viel Schwierigem, Schmerzlichem geprägt, und ist doch eine der wichtigsten Glaubensaufgaben überhaupt. Paulus brauchte viel Mut und inneren Halt, als er sich daran wagte. Sie wissen, was Kinder tun, wenn sie eine schwere, unheimliche Sache vor sich haben? Sie singen; singen sich selber Mut zu. »Ist Gott für uns, wer kann dann noch gegen uns sein?« – Wie wäre es, Paulus' großen Gesang zu verstehen als seine Weise, Mut zu sammeln für die schwere Auseinandersetzung mit Israel?
Dann wäre unser Text weniger ein Siegeslied, sein Klang weniger schmetternd, das Feuerwerk keine knallende Siegesfeier. Das »Ich bin gewiß« wäre kein lautstarker Jubelruf, sondern schlichtes persönliches Bekenntnis, gesprochen im Wissen um unser menschliches Schwanken, getragen vom Vertrauen auf Gottes Treue.
Die gilt Israel.
Die begleitet uns durch den Wechsel der Jahre.
Die erweckt vom Tode.
Die feiern wir im Abendmahl Jesu Christi. Amen

Kontexte

Wie ein Ghetto-Kommentar zu Psalm 44 liest sich der Text »Jossel Rackover spricht zu Gott« von Zvi Kolitz (Edition Tiessen, Neu-Isenburg 1985).
» ›Gott von Israel – ich bin hierher geflohen, um Dir ungestört dienen zu können, um Deine Gebote zu erfüllen und Deinen Namen zu heiligen: Du aber hast alles getan, damit ich nicht an Dich glaube. Solltest Du meinen, es wird Dir gelingen, mich von meinem Weg abzubringen, so sage ich Dir, mein Gott und Gott meiner Väter: Es wird Dir nicht gelingen. Du kannst mich schlagen, mir das Beste und Teuerste nehmen, das ich auf der Welt habe, Du kannst mich zu Tode peinigen – ich werde immer an Dich glauben. Ich werde Dich immer liebhaben – Dir selbst zum Trotz!‹
Und das sind meine letzten Worte an Dich, mein zorniger Gott: Es wird Dir nicht gelingen! Du hast alles getan, damit ich nicht an Dich glaube, damit ich an Dir verzweifle! Ich aber sterbe, genau wie ich gelebt habe, im felsenfesten Glauben an Dich.« (p. 14)

Die sieben bzw. zehn Gefährdungen/Bedrohungen:
Wie wäre es (in einer spielbereiten Gemeinde), sie vor der Abendmahlsfeier personifiziert im Altarraum auftreten zu lassen, evtl. kostümiert und geschminkt, vergleichbar allegorischen Figuren auf Renaissance-Bildern? Nacheinander träten z. B. die Trübsal, die Angst etc. vor die Gemeinde und stellten sich vor: »Ich bin die Trübsal. Grau und leise niste ich mich ein im Herzen, lähme alle Kraft, raube alle Leichtigkeit. Ich bin wie ein Strudel. Ich ziehe hinab ins Bodenlose. Wer mir verfällt, hat keinen Halt mehr im tätigen, farbigen Leben. Was wird nicht alles gegen

mich aufgeboten! Unterhaltungsangebote, Antidepressiva, Therapien aller Art! Doch sie kriegen mich nur schwer, ich bin hartnäckig ...« etc.

Inmitten dieser Gestalten stünden Brot und Wein als sichtbares »NICHTS KANN UNS SCHEIDEN«. Wenn dann die feiernde Gemeinde zum Altar ginge, wenn sie einen Kreis um den Altar bildete, würden die allegorischen Figuren mit hineingenommen. Damit würde deutlich: Wenn uns wirklich nichts scheiden kann, sollen wir *mit* all dem, was uns beschwert, kommen und Abendmahl feiern.

Nichts Dunkles muß mehr geleugnet werden.

Neujahr

Annäherungen an den Predigttext Jakobus 4,13–15

Helmut Siegel

Einzelne Reaktionen auf den Text:

- »Aus dem Jakobusbrief? Nur Ermahnungen, zum Teil noch nicht einmal genuin christlich, eben wie Luther schon sagte, ›eine stroherne Epistel!‹ Ein Theologiestudent, 4. Semester.
- »Ja, ja!«, nickt die alte Singgruppenleiterin: »So Gott will und wir leben … das hat schon meine Großmutter immer gesagt!«
- »Quatsch, mein Leben ist doch nicht Rauch!«, empörte sich der Konfirmand.
- »Der hat etwas gegen Kaufleute, die Gewinn machen, oder?«, fragte der Besitzer einer kleinen Druckerei.
- »Genau so ist es!«, nickte die Witwe: »Was hatte mein Mann noch für Pläne, und dann der Herzinfarkt! Aber das ist eben Schicksal!«
- Ein befreundeter Kollege: »Macht mir ein schlechtes Gewissen! Ich bin gerade dabei, die Termine in meinen neuen Terminkalender zu übertragen, zum Teil schon für 98! Was bloß Jakobus dazu sagen würde!«

Ja, was er dazu wohl sagen würde? Vermutlich wäre er sprachlos wegen all dieser Mißverständnisse. Und ich kann mich nicht mit ihn entrüsten, ich habe sie alle geteilt.

Weil ich vermute, daß es vielen so geht wie mir, darum im folgenden vor allem Informationen zum besseren Verständnis des Jakobus:

Denn Jakobus ist als Verkündiger ganz auf der Höhe seiner Zeit, weiß nicht nur, was »in« ist, sondern diskutiert mit der populären Fassung der Stoa, die sich als Lebensphilosophie - besonders bei den Kaufleuten - großer Beliebtheit erfreute: eine übernationale und interreligiöse Lebenseinstellung. Oberstes Prinzip war: »kata logon zän«. Und dieser Logos waltete überall, fand in den einzelnen Religionen nur einen spezifischen Ausdruck, in den Naturgesetzen manifestierte er sich und machte die Welt und das Leben berechenbar und offen zur planmäßigen Gestaltung.

Sentenzen wie V. 17 waren allgemein bekannt, nur: die Veränderung, die Jakobus vornimmt, hat es in sich: Das Unterlassen des Guten ist eben nicht nur unvernünftig, sondern Sünde. So wie eben das Grundaxion von der Berechenbarkeit der Welt und der Verplanung der Lebenszeit von ihm

scharf angegriffen wird. Nicht, daß Kaufleute Handel treiben mit der Absicht auf Gewinn ist verwerflich, auch nicht, daß sie Terminkalender führen oder Projektplanung betreiben, sondern daß sie selbstverständlich meinen, Herren ihrer Lebenszeit zu sein, das ist ihre Gottlosigkeit. Sie wissen aus ihrer Philosophie, daß ihr Leben nur ein flüchtiger Rauch ist, aber den Herrn, der Lebenszeit schenkt, von dessen Macht wollen sie nichts wissen. (Weil er eben nicht zu verplanen ist?) Und anders als in dem zur frommen Floskel gewordenen »So Gott will und wir leben«, wird der Wille Gottes und die Lebenszeit nicht voneinander getrennt. Im Gegenteil! »So sollt ihr sagen: Wenn Gott will, *daß* wir leben ...« So ist der Grund aller Planung, die Lebenszeit, radikal der Verfügung des Menschen entzogen. Sie wird aber nicht durch ein unergründliches Fatum bestimmt, sondern ist und unter das Ja und Nein Christi gestellt.
All das oben Geschriebene scheint mir nicht eine Einstellung vor fast 2000 Jahren zu beschreiben, sondern die Einstellung wiederzugeben, die uns heute zu beherrschen droht.
Eben: Wieder wollen wir ein Jahr, das Jahr 1998 in der Stadt zubringen, unseren Geschäften nachgehen. Wir machen unsere Pläne, nur es gilt zu wissen: Jeder Tag dieses Jahres ist von unserem Herrn geschenkte Lebenszeit, weder können wir damit rechnen, noch haben wir einen Anspruch drauf. Die »conditio jacobeae« kann ganz praktisch werden lassen, was es heißt, jeden Augenblick vor Gott zu existieren und mit der Macht Christi zu rechnen.

Zum Gottesdienst

Jürgen Rogler

Exegetisch-homiletische Skizze

Homiletische Situation
Gottesdienst am Neujahrsmorgen. Erst ein paar Stunden ist es her, daß man sich ein »gutes neues Jahr« gewünscht hat, erst ein paar Stunden ist es her, daß man sich gute Vorsätze für's neue Jahr überlegt oder geschworen hat. Aber nicht nur gute Vorsätze tragen wir in unserem Herzen, die vielleicht in ein paar Tagen oder Wochen nicht mehr so aktuell sein werden. Daneben haben wir aber auch schon Konkretes vorgeplant für das kommende Jahr und vielleicht sogar schon darüber hinaus. Ohne solche Planung und Zeiteinteilung kann unser modernes Leben nicht gut funktionieren. Das gilt im Privaten und erst recht beruflich. Die Sätze aus dem Jakobusbrief setzen uns anscheinend einen gehörigen Dämpfer auf.

Wer sind die Adressaten? Der Schreiber des Jakobusbriefes – er verwendet das Pseudonym und ist nicht identisch mit dem Herrenbruder oder dem Jünger Jakobus – spricht in diesem Abschnitt fahrende Händler und Kaufleute an, die sich jeweils für eine gewisse Zeit in einer Stadt niederließen und dort Handel trieben. Offen ist, ob es sich dabei um Christen oder Nichtchristen handelte. Entscheidender jedoch ist die Lebenseinstellung, gegen die sich Jakobus durch sein Zitat wendet: eine überhebliche Selbstsicherheit, ein Planen und Machen ohne Gedanken an Gott, der die Zeit und das Leben schenkt. Die Neujahrsgemeinde hat sicherlich nicht so eine Lebenseinstellung. Es sind ja alles Leute, die ihr neues Jahr mit Gottes Segen beginnen wollen und die sich am ersten Tag des Jahres Zeit nehmen, auf Gottes Wort zu hören. Ich darf als Prediger hier nicht eilfertig kurzschließen. Und da die Worte des Jakobus beim ersten Hören sehr betroffen machen, erst recht nicht. Diejenigen, die Jakobus meint, werden kaum an Neujahr vor der Kanzel sitzen, und ich muß aufpassen, daß ich nicht zum Fenster hinaus predige. Deshalb: Jakobus hält keine Neujahrspredigt.

Jakobus und die Sprache

»Das Thema, das dem Brief jedoch den stärksten inneren Zusammenhalt gibt, ist alles, was mit Reden und Sprechen Gottes und des Menschen zu tun hat (Berger, Seite 457).« Der Predigttext wirkt deshalb so stark, weil seine Sprache sehr drastisch und gezielt gestaltet ist. Schon der Einstieg (V. 13) beginnt mit einer direkten Anrede, die die Hörer in den Bann zieht. Wesentliches Element sind die Zitate. Jakobus stellt ein negatives Zitat einem positiven gegenüber, das er den Hörern zur Nachahmung empfiehlt. Für die Predigt zu überlegen ist, ob man nicht Redewendungen aus der heutigen Zeit zitiert, die moderne Lebenseinstellungen oder Gewohnheiten wiedergeben. Die Lebenseinstellungen der falschen Selbstsicherheit unterstreicht Jakobus durch die Futurform der Verben: nicht »wir wollen ...«, sondern »wir werden in die und die Stadt gehen ...«.

Zwei sprachliche Elemente neigen dazu, die Hörer aufzuschrecken: die rhetorische Frage in V. 14 »was ist euer Leben?« und das sprachliche Bild vom Dampf als Antwort darauf. Die Vergänglichkeit des Lebens wird sonst in der Bibel und zeitgenössischen Literatur durch das Wort »Rauch« (καπνός) verdeutlicht (Psalm 36,20; Jesaja 51,6; Exodus 19,18; Sophokles, Antigone 1170). Dampf (ἀτμὶς) ist dünner als Rauch. Rauch kann etwas ausrichten, wenn man ihn einatmet, Dampf dagegen, wenn er nicht gerade unter Druck steht, hat eine viel geringere Wirksamkeit. Das Bild macht die Flüchtigkeit des Lebens sehr eindringlich deutlich. Verstärkt wird dies durch das Wortspiel »erscheinen« und »verschwinden«: Dem Leben wird gar keine handfeste Existenz zugestanden, sondern es ist fast nur eine Form des Erscheinens oder gar Scheines.

Kernaussagen des Textes

a) Unverfügbarkeit des Lebens

Jakobus macht durch seine sprachlichen Formen die Kürze und Unverfügbarkeit des Lebens deutlich. Inhaltlich ist dies für seine Zeit keine neue Erkenntnis oder Aussage. Sie hat viele philosophische, literarische und biblische Parallelstellen (z. B. Seneca, Brief 101,4; Pseudo-Phokylides 116; Sprüche 27,1;). Jakobus bringt diese Erkenntnis jedoch nicht unverbindlich oder theoretisch, etwa als eine Art Weisheitsspruch, sondern er sagt sie seinen Hörern direkt auf den Kopf zu. Er will damit die Selbstsicherheit, die er in seinem anfänglichen Zitat anspricht, erschüttern und zerstören. Inhaltlich ist Jakobus hier nahe dem Gleichnis vom reichen Kornbauern (Lukas 12,16–20), in dem die Pläne des reichen Mannes durch seinen plötzlichen Tod durchkreuzt werden. Dem Gleichnis fehlt allerdings eine positive Verhaltensmöglichkeit für die Hörer und Leser. Jakobus dagegen bietet sie durch sein positives Zitat, die sogenannte Conditio Jacobaea.

b) Conditio Jakobaea

Der Satz in V. 15 ist zu einer Redewendung geworden, die allerdings eine Ungenauigkeit in der Übersetzung aufweist. Das καὶ ζήσομεν gehört nicht zu den Bedingungen, sondern bereits zu deren Folge. Daher: »so der Herr will, werden wir leben und dies oder jenes tun«. Alles hängt somit von Gott und seinem Schöpferwillen ab. Theologisch gesehen liegt dem Jakobusbrief trotz seiner Direktheit und Eindringlichkeit ein Gottesbild zugrunde, das von Gottes Heilswillen bestimmt ist: »Von Gott kommt nur Gutes (Jakobus 1,17). Wir treffen gewiß, was der Brief sagen will, wenn wir auslegen: Gott will nur Gutes. Der souveräne Schöpferwille Gottes hat nicht im Sinn, zu verhindern oder gar zu zerstören. Gott gibt Leben und die Möglichkeit zum Wirken. ... Gott hat uns als freie Geschöpfe gewollt, die – innerhalb des Freiraumes der von ihm gewährten Möglichkeiten – sich entfalten und wirksam werden (Voigt, Seite 77).« In Konsequenz heißt das, die Erinnerung an die Unverfügbarkeit der eigenen Zeit und des Lebens soll nicht lähmen oder erstarren lassen, sondern sie soll zum befreiten Handeln führen. Dazu gehört sicher auch das Planen und Einteilen der eigenen Zeit. Anders ist effektives Handeln heute nicht vorstellbar und auch leistbar. Allerdings eben unter der Bedingung: Wir verdanken unser Können und Planen nicht uns selbst, sondern Gott, der uns das Leben schenkt und uns die Möglichkeiten zum Handeln nach seinem Willen eröffnet.

c) Ethische Folgerungen

Die Verse 16 und 17 gehören zwar nicht mehr zum Predigttext, helfen aber zur Interpretation. Jakobus warnt vor jedem »sich Rühmen«. Sein positives Zitat gibt ein Beispiel dafür, wie das eigene Rühmen ausgeschlossen werden kann. Indem man auch im täglichen Leben darauf verweist, wie sehr alles Planen und Handeln von Gott abhängt. Insofern ist die Tatsache, daß der Satz des Jakobus zur Redewendung geworden ist, ganz im Sinne des

biblischen Autors. Denn das ist ja das Thema des Briefes: alles, was mit Reden und Sprechen Gottes und des Menschen zu tun hat. Ein Beispiel dafür bietet der Beitrag von Kurt Scharf in den Kontexten. Da Redewendungen sich abnutzen und ihre Wirkung verlieren können, müßte man nach neuen und eigenen Worten suchen, um die angesprochene Lebenshaltung mitzuteilen.
Der Predigttext hat in unserer Zeit zweifellos auch eine gesellschaftskritische Dimension. Unsere moderne Gesellschaft und ihre Politiker werden mehr und mehr von internationalen Konzernen bestimmt, deren Planungen weitreichende Konsequenzen für viele Menschen haben. Als Beispiele seien Gentechnologie, der Export von Waffentechnologie oder die aktuelle Ausweitung der Kommunikationstechniken genannt. Eine ethische Selbstbeschränkung ist durch die Marktgesetze kaum denkbar. Der Predigttext legt einen kritischen Umgang mit der Verplanung von Menschen und deren Lebensbedingungen nahe und ermutigt auch zu einem aktiven oder passiven Eintreten gegen menschenverachtende Planungen.
Die Predigt kann aber auch einen anderen Weg gehen und unseren Umgang mit Planungen und Zeiteinteilung thematisieren. Das Bild vom Leben als Dampf legt zwar nahe, wie leicht es sich auflöst oder durch den Tod beendet wird, dennoch kann eine Störung der Pläne auch anders erfolgen, z.B. indem wir den Nöten eines anderen Menschen begegnen. Das Gleichnis vom barmherzigen Samariter (Lukas 10,25–37) kommt hier nahe. Der Samariter hatte auch ein Ziel, womöglich Termine, dennoch ließ er sich seinen Ritt zwischen Jerusalem und Jericho unterbrechen, um dem Niedergeschlagenen zu helfen. Ethische Konsequenzen aus der Conditio Jacobaea wäre also, mit unseren Planungen und Zeiteinteilungen so flexibel umgehen zu können, daß immer noch die Freiheit da ist, dem Ruf Gottes durch einen anderen Menschen zu hören und wahrzunehmen (siehe Beitrag Nr. 2 bei den Kontexten). Eine ethische Folgerung, die fast jede Gottesdienstbesucherin und jeder Gottesdienstbesucher im neuen Jahr umsetzen kann.

Vorschläge zur Liturgie

Lieder
Hilf, Herr Jesu, laß gelingen (Melodie: Tut mir auf die schöne Pforte), EG 61.
Meine Zeit steht in deinen Händen, aus: Kirchentagsliederheft Berlin 1987 oder aus: »Singt das Lied der Lieder«, Hänssler-Verlag.
Von guten Mächten treu und still umgeben (Melodie Siegfried Fietz, 1970), EG 637 (im Regionalteil der Ausgabe für die Evangelischen Kirchen in Bayern und Thüringen).
Nun sich der Tag geendet, Verse 2+5, EG 481.

Eingangspsalmen
Psalm 121 oder Psalm 139,1-6; 14-16; 23-24.

Einladung zum Kyrie
Herr, unser Gott,
wir hängen noch am alten Jahr
und denken an seine guten und bösen Tage.
Wir möchten begreifen, daß sie gut aufgehoben sind bei dir.
Was das neue Jahr bringen wird, wir wissen es nicht.
Und manchmal haben wir Angst vor dem anderen Tag.
Darum bitten wir: Herr, erbarme dich.
(Aus: Liturgieentwürfe für das Kirchenjahr, Hrsg.: Liturgischer Arbeitskreis II der Evang. Kirche in Hessen und Nassau, Frankfurt 1985, Seite 78)

Eingangsgebet
Gott des Himmels und der Erde,
wir stehen am Anfang dieses Jahres
und fragen uns, was auf uns zukommt.
Wir haben erfahren, wie schnell die Zeit vergehen kann.
So suchen wir Ruhepunkte,
suchen Quellen, um Körper und Geist zu erquicken.
Laß uns solche Quellen finden, in diesem Haus, unserer Kirche,
aber auch draußen, bei freundlichen Menschen,
an friedlichen Orten.
Das bitten wir dich durch Jesus Christus. Amen

Fürbitten
Sprecher/in 1: Gott, du Herr der Zeit,
du schenkst uns die Tage und Jahre unseres Lebens,
du willst uns nahe sein im Glück, aber auch im Unglück.
Hab Dank für jeden Tag, den wir leben dürfen,
hab Dank für jeden Menschen, den wir zur Seite haben.
Sprecher/in 2: Wir bitten dich um deinen Segen in diesem neuen Jahr
und legen unser Planen und Zeiteinteilen in deine Hände.
Laß gelingen, was wir im Einklang mit deinem guten Willen vorhaben.
Sprecher/in 3: Segne unsere Arbeit und laß sie zum Frieden unter uns Menschen beitragen.
Sprecher/in 1: Laß gelingen, was wir für andere Gutes tun können: Traurige trösten, Hoffnungslose eine Wegstrecke begleiten, Kranken beistehen und mit schuldig Gewordenen barmherzig sein.
Sprecher/in 2: Wo wir uns von dir und deinem Willen entfernen und auf falsche Wege gehen wollen, da gib uns ein Zeichen und den Mut zur Umkehr.
Sprecher/in 3: Laß uns auch Zeit finden für die schönen Seiten unseres

Lebens: die Liebe zwischen Menschen, das Staunen über die Wunder deiner Schöpfung, die Freude am Lachen von Kindern.
Sprecher/in 1: In der Stille bringen wir unsere persönlichen Bitten vor dich und fassen sie dann zusammen in dem Gebet, das Jesus Christus uns gegeben hat ...
Gebetsstille
Vaterunser

Alternativvorschlag
Neues Jahr, sei gegrüßt,
Gib den Glücklichen Erbarmen
und den Erbarmungswürdigen Glück.
Setze dem Überfluß Grenzen
und laß die Grenzen überflüssig werden.
Bringe allen friedliche Arbeit
und aller Arbeit Frieden.
Gib den Gefesselten Freiheit
und nimm der Freiheit die Fesseln.
Laß Menschen nicht in eine bessere Welt fliehen,
sondern eine bessere Welt zu ihnen kommen.
Gib dem Glauben Freiheit,
und laß uns in Freiheit glauben.
(Aus: Alfonso Pereira, Jugend mit Gott. Gedanken und Gebete, Verlag Butzon & Bercker, Kevelaer 1973)

Vorschlag zur Predigt

Möglicher Anfang
Jakobus hält keine Neujahrspredigt, liebe Gemeinde, jedenfalls keine, die auf Anhieb ermutigt und erfreut. Sind Sie nicht auch gerade ein bißchen erschrocken bei den Sätzen aus dem Jakobusbrief, die am Anfang dieses neuen Jahres stehen? Denn vorausgeplant haben Sie sicher auch schon für das neue Jahr. Zum Beispiel den Familienurlaub oder die fälligen Arbeiten am Haus oder bevorstehende Festlichkeiten oder bestimmte berufliche Entscheidungen. Und für all das, was wir uns vorgenommen haben, sei es nur ungefähr oder schon sehr genau geplant, haben wir uns vor wenigen Stunden gegenseitig Glück gewünscht. »Alles Gute im neuen Jahr«. Da trifft es einen schon, zu hören: »was ist denn euer Leben? – ein Dampf, der kurze Zeit erscheint und dann verschwindet.« Soll das eine kalte Dusche sein nach unseren Feiern und für unsere Hoffnungen für das neue Jahr?

Gedankenskizze zum weiteren Verlauf
a) Jakobus hält keine Neujahrspredigt.
Der Brief des Jakobus richtet sich an die Christenheit seiner Zeit. Darum sollte er über längere Zeit hinweg die Christen lehren und unterweisen.

Thema: verantwortliches Reden, aber auch unser Umgang mit der Zeit und unseren eigenen Planungen. Sind wir da noch frei für Gott und seinen guten Willen für uns?

b) Klären der Bedeutung des Zitates in V. 13:

Jakobus zitiert die Lebenseinstellung von Kaufleuten und Händlern. Im Grunde aber geht es um die Lebenseinstellung, die so selbstsicher und eigenmächtig vorausplant, als hätte man alles im Griff. Zugespitzt auch durch die Sprache des Jakobus: er sagt nicht: »wir wollen«, sondern »wir werden«. Wo begegnet uns so eine Einstellung heute in unserer modernen Gesellschaft oder sogar bei uns selbst?

c) Das Bild vom Menschenleben als ein Dampf.

Aufnehmen der Rückblicke der spektakulären Ereignisse des vergangenen Jahres. Diese Bilder des vergangenes Jahres sprechen die gleiche Sprache, sie führen uns vor Augen, wie zerbrechlich ein Leben ist. Auch wenn das nicht in unsere Stimmung an Silvester und Neujahr paßt, das Wissen darum ist doch unter der Oberfläche da. Als christliche Gemeinde erinnern uns die Bilder und Berichte daran, wie sehr wir Gottes Schutz und seinen Segen benötigen.

d) Das positive Zitat des Jakobus, die conditio Jakobaea.

Sie soll nicht nur eine Redensart sein, sondern zu einer echten Lebenseinstellung werden. In die Predigt eingefügt werden können die Erinnerungen von Kurt Scharf (siehe Kontexte) als Beispiel einer christlichen Lebenseinstellung. Anschließend den genauen Wortlaut der Redewendung klären (»So der Herr will, werden wir leben ...«). Dahinter steht bei Jakobus ein positives Gottesbild: Gott will unser Leben, das er uns geschenkt hat, wir sind in der Taufe als seine Kinder angenommen.

e) Konsequenzen für unseren Umgang mit unserer Zeit und unseren Planungen:

Wir müssen planen, sollen aber frei sein vor falscher Selbstsicherheit. Wir sollen bereit sein, daß Gott in unser Leben hineinkommt, vielleicht auch unsere Pläne stört oder abändert. Wäre der Satz des Jakobus nicht ein guter Leitsatz für das neue Jahr, das wir jetzt beginnen?

f) Ein positives Beispiel:

Manchmal kommt Gott sehr deutlich in unser Leben und Planen hinein. Ich erinnere mich an ... (eigenes Beispiel erzählen).

Möglicher Schluß

Liebe Gemeinde, Gott kommt hinein in unser Leben und in unsere Planungen. Manchmal sehr deutlich erkennbar, manchmal versteckt. Er tut es durch andere Menschen, die uns mit ihren Bedürfnissen und ihren Lebensgeschichten begegnen. Er tut es durch Unvorhergesehenes, das wir bewältigen müssen, wie etwa durch Krankheit oder Schicksalsschläge. Er tut es aber auch durch geschenkte Zeit, in der wir uns freuen können an unserem Leben und dem unserer Mitmenschen.

Ich wünsche Ihnen für dieses neue Jahr, liebe Gemeinde, daß der Spruch aus dem Jakobusbrief Ihnen ein Leitspruch sein kann. »So der Herr will, werden wir leben und dies oder das tun.« Der Satz soll Sie ermutigen, offen zu sein für Gott, der in unser Leben und Planen hineinkommen will. Schön wäre es, wenn wir Gottes Nähe und sein Handeln an uns spüren und erfahren. In diesem neuen Jahr und in den Jahren, die kommen. Amen.

Kontexte

Da »ist die Erinnerung an meine - geliebte und bewunderte - Großmutter, eine Pfarrwitwe. In ihren Briefen fand sich, wenn sie ihren Besuch ankündigte oder uns zu sich einlud, häufig die Abkürzung »s.G.w.« oder »s.c.J.« Beides bedeutete dasselbe. Es war eine Bezugnahme auf diese Stelle im Jakobusbrief und das erste hieß: »so Gott will«, das andere »sub conditione Jakobaea«. Als junger Lateinschüler übersetzte ich: »unter der jakobischen Bedingung«. Vom Vater hörte ich, was mit beidem gemeint war. Er ließ mich den Jakobusbrief aufschlagen. Für meine Großmutter - und meinen Vater - wäre es ein Verstoß gegen Gottes Gebot gewesen zu sagen oder zu schreiben: Dann und dann »treffe ich bei Euch in L.«, oder, wenn er sich bei seiner Mutter ansagte,: »bei Dir in H. ein«. »So Gott will und wir leben« war für beide die Voraussetzung in allem Planen. Mein Vater war Buch- und Kunsthändler. Auch seine und seines Freundes und Mitinhabers geschäftliche Vorhaben wurden unter dieser Frage und diesem Gebet erörtert.«
(Kurt Scharf: Neujahrstag: Jak 4,13-15, in: Walter Jens (Hrsg.): Assoziationen. Gedanken zu biblischen Texten, Bd. 2, © Radius-Verlag, Stuttgart 1979, Seite 38)

Manchmal kommt Gott sehr deutlich in unser Leben und Planen hinein. Ich erinnere mich an den Martinstag vor einigen Jahren. Ich war gerade dabei, die letzten Vorbereitungen für eine Andacht für Eltern und Kinder und für den anschließenden Laternenumzug zu treffen. Meine Zeit war knapp, sehr knapp sogar. Da klingelte es an der Tür. Ich machte auf, schon ein wenig unwillig wegen der ungelegenen Störung. Ein Obdachloser stand vor mir. Ob ich ihm etwas geben könnte, damit er sich etwas zu essen kaufen kann. »Moment«, sagte ich und lief schnell zum Regal, wo die Essensgutscheine bereitliegen. Kein Gutschein da. Ich fing an zu suchen. Die Minuten verrannen. Am liebsten hätte ich den Obdachlosen weggeschickt und ihn gebeten, am nächsten Tag wiederzukommen. Aber sofort wurde mir klar, daß er der Bettler ist, um den es am Martinstag geht. Unmöglich, ihn mit leeren Händen wegzuschicken. Aber auch den Quittungsblock konnte ich in meiner Hektik nicht finden, um von dem Mann einen abrechenbaren Beleg zu bekommen. Ich war bereits 5 Minuten hinter meinem Zeitplan her. Also gab ich ihm etwas ohne Quittung und Abrechnung. »Recht so«, dachte ich hinterher, »der St. Martin hat auch keinen Leihmantel geteilt, sondern es hat ihn etwas gekostet.«

In dem Roman »Die Puppenspieler« von Tanja Kinkel wird Richard Artzt, ein Waisenjunge, von der Familie Fugger in Augsburg aufgenommen. Es ist die Zeit der Inquisition. Richard empfindet den Kaufmann Jakob Fugger als einen Mann, der andere Menschen einschließlich seiner Familienmitglieder manipuliert und für seine Zwecke einspannt. Alles, was Jakob einfädelt, gelingt ihm auch. Richard bewundert immer wieder dessen Weitblick und sein Kalkül, mit dem dieser alles plant und durchführt. Aber er nennt ihn einen Puppenspieler, der nur an den Fäden zieht, bis andere tun, was er will. Eines Tages will Jakob Fugger Richard für seine Geschäftsinteressen in Florenz in den Dienst stellen. Richard ärgert sich darüber, manipuliert zu werden. Gleichzeitig verdankt er Jakob aber, aus seinem Selbstmitleid, das er nach dem Inquisitionstod seiner Mutter gepflegt hat, herauszukommen und wieder an der Welt und dem Leben teilzunehmen. In Italien erlebt Richard viele Abenteuer, die ihn auch verändern. Schluß: »Jakob und die Familie würden immer einen Anspruch auf ihn haben, doch er würde einen Weg finden, diesem Anspruch gerecht zu werden, ohne sich davon sein Leben bestimmen zu lassen.«

Zitierte Literatur

Preuß, Horst Dietrich und Berger, Klaus: Bibelkunde des Alten und Neuen Testaments; Bd. 2 Neues Testament, Heidelberg 1980.

Voigt, Gottfried: Das heilige Volk. Homiletische Auslegung der Bibeltexte, Bd. 2, Göttingen 1979.

2. Sonntag nach Weihnachten

Annäherungen an den Predigttext 1. Johannes 5,11–13

Anselm Friederich

Gesprächsgruppe: Ein studentischer Kreis mit vier Frauen und zwei Männern, der sich ein Semester lang regelmäßig trifft, um über Glaubenszweifel zu sprechen.

Ein Teilnehmer liest den Bibeltext vor.
»Das ist schwierig, das sollte man zweimal hören.«
Eine Teilnehmerin liest den Text nochmals vor.
Nach kurzer Stille brechen Unmuts-Äußerungen hervor:
»Was ist mit denen, die nicht glauben? Oder die anders glauben? Haben die kein Leben? Das kann ich nicht so stehen lassen!«
»Entweder du hast es, oder du hast es nicht: Da komme ich mir ausgeschlossen vor.«
»›Wer den Sohn hat‹: Da ist kein Platz für Zweifel! Was soll das bedeuten, den Sohn zu ›haben‹?«
»Und wie sieht das verheißene Leben aus? Das bleibt alles ziemlich abstrakt …«.
Als der erste Ärger draußen ist, verlagert sich das Interesse zum Anfang des Abschnitts und dort besonders auf das Wort »Zeugnis«. Worauf bezieht sich dieses Wort? Auf das, was danach gesagt wird, so daß man nach »Zeugnis« sozusagen einen Doppelpunkt machen müßte? Oder geht es allgemein um das Zeugnis von Gottes Existenz? Bezeugt der Schreiber sein Wissen, daß Gott uns das ewige Leben gegeben hat? Oder bezieht sich »Zeugnis« auf Verse, die vor dem Abschnitt stehen?
An dieser Stelle sind Auskunft und Klärung erwünscht.
Doch auch wenn jemand befriedigend erklärt, was mit dem »Zeugnis« gemeint sei: Es bleibt viel Anstößiges an diesen Sätzen!
Man kann doch Jesus nicht »haben« wie etwas, das man benutzt.
»Wer den Sohn hat …«: Meint der Autor damit, daß jemand Jesus erkannt hat, daß er Jesus versteht, daß er ihn annimmt, also den ganzen Jesus mit seinem Leben und seinen Taten akzeptiert? Wenn das gemeint ist, dann wäre es doch treffend zu sagen: »Wer den Sohn *in sich* hat …«
Diese Ergänzung findet gleich Zustimmung.
»So höre ich das schon lieber. Wobei ich meine: Auch ein Indianer etwa, der nicht mit dem Christentum vertraut ist, auch der kann Jesus in sich haben, wenn er in der Liebe lebt.«

»Moment! Da steht aber der Text dagegen! Am Schluß heißt es ausdrücklich: »... die ihr glaubt an den *Namen* des Sohnes Gottes«. Das ist der Name Jesu, -- oder?«
Die Begeisterung ist wieder gestoppt. Ist der Name Jesu wirklich unverzichtbar? Schließt dieser Text ein »anonymes Christentum« aus? ---
Nächster Ärger: »Das habe ich Euch geschrieben, damit Ihr wißt ...«. Ist das nicht ein schrecklich belehrender Ton? Klingt es nicht unangenehm nach himmlischer Belohnung?
»Nein, gerade dieses Stück höre ich gerne, denn es zeigt, woran dem Schreiber liegt: Er will seinen Lesern etwas Gutes, etwas Hilfreiches geben.«
»Mag sein. ich kann's nur schwer nachvollziehen. Das einzige, was ich nachfühlen kann, ist dies: Wenn man etwas ganz, ganz fest glaubt, dann bekommt man es auch. Deshalb betont er am Schluß: ›... die ihr glaubt ...‹. Aber ich denke dabei an Glauben im weitesten Sinn. Nicht Glauben an dieses oder jenes, was gelehrt oder gepredigt wird, sondern Glauben an das Positive, an das Ewige, das Leben selber.«
»Und wie verstehst du den Satz, das ewige Leben sei ›in seinem Sohn‹? Wörtlich genommen müßten wir ja dann alle in Jesus drinstecken« (- Gelächter -). »Gemeint ist ein Leben im Geiste Jesu.«
»In seiner Aura.«
»Oder so: Jesus wird hier zusammengesehen mit allen den Menschen, die ihm verbunden sind. Sie alle bilden zusammen den Leib Christi. ›Christus‹ oder ›Sohn Gottes‹ bedeutet hier quasi ›Gemeinschaft, ›Gemeinde‹.«
Die Spannung nimmt wieder zu:
»Ach so! Wenn ich das so ersetzen kann, wenn ich im ganzen Text immer anstelle von ›Sohn‹ den Ausdruck ›Gemeinschaft der Christen‹ einsetze, ja, dann kann ich hiervon viel mehr unterschreiben als vorher. Es stimmt ja: Wenn man nicht in der Gemeinschaft lebt, hat man kein erfülltes Leben. Das ist nachvollziehbar!«
»Es geht um *ewiges* Leben, wohlgemerkt!«
»Auch das muß ich mir übersetzen. Ewiges Leben, das ist z.B. die Erinnerung, die ich hinterlasse, die Spuren. ›Ewiges Leben‹ besagt, daß man nicht vergessen wird.«
»Das ist sehr diesseitig; - ist das nicht typisch jüdisch?«
»Weiß ich nicht. Vielleicht. Aber wenn es nun doch um ein Leben *nach* dem Tode geht - wie auch immer das aussieht -, das *will* ich einfach nicht abhängig gemacht haben von der Gemeinschaft hier, auch nicht von der Glaubensgemeinschaft. Es liegt doch nicht in der Macht des einzelnen, ob er glauben kann oder nicht, ob er zur Gemeinschaft der Glaubenden gehört oder nicht. Es liegt nur zum kleinen Teil an uns selber.
Was bewirkt die Unterschiede zwischen uns? Ich weiß es nicht. Aber ich will jedenfalls nicht, daß es auch in der Ewigkeit noch diese Unterschiede gibt. Es soll dann keiner mehr schlechter leben als die andern ...«

Zum Gottesdienst

Traugott J. Simon

Exegetisch-homiletische Skizze

Der Ort dieses Sonntags

Das Jahr ist noch neu und frisch; das Kirchenjahr - ein wenig älter - geht schon seinen Gang: Das Fest der großen Lichter und Feiern, Geschenke und Worte ist gewesen - in den Kirchen des Westens; in der Ostkirche steht es gerade bevor mit dem Erscheinungsfest. Dieser Sonntag ist für gewöhnlich der erste des neuen Jahres, dicht bei Epiphanias, manchmal auch davon überdeckt oder damit gefüllt - wie dieses Jahr: ein Sonntag im Vorübergehen, für die meisten ein übergangener Sonntag - Winterurlaub vielleicht oder südliche Sonne oder Ausruhen zuhause. Weihnachtslichter, -bäume, -zweige sind vielen schon wieder fern, Spekulatius und Lebkuchen werden wieder alt. Wir sind also auf der anderen Seite von Weihnachten. Gefragt ist eher der Aufbruch ins Neue, ins Leben. Aber wohin, womit, mit wem?

»Die Predigten über die Perikopen im Kirchenjahr führen auf einen Weg, auf dem die Seele verstehen lernt, was zu ihrer Heilung unerläßlich ist, so wie es in einer anthropologisch verantworteten Medizin zu einem Heilungsprozeß unabdingbar dazugehört, daß der Kranke versteht, was der Arzt aus wissenschaftlicher Einsicht sagt und behandelnd unternimmt. ... Diese Versuche des Aneignens und Verstehens sind weitgehend in Vergessenheit geraten.«

(aus: Und schuf sie als Mann und als Frau, Eine Perikopenreihe zu den Lebenswirklichkeiten von Frauen und Männern, für die Sonn- und Feiertage des Kirchenjahres, hrsg. von Sabine Ahrens, u. a., Gütersloher Verlagshaus, Gütersloh 1995, Seite 21)

Was will und kann die Seele verstehen, aufnehmen an diesem Sonntag - im Festkreis Weihnachten und Epiphanias? Was ist aus diesen wenigen Worten des Textes »zur Heilung unerläßlich«: Was »haben« wir vom »Sohn«? Wie »haben« wir den »Sohn« - und wie »das Leben«? Der studentische Gesprächskreis in Heidelberg über Glaubenszweifel fragt zu Recht nach dem »Zeugnis« - ich ergänze: auch nach dem Zeugnis dieses Textes. Da sind zumindest Unsicherheiten, auch im Text.

Während der ersten Beschäftigung mit dem Text im Spätsommer sind es drei kurze Widerfahrnisse, die mich stutzen lassen, aufrütteln. Gerade habe ich für Mitarbeiterinnen der Ökumenischen Krankenhaushilfe unserer Landeskirche zum Umgang mit Ängsten gearbeitet - Titel: »Nur Mut!?« Der gleiche Titel am Tag danach wieder, diesmal nur mit Ausrufezeichen! - als Bildschirm-Laufband des Computers im Predigerseminar. Und dann: Das erste Buch zu diesem Text und an diesem Tag ist Kurt Martis Ausle-

gung zum 1. Johannesbrief. Im Vorwort fragt er, ob »die traditionelle Predigt noch zeitgemäß« ist (7) und schließt das Vorwort nach dem Hinweis, der 1. Johannesbrief sei ein »Kampfbrief«, mit dem Eingeständnis (10): »Von Predigt zu Predigt versuche ich, meine Angst nicht zu verdrängen, sondern sie zu aktivieren, mit ihr auch Mitmenschen Mut zur Angst zu machen: ›Ängstige deinen Nächsten wie dich selbst!‹ (Günter Anders) ... Nur Leute die keine Liebe haben, können dazu auffordern, keine Angst zu haben.«
Angst und Mut also in meinen Begegnungen um diesen Text - ein Zufall? Angst und Mut *nach* dem Fest und *vor* dem neuen Jahr? Und »der Sohn« als Begleiter, in ihm »das ewige Leben«, das Gott uns schenkt? Weihnachten, das Fest des Sohnes, des (ewigen) Lebens als ein Fest gegen Dunkel und Angst - wie im Sonntagspsalm: »... du hast deinen Namen und dein Wort herrlich gemacht auf Erden. ... Wenn ich mitten in der Angst bin, so erquickest du mich ...« Wird das exegetisch und homiletisch fruchten?

Der Text-Rahmen
Im NTD (Bd. 10: H. Balz, W. Schrage, Die Briefe des Jakobus, Petrus, Johannes und Judas, Göttingen 1985, S. 2) werden die Johannesbriefe als »überwiegend in Episteln und in Briefform eingekleidete Aufrufe und Mahnreden« bezeichnet. Ist die Predigt am Jahresanfang auch so ein Aufruf? Und sind wir darin der frühen Kirche vergleichbar, die sich »unter dem Vorzeichen der apostolischen Botschaft mit den neuen Beanspruchungen der Christen in der Welt auseinanderzusetzen hatten« (NTD S. 4)?
Der gesamte 1. Johannesbrief ist Auseinandersetzung, getragen von der Angst vor Irrlehre(r)n (z. B., daß Jesus nicht Mensch gewesen sei oder daß man Gott finden und glauben könne, ohne diesen Jesus Christus, (so die Kommentare zSt), aber auch getragen von der starken Überzeugung, daß Jesus als der Sohn (= als Mensch Gewordener!) Gott gegenwärtig macht, re-präsentiert. So spiegelt der Brief die »Klimaschwankungen« wider, die Menschen zwischen Offenheit (für neue gnostische Anschauungen) und Restauration (sich als Gemeinde finden und abgrenzen) hin und her pendeln läßt (so W. Baur, Stuttgarter kleiner Kommentar, Neues Testament, Bd. 17, Wolfgang Baur, 1., 2. und 3. Johannesbrief, Stuttgart 1991, S. 18 f.). Der Brief gleicht einem »innergemeindlichen Aufruf zum Festhalten am richtigen Glauben« (Baur S. 22), um der Gemeinde in der neuen Situation einen Weg zu eröffnen, den richtigen Weg zu zeigen. Das Ganze in leicht umständlicher (johanneischer) Predigtmanier. Es geht also genauso um Angst (vor Verlust) wie um Gewißheit (des Glaubens). Ein gutes Thema zu Jahresbeginn! Zumal in unseren immer härter werdenden gesellschaftlichen und kirchlichen Lebenswelten! Erst recht unterstrichen an diesem Sonntag durch das (nach)weihnachtliche Fest Epiphanias: das Licht und der Sohn als »Geleitschutz« ins Leben.
Und wie kann dieses Geleit geschehen?

Gemeinde - auch wenn die »johanneische Gemeinde« uns nicht sehr konkret vor Augen steht - ist zwar suchende, auch angefochtene Gemeinde (s. o.), aber sie lebt »im Kraftfeld des Geistes« (Baur S. 88 f.). Dieses *dynamische* Gemeindebild (gegenüber anders gearteten dogmatischen Gemeindebildern!) sieht die Liebe Gottes (Kap 1-4) und die Liebe der Menschen ebenso zusammen, wie menschliches und göttliches Zeugnis (5,9 ff.). Es ist wie ein gemeinsamer Stromkreis. Statt drei göttliche Personen säuberlich aber statisch unterscheiden zu wollen, wie es in der frühen Kirche öfter versucht wurde, wird bei »Joh« (so bezeichnet Baur, 23, den oder die Autoren des 1. Joahnnesbriefes) eine »Gotteslehre der Beziehung« entworfen, die immer konkret erfahrbar ist: »Aussagen wie *›Gott ist Licht‹* (1,5) oder *›Gott ist Liebe‹* (4,8) ähneln zwar formal den Sätzen, die die Gnostiker über ihren ›Gott‹ gesprochen haben mögen. Aber sie sind stets in Ereignisse eingebunden. Das Licht wird dadurch sichtbar, daß Gemeinschaft entsteht, die Liebe Gottes manifestiert sich in der Sendung seines Sohnes.« (Baur 94) Darin sieht Baur eine Anknüpfung an Israels Tradition, Gott als mitgehend zu beschreiben. In diesem Sinn folgert er: »Die historische Greifbarkeit des göttlichen Handelns gibt ihm die Möglichkeit, der esoterischen Versuchung zu widerstehen und dem transzendenten, weltabgewandten Gottesbild der Gnostiker eine überzeugende Alternative entgegenzustellen.« (Baur 95)
Diese Alternative ist das Zeugnis des ewigen Lebens (V. 11), das die einzelnen in der Gemeinschaft der Gemeinde erleben können. Und diese erwächst aus dem Glauben an Christus als den Sohn, den Mensch-Gewordenen Gottes. »Es geht nicht darum, ewig zu leben, sondern bereits in der Gegenwart als Christ (Christin, TS) einer Gemeinde ewiges Leben zu haben.« (Baur 96) Die im Glauben immer wieder neue Menschwerdung Gottes findet ihre Gestalt im Bekenntnis zu Christus *und* zur Gemeinde. Das ist das »Kraftfeld des Geistes«, der »Stromkreis der Liebe«.
Gott begibt sich sozusagen mit seiner Menschwerdung in Jesus in unsere Welt, in unsere Hände.
Dieser Gedankengang leuchtet mir ein und hilft mir, die Verse des Predigttextes für »Johannes« damals und für »uns« heute einzu-sehen. Sehr schön erfaßt es Michael Benckert (hrsg. v. Peter Härtling, Textspuren, Stuttgart 1991, S. 38): »Ewigkeit ist der Glanz der Liebe im irdischen Leben, für eine Zeit ohne Anfang, ohne Ende.« Dann fragt er (ebda): »Was aber, lieber Johannes, hat Lieben im Leben mit dem Sohn Gottes zu tun?« Benckert macht deutlich, daß es nicht um ein noch besseres Leben geht - nach dem Tod etwa, sondern um das Ganze, Erfüllte des Lebens jetzt - *und* für immer. In der »Werkstatt für Liturgie und Predigt« (Heft 12/91) finde ich es sehr gut konkretisiert (S. 466): in jedem Menschen den Bruder/die Schwester sehen, sich »tief hinein ins Gewöhnliche«, Einfache begeben, und in allem »Mitleid mit allen verwundeten Kreaturen Gottes« zu haben wie Gott es

mit uns hat. Ob das der Aufforderung des EKD-Ratsvorsitzenden auf der Borkum-Synode 1996 nahekommt, wenn er angesichts um sich greifender Not und sozialer Härte aus dem Evangelium für unsere Zeit heute eine »Kultur des Erbarmens« einfordert?

Die Text-Verse

V. 11: Gott ist nicht zeitlos, ewig und abstrakt. Er hat sich anschaulich gemacht »in seinem Sohn«. Damit ist Gott eindeutig mißverständlich: eindeutig menschlich, obwohl er sich Mißverständnissen aussetzt, und mißverstehbar, als würde Gott im Mensch-Sein aufgehen, obwohl oder gerade weil er so eindeutig menschlich ist. Das ist von außen nicht überzeugend nachprüfbar. Es ist aufs Zeugnis angewiesen, auf eine eigene Sicht also - letztlich: auf Glauben: »Gott glaubt nur, wer an Jesus glaubt, weil in ihm Gott gezeigt hat, wer er wirklich ist.« (K. Wengst in: Ökumenischer Taschenbuch-Kommentar, Bd. 16, Gütersloh 1978, S. 213)

V. 12: Es klingt wie eine einfache, fast (zu?) triviale Gleichung: »Wer den Sohn hat, der hat das Leben; wer den Sohn Gottes nicht hat, der hat das Leben nicht.« In dieser »Gleichung« steckt die ganze Bodenhaftung christlichen Glaubens - an Gottes Menschwerdung und an irdische, erfahrbare Gestalt(en) Gottes. Das ist nicht nur ein »Gott in uns«, obwohl dies nicht *aus-*, sondern gerade *ein*geschlossen ist.

V. 13: Dieser Abschluß des vorigen (zum ganzen Brief evtl., wie viele Kommentatoren meinen?) klingt wie eine Selbstvergewisserung: Warum betone ich/Briefschreiber dies so? Es soll der Vergewisserung der anderen, der Gemeinde dienen: Der Glaube »an den Namen des Sohnes Gottes« - des Mensch Gewordenen also! - gibt euch das ewige Leben! So ein Zeugnis ist nur nötig, wo etwas in Frage steht (Ernst Gaugler, Auslegung neutestamentlicher Schriften, Bd. 1, Zürich 1964, S. 267). Und das ist damals wie heute sicher Vieles im Blick auf die Kirche und das ewige Leben.

Leitgedanken für den Gottesdienst

Auf der anderen Seite von Weihnachten leben heißt: diese andere Seite von Weihnachten anschauen, das Leben im Licht aber jenseits heiliger Nächte und Erfahrungen ins Auge fassen. Wir leben jetzt auf der Tag-Seite, wenden uns wieder dem Alltag, auch: dem Alltäglichen zu. Bei Lichte besehen ist da nicht mehr die wohltuende, weihnachtliche Beschaulichkeit. Hier werden wir als Glaubende Gottes ansichtig als eines fremden, andersartigen Gegenüber. Hier entdecken wir in täglichen Gesichtern der Angst, in den bekannten Gesichtern, mit denen wir zu leben haben, Gottes fremdartige, vielleicht auch: befremdende Wirklichkeit: Auch da ist Gott. Diese Tag-Seite als die andere Seite von Weihnachten entdecken und schätzen lernen, als die eindeutig menschliche, wenn auch zuweilen mißverständliche Seite Gottes: das möchte ich in diesem Gottesdienst feiern. So möchte ich den Gottesdienst als Lebensraum öffnen, nicht pädagogisierend angeleitet, sondern Erfahrungs- und Glaubens-Räume eröffnend, zur manchmal hoffnungsvollen, manchmal erschreckenden Tag-Seite des Lebens befreiend: »Traue nicht deinen Augen / Traue deinen Ohren nicht / Du siehst Dunkel / vielleicht ist es Licht. (Bertolt Brecht, zitiert in EG-Ausgabe Mecklenburg, Seite 154) Die andere Seite von Weihnachten als Lebenschance:

- Die Eingangs-Liturgie (vom Psalm bis zum Tagesgebet) als der hinführende Teil des Gottesdienstes sollte Unsicherheiten und Ängsten Raum lassen – im Horizont des Lebens, des wieder begonnenen Jahres und Alltags.
- Lieder und Lesung stellen dies in Beziehung zum Leben vor Gott erweiternd, korrigierend, befreiend im Licht (!) von Epiphanias, z.B. als Lesung Mt 2,2–12 (Die Weisen aus dem Morgenland) oder – vielleicht noch schöner! – Jesaja 60,1–6: »Mache dich auf und werde Licht!« Als Lieder gefallen mir besonders:
  EG 74 Du Morgenstern, du Licht vom Licht
  EG 395 Vertraut den neuen Wegen
  aus dem hessischen Anhang – auch wenn es ein Pfingstlied ist:
  EG 557 Ein Licht geht uns auf
- Die Predigt könnte beim *Suchen* nach neuen Wegen einsetzen, auf der anderen Seite von Weihnachten Leben zu finden, z. B. das »Burning Man Festival«. Ein zweiter Schritt könnte die Frage nach der Bedeutung der Gemeinde für den Glauben bzw. des Glaubens für die Gemeinde sein *(Vergewisserung,* vgl. oben die Hinweise aus den »Annäherungen). Was *Leben und ewiges Leben* verbindet, wäre mir dann wichtig (vgl. Kontexte: Bieritz WzM) – und schließlich: *wie das Ganze handfest wird:* praktisch, irdisch und menschlich: die andere Seite von Weihnachten aus-leuchten, leben.
- Die Fürbitten sollen am Wegrand des Jahres betend innehalten und unseren Weg bedenken, bevor der Segen uns auf den neuen/alten Weg entläßt als den Weg Gottes mit uns.

Vorschläge zur Liturgie

Der Sonntags-)*Psalm* 138, (leider nicht im EG-Gebetsteil) in der Versauswahl der neuen kurhessischen Agende (1996), – mit eigenen Worten paraphrasiert – eignet sich zum Sprechen im Wechsel, 2 Sprechende oder Liturg/Liturgin mit Gemeinde abwechselnd:
Herr, deine Güte ist ewig. / Das Werk deiner Hände wolltest du nicht lassen. // Ich will dich anbeten vor deinem heiligen Tempel / und deinen Namen preisen für deine Güte und Treue. / Denn du hast deinen Namen und dein Wort herrlich gemacht über alles. //

Mit meinem Lied preise ich dich, Gott aller Götter, / im Schoß der Menschen, die dir trauen. / Viel hast du getan, Gott; mit neuem Leben beschenkst du uns. / Lebendig atmest du in uns. //
Wenn ich dich anrufe, so erhörst du mich / und gibst meiner Seele große Kraft. /
Zu kühnen Hoffnungen ermutigst du uns, lebenweckende Schöpfungskraft. //
Es danken dir, Herr, alle Könige auf Erden, / daß sie hören das Wort deines Mundes; / sie singen von den Wegen des Herrn, / daß die Herrlichkeit des Herrn so groß ist.
Wer kann dich fassen? Wer hörte nicht deine Stimme? / Alle Menschen – unbedeutende wie mächtige, große wie kleine – / können dich vernehmen: neues Leben wächst. //
Denn der Herr ist hoch und sieht auf den Niedrigen / und kennt den Stolzen von ferne. //
Dir sind alle wert, / die Mächtigen und die Unbedeutenden, / Große wie Kleine – alle sind deine Geschöpfe. /
Wenn ich mitten in der Angst wandle, / so erquickst du mich / und reckst deine Hand gegen den Zorn meiner Feinde / und hilfst mir mit deiner Rechten. /
Selbst in Gefahr hältst du an mir fest. / Du beschützt mich und mein Leben. / Auch fremde Wut kann mir nichts anhaben. / Deine Hand hält mich. / Mein Leben und aller Menschen Leben ist / umsorgt von dir. / Vollende, was du angefangen hast, / immer neu, / du Gott dieses einen Menschen, / den wir Jesus nennen, / den Helfer, den Boten lebendiger Hoffnung. /
Herr, deine Güte ist ewig. / Das Werk deiner Hände wollest du nicht lassen.

Kyrie und Gloria würde ich so formulieren:
Kyrie: Jenseits der heiligen Nächte / und der wärmenden Lichter / auf der anderen Seite von Weihnachten / sind wir angelangt. / Noch gewärmt von ihrem Glanz / schauen wir / ein wenig fröstelnd vielleicht / in das neue Jahr / in die kommende Zeit: / Wo finden wir dich, Gott? / Wir rufen:
Gloria: Der Glanz des Festes / geht mit uns. / Noch einmal feiern wir. / Leise sagt uns das Fest: / »Traue nicht deinen Augen / Traue deinen Ohren nicht / Du siehst Dunkel / vielleicht ist es Licht«. / Wir dürfen glauben: / »Die Finsternis vergeht / und das wahre Licht scheint jetzt.« / Dafür laßt uns / den Lobgesang der Engel anstimmen:
(Zitat von Bert Brecht, aus: EG Ausgabe Mecklenburg, Seite 154)

Tagesgebet: Jesus, Sohn Gottes, / du bist der helle Morgenstern / und bringst Licht in das Dunkel der Welt. / Wir bitten dich: / Hilf uns, wach und nüchtern sein; / stärke uns, wenn wir müde sind und verzagen. / Laß dein

Licht aufgehen über uns und allen Menschen. / Wir warten auf deinen Tag, / heute und morgen, bis in Ewigkeit.
(aus Agende I, Die Gottesdienste an Sonn- und Feiertagen, Kassel 1996, Seite 116, Nr. 117)

Vorschlag zur Predigt

Möglicher Anfang
»Der Stern über der Krippe erlosch, die heilige Nacht versank, das Jahr geht fort.« So nüchtern beschreibt Johann Christoph Hampe (aus: EG, Ausgabe Mecklenburg, S. 147), was wir gerade durchleben - wir, auf der anderen Seite von Weihnachten. Wir haben heutzutage viele Lichter für Weihnachten, für die Heilige Nacht. Und wir beklagen uns oft, daß es danach wieder dunkel wird - so schnell, so dunkel! Als ob Weihnachten und das Fest und die Lichter, die Geschenke und die Liebe - als ob alles zusammen nur ein Nacht-Gesicht wäre, nicht geschaffen für das Licht des Tages. Weil alles so schnell verlöscht, verrauscht, vergeht - wie das alte Jahr, das gerade zu Ende ging.
Da stehen wir am Beginn des neuen Jahres, noch ein wenig erwärmt vom Lichterglanz, aber schon über der Schwelle des Jahres. Und noch einmal wollen (oder sollen?) wir feiern: Epiphanias - das Erscheinungsfest Jesu, die Menschwerdung Gottes. Manche Fragen haben wir angesichts der Tage, in die uns das neue Jahr führt: Ob dieser Weihnachtstraum sich denn lohnt - bei Lichte besehen? Ob das schöne Fest etwa untauglich sei für den Alltag - bei Lichte besehen? Wir sind auf der Suche nach Leben, nach guten Begegnungen, nach dem, was uns weiterbringt. Vielleicht geht es so: »Die einzige Art, andere Leute zu treffen, ist, in einen Markt zu gehen und dort etwas zu konsumieren. Unser ganzes Land wird definiert von der wirtschaftlichen Massenproduktion und vom Geldmachen.
Und das wird oft mit individueller Freiheit identifiziert. Alles was wir haben, ist unsere Freiheit, und die schrumpft zusammen, und die Leute in diesem Land werden immer ärgerlicher, und sie wissen nicht warum. Sie verstehen die geistige Verwüstung nicht, die über uns hereinbricht.« (aus Frankfurter Rundschau v. 10. 9. 1996, S. 7)
Dagegen begehen jedes Jahr inzwischen etwa 15 000 Menschen ein sehr eigentümliches Festival in der Sierra Nevada, das »Burning Man Festival«. Drei Tage feiern sie ihr Festival um eine riesig große Holzfigur, die am letzten Abend in Flammen aufgeht und unter der begeisterten und johlenden Menge verbrennt, das »Burning Man Festival«: »Es ist eine Party, ein radikales Gemeinschafts-Erlebnis; es ist Kunst und gleichzeitig der Tod der Kunst; es ist avantgardistisch und ein technologischer Alptraum; es ist kreativ, destruktiv, anarchisch, libertär; es ist vergeistigt, ein postmoderner Karneval des Absurden; It's fun.« (aus: FR v. 10. 9. 1996, S. 7; Sprache für die Predigt leicht ändern; TS)

Das Erlebnis einer aus dem Alltag ausgerückten Gemeinschaft soll zur Erneuerung des Alltags und der Gesellschaft beitragen. Wie gesagt, Jahr für Jahr sind es etwa 15 000 Menschen auf diesem Festival in der Wüste - ein besonderer Versuch, Leben zu suchen.

Zum weiteren Verlauf

Offenbar brauchen wir Außergewöhnliches, um den Alltag zu gestalten, oder zu bestehen, vielleicht auch: zu überstehen. Aber da ist auch die andere Seite: das Gewöhnliche, Einfache eben: die andere Seite des Festes, die andere Seite von Weihnachten zum Beispiel. Was hilft uns dafür? Welche Gewähr kann uns da weiterführen?

Hier wäre - erzählerisch - an Weihnachten anzuknüpfen, z. B. mit den Weisen (falls Mt 2 Lesung war), oder mit Maria und Josef oder den Hirten (nach Lk 2). In der Weise, daß die Nach-Geschichte betrachtet wird: die Flucht bei den Eltern Jesu, die Frage der Rückkehr zu Herodes für die Weisen, die Erfahrung des Hirtenalltags nach der Engelsbotschaft und dem Besuch an der Krippe: Mit dem Alltag kommt auch Bekanntes, Dunkles wieder oder Gefürchtetes, Fremdes. Christen und Christinnen der frühen Kirche kannten das auch - und suchten nach Halt und Wegweisung. Manche meinten, es genüge der bloße Glaube an den göttlichen Lichtfunken ... Dagegen »1. Johannes«: Gott hat Namen und Gesicht. Sein Name: Helfer, Jesus. Sein Gesicht: Mensch wie wir, verwundbar, menschlich, eben voller Hoffnung und Liebe, Jesus.

Und die Christen merkten: In der Erinnerung an diese menschgewordene Seite Gottes brauchen wir uns gegenseitig - so entsteht, so wächst, so bleibt Gemeinde: In der gegenseitigen Unterstützung, in der gemeinsamen Erinnerung und Feier bleibt dieses Zeugnis wahr: Gott wird Mensch, ganz Mensch, ganz und gar Mensch. Das ist - nach den heiligen Nächten und beim Eintritt in den Alltag eines neuen Jahres - heilsam, heil-voll. Dies könnte in Anlehnung an den »Stromkreis der Liebe«, das »Kraftfeld des Geistes« (s. II 2) beschrieben werden.

Das Fest, auch jeder Gottesdienst als solches Erinnerungs- und Vergewisserungsfest, vor allem ein Fest wie Epiphanias, das an die menschgewordene Liebe Gottes erinnert, ist wichtig für unser Leben. Der Glaube, den wir da feiern, verbindet unser alltägliches Leben mit dem durch Christus geschenkten ewigen Leben. (vgl. Kontexte: Bieritz, Wege zum Menschen)

Nicht: mehr erleben (müssen), sondern etwas anderes erleben dürfen, aufgehoben sein in einer erfahrbaren Gemeinschaft, die sich versammelt, die ein Gegenzeichen ist für Dunkles, Bedrohliches, Fremdes. (vgl. Kontexte: Bieritz, Wege zum Menschen). Sicher können Sie aus Ihrer (Gemeinde)Erfahrung Beispiele dazu benennen, wie ewiges Leben sich spiegeln kann im Leben einer Gemeinde - im Glauben an den Sohn.

Möglicher Schluß
Das Fest feiern - wie heute. Und das Leben suchen - heute wie morgen. Beides brauchen wir, beides suchen wir. So kann das Licht der Heiligen Nacht uns im Alltag begleiten und leuchten. So kann Dunkel sich als Licht entpuppen (Brecht-Zitat oben). So kann - bei Licht besehen - das weihnachtliche Licht unserem Alltag Glanz und Fülle geben. Wenn wir bereit sind, im Einfachen, im Alltäglichen Gott zu erkennen, wie die Hirten, die Weisen, Maria und Josef in der Heiligen Nacht. Wo in der Finsternis das Licht Gottes zu leuchten beginnt.
Sie kennen vielleicht die jüdische Geschichte nach dem Anfang des Tages? Ich erzähle sie Ihnen (s. Kontexte). - Dort will Gott uns begegnen, menschlich und offen. Dort können wir - auf der anderen Seite von Weihnachten - das Licht Gottes wieder finden, wenn es Tag wird.
Am Anfang der Predigt stand die nüchterne Feststellung: »Der Stern über der Krippe erlosch, die Heilige Nacht versank, das Jahr geht fort.« Diese Beschreibung mündet in eine Bitte an Gott, mit der ich schließen möchte: »... laß es dein Jahr fortan sein, durch das ich gehe, geleitet an deiner Hand, einer (oder eine, TS) der/die dein Licht gesehen hat.« (Johann Christoph Hampe). Amen

Kontexte

Manchmal stehen wir auf / Stehen wir zur Auferstehung auf / Mitten am Tage / Mit unserem lebendigen Haar / Mit unserer atmenden Haut. / Nur das Gewohnte ist um uns. / Keine Fata Morgana von Palmen / Mit weidenden Löwen / Und sanften Wölfen. / Die Weckuhren hören nicht auf zu ticken / Ihre Leuchtzeiger löschen nicht aus. / Und dennoch leicht / Und dennoch unverwundbar / Geordnet in geheimisvoller Ordnung / Vorweggenommen in ein Haus aus Licht.
(Marie Luise Kaschnitz, Dein Schweigen - Meine Stimme, © 1962 Claassen Verlag GmbH, Düsseldorf - jetzt Hildesheim -)

Wann beginnt der Tag? / Ein Rabbi fragt seine Schüler, wann die Nacht aufhöre und der Tag beginne. / Einer der Schüler antwortet: »Beginnt der Tag, wenn man einen Zwetschgenbaum von einem Pfirsichbaum unterscheiden kann?« Der Rabbi verneint.
Ein zweiter Schüler antwortet: »Beginnt der Tag, wenn man einen Esel von einem Hund unterscheiden kann?« Wieder verneint der Rabbi. / Darauf drängen die Schüler den Rabbi: »Sag uns doch die richtige Antwort. Wann hört die Nacht auf und wann beginnt der Tag?« Der Rabbi antwortet: »Die Nacht hört auf, wenn du in ein menschliches Gesicht schaust, und es wird heller Tag, wenn du in diesem Gesicht deinen Bruder erkennst.«
(Jüdische Legende)

Winterpsalm / Dein Name / ist gefallen / Dein Name / fällt / Und ist kein / anderer Name, / auf den sich mein / weggeschnittener / Atem reimt / Und er heißt / Wunderbar Rat / Stecken und Stab / Begehbarer Weg / Eis / über meinem Bodensee / Geheiligt werde / dein zugefrorener Name
(Eva Zeller, aus: Loccumer Brevier, München 1993, Seite 134)

»Die Welt, die Gott will, soll nicht mehr bloße Zukunft sein oder Vertröstung auf den Sankt Nimmerleinstag. Gott soll eingehen in die Lebenswirklichkeit des Menschen, in das Hier und Jetzt. ... Und wenn Gott, wie das die franziskanische Tradition annimmt, ganz unabhängig von unserer Sünde inmitten der Welt einen Menschen erschafft, Jesus, dessen Fähigkeit, zu lieben und sich hinzugeben, Gott ebenbürtig ist, wenn Gott nicht einfach ›aus Nichts‹ die Welt erschafft, sondern ›aus Liebe‹, wenn die Welt als Liebesbund gedacht ist – dann müssen wir uns doch sammeln lassen zu einer Welt, in der die Liebe alles in allem ist, dann müssen wir doch das Fest wagen, die Erfahrung von Gottes Mit-uns-Sein, aber auch die Hingabe unseres Lebens im Sinne Jesu.«
(Anton Rotzetter, Leidenschaftliche Hoffnung. Die Kraft des biblischen Glaubens, Benziger Verlag, Zürich 1992, Seite 144 f.)

K.H. Bieritz berichtet vom Gottesdienstbesuch des FR-Journalisten Peter Iden, wozu er dann ausführt: *»Peter Iden* vermißt in dem von ihm besuchten Gottesdienst ›den Gegenton zum Geräusch der Welt, das Moment des Spirituellen, das Geheimnis, welches der Glaube ist‹: ... Die Veranstalter (mancher Gottesdienste; TS) tun alles, um Fremdes, Unerfahrenes, Überweltliches von ihm fern zu halten. Was ihm zugemutet wird, ist ihm auf eine banale Weise vertraut. Dieser Gottesdienst ist kein Ort, um eine Erfahrung zu machen, die alle Erfahrungen übersteigt, kein Ort für die ›Wahrnehmung einer anderen Macht‹: Himmelsleiter, Dornbusch, Emmaus sind ausgeschlossen. Liturgie als Machterweis: Da können die Veranstalter nur milde lächeln. Mit einem Wort: Diesem Gottesdienst fehlt jede Andeutung einer religiösen Dimension. ... Das Leben ist gefährlich geworden. Menschen kommen unter die Räder. Der potentielle Wahnsinn einer Gesellschaft, die sich der Erlebnisorientierung verschworen hat, ist nicht nur ein Gerücht. Bis an welche Grenze läßt sich die Spirale aus Erlebniserwartung und Enttäuschungserfüllung hochtreiben? *Georg Simmel* spricht von einer ›Zuspitzung bis zum Umbrechen‹, die in die Dynamik der warenförmigen Erlebnisorientierung der modernen Kultur eingebaut ist. Sie steigert sich aus. Da sie weder innere Grenze noch Maß kennt, wandelt sie in ihrer Aussteigerung ihre Form, schlägt um in Destruktion. ... Der aufgestaute Alltagsfrust kommt in letzten Erlebnissen in Fluß – und erkaltet in Gewalt ... Der Krieg scheint die geheime Botschaft der Gesellschaft auf der Suche nach letzten Erlebnissen: Krieg auf den Straßen, Krieg in den Vorstädten, Krieg um die letzten Paradiese und Oasen, Krieg der Seele im Kampf um sich selbst.‹ ... Dem Christenglauben kommt in der postmodernen *Erlebnisgesellschaft* der Rang eines *Gegen-Zeichens* zu, das auf alternative Lebensmöglichkeiten verweist. ... *Erlebniskultur* oder *Kultur des Lebens:* Darauf läßt sich die Alternative zuspitzen.«
(Karl-Heinz Bieritz, Erlebnis Gottesdienst, in: Wege zum Menschen, Heft 8/96, Vandenhoeck & Ruprecht, Göttingen, Seite 496 f., 499 f.)

Epiphanias

Annäherungen an den Predigttext
Brief an die Gemeinde in Ephesus 3,2–3 a.5–6

Ulf Schlüter

Das Gespräch über den Text führten die etwa 15 Mitglieder unseres monatlichen Bibelgesprächskreises, Frauen und Männer im Alter zwischen knapp 40 und knapp 70 Jahren. Über Jahre hinweg hat dieser Kreis an verschiedenen Büchern des Alten und Neuen Testaments gearbeitet, verfügt insofern über eine gewisse Erfahrung im Umgang mit biblischen Texten. Der Text wurde ohne weiteren Kommentar verteilt und gelesen. Die Teilnehmenden bekamen zunächst die Aufgabe, ihre Informations- und Verständnisfragen auf Karteikarten zu formulieren, um sie anschließend in das Gespräch einzubringen.

Erster und allgemeiner Tenor aus der Runde: »Dazu fällt mir nun gar nichts ein.« »Damit kann ich überhaupt nichts anfangen.« »Fehlt da nicht noch was?« Und: »Wenn Sie darüber am Sonntag zu predigen hätten: Wir wären gespannt, was dabei wohl herauskäme.«
Die Fragen, die anschließend vorgebracht werden, belegen das tiefgreifende Unverständnis, das der Text – trotz schriftlicher Vorlage! – durch seine Struktur, seine Terminologie und sein Thema auslöst:
»Von welchem Amt ist hier die Rede?« »Was verbirgt sich hinter dem Wort ›Offenbarung‹?« »Wann waren die ›früheren Zeiten‹?« »Warum werden die Heiligen Apostel und Propheten so herausgehoben, warum ist das ›Geheimnis‹ nur ihnen offenbart?« »Was soll das für ein Geheimnis sein: ›Daß die Heiden Miterben sind und mit zu seinem Leib gehören und Mitgenossen der Verheißung in Christus Jesus sind durch das Evangelium‹?« »Wer sind die ›Heiden‹ – einfach alle Menschen?«
Fragen und Gesprächsbeiträge verdeutlichen, daß die Problematik des Verhältnisses von Judenchristen und Heidenchristen nicht wenigen Teilnehmenden grundsätzlich fremd und unverständlich ist. Der Begriff Heiden verursacht fortwährende Mißverständnisse im Sinne von »Heiden = Nicht-Christen«. Fragestellungen, die daraus resultieren, sind etwas »Wenn Vers 6 zutrifft, ist dann überhaupt noch Mission unter den Heiden notwendig? Ist damit nicht der Auftrag zur Mission sinnlos geworden?« Oder: »Wenn das so wäre, bräuchte man sich ja nicht mehr taufen zu lassen!«
Erläuterungen zur Problematik des Textes klären einige Fragen auf der

logischen und der historischen Ebene. Trotzdem bleibt das Gespräch bis zuletzt geprägt von der tiefen Distanz zur Fragestellung des Textes: »Mußte nicht schon seit Jesus klar sein, daß Gottes Verheißung grundsätzlich allen Menschen - und nicht nur den Juden - gilt?« »Das ist doch ziemlich langweilig und selbstverständlich für uns: Wenn es nicht so wäre, wäre ja niemand von uns Christ.« »Eine Fragestellung, die sich seit 1900 Jahren erledigt hat.« »Warum wird etwas Selbstverständliches so betont?«
Gesucht wird immer wieder nach Analogien aus dem Bereich eigener Erfahrungen: »Sich für etwas Besseres halten, für besonders auserwählt und begnadet: Das kennen wir auch. Und das hat es ja wohl immer gegeben.« »Der Text würde sich heute wohl gegen arrogantes Kirchtumdenken wenden.«
»Viele der Ausländer, die heute hier leben, sind auch Christen, gehören auch dazu; und trotzdem sehen wir sie hauptsächlich als Ausländer, weniger als Christen.«
Für die Predigt ebenfalls herausfordernde Fragen: »Was heißt eigentlich ›Miterben‹? Was gibt es da tatsächlich zu erben? Lohnt sich das überhaupt?« »Von welcher Verheißung ist eigentlich die Rede? Was soll man sich konkret darunter vorstellen?«
Gesamteindruck nach dem Gespräch: Für die Teilnehmenden bleibt der Text spröde, schwer verständlich, abständig. Ein Geheimnis, das alle zu kennen glauben, ist keines.

Zum Gottesdienst

Sylvia Puchert

Exegetisch-homiletische Skizze

Beim ersten Lesen des Textes kann ich viele Anfragen aus den »Annäherungen zum Predigttext« teilen. Auf der Suche nach einer Brücke zur heutigen Lebenswelt bleibe ich zunächst am Kasus hängen. Epiphanias wird gefeiert - Erscheinungsfest, die griechisch-orthodoxe Gemeinde am Ort feiert - sichtbar - die Geburt Jesu.
Der Tagesspruch 1. Johannes 2,8 b »Die Finsternis vergeht, und das wahre Licht erscheint jetzt« und auch das Tagesevangelium, die Anbetung der Weisen aus dem Morgenland, Matthäus 2,1-12, erzählen vom Anbruch einer neuen Zeit. Helligkeit und Leuchten gehört für mich zum Epiphaniastag, auch zum Predigttext und nicht nur zum Wochenlied »Wie schön leuchtet der Morgenstern (EG 70)«.
Epiphanias, Leuchten und Licht, der Anbruch einer neuen Zeit - auf solche Suche begebe ich mich in der angegebenen Perikope. Seit 1978 ist sie

Episteltext für den Epiphaniastag. Die Zersplitterung des Textes kann ich nicht nachvollziehen, bilden doch die Verse 1 bis 7 im Griechischen einen einzigen durchkomponierten Satz. Daher wähle ich den gesamten Abschnitt Kapitel 3,1–7 als Predigttext aus.
Bei der exegetischen Betrachtung der Perikope schwingt die Frage nach dem Kasus des Gottesdienstes weiter mit. Den Anbruch einer neuen Zeit, gerade auch zu Beginn des Jahres würde ich gern hoffnungsvoll predigen. Vom Thema her nimmt der Textabschnitt auf, was bereits im 2. Kapitel des Briefes an die Gemeinde in Ephesus entfaltet ist: Die Heiden gehören zum Leib Christi, sind sozusagen von vornherein mit eingeplant. Christus ist unser Friede, und im Angesicht von Krippe und Kreuz können gerade diejenigen zusammenfinden, von denen es unmöglich schien. Das Erscheinen Christi führt die vorher Abgesonderten zusammen.
Vers 1 setzt zu einem Fürbittgebet für diejenigen an, die der Brief erreichen soll. Paulus, der nach Gottes Plan berufene Heidenapostel wird als der »Gefangene Christi Jesu« vorgestellt, der »für euch, die Heiden« handelt und dem Gott eine besondere Einsicht in das Christusgeheimnis gewährt hat. Das Bild des gefangenen und für seine Gemeinden leidenden Apostels verstärkt die Bindung an ihn und erinnert an seine besondere Berufung und daran, daß gerade Paulus dafür prädestiniert ist, den Heiden den Zuspruch des Evangeliums mit auf den Weg zu geben.
Im damaligen Kleinasien muß solche Argumentation unmittelbar eingeleuchtet haben. Gemeinden entstanden und wuchsen recht schnell, Menschen unterschiedlicher sozialer und religiöser Herkunft überwanden in den christlichen Gemeinden viele Schranken. Der Beginn einer ganz neuen, anderen Art des Miteinanders muß vielen Menschen wie ein nicht erklärbares Geheimnis vorgekommen sein, ein durch Jesus Christus bewirktes Mysterium. Dieses Mysterium wird weitergegeben durch die Apostel und Propheten, insbesondere durch Paulus, an dessen Person und Wirken der Text reges Interesse zeigt. Gewissermaßen im Telegrammstil, werden Begriffe aneinandergereiht, die für die paulinische Verkündigung eine große Rolle spielen: Amt, Gnade, Offenbarung, Geheimnis, heilige Apostel und Propheten, Geist, Leib Christi, Verheißung, Evangelium.
Daß Paulus in der Offenbarung des Christusgeheimnisses eine besondere Gabe geschenkt wurde, betont Vers 3. So ist Paulus mit seiner besonderen Berufung in den göttlichen Heilsplan einbezogen, unmittelbarer als die Apostel und Propheten, die in Vers 5 genannt sind. Ihm fällt das Verkündigungsamt zu. Paulus soll mit seiner Verkündigung den Heilsplan Gottes ans Licht bringen. Seine Verkündigung wird dadurch zur Traditionsnorm. Auf gleicher Linie könnte sich eine Klärung des Begriffs Heiden anschließen. Zum einen sind diejenigen, an die der Brief adressiert ist, Heidenchristen, also ehemals »Ungläubige«, zum andern bleiben sie, gemessen an dieser speziellen Art der Offenbarung bei Paulus, immer hinter ihm zurück, bleiben also »Heiden«. Anders formuliert werden dann Menschen,

die sich in christlichen Gemeinden zusammenfinden, ihr eigenes »Heidesein« immer mit sich herumtragen. Glaube ist dann Ausdruck eines bestimmten Erkenntnisstandes, der wiederum an die spezielle Gnade von Offenbarung (siehe Paulus) geknüpft ist.
Ihr könnt meine Einsicht in das Geheimnis Christi erkennen, formuliert Vers 4 und eröffnet das Evangelium des Textes: Die Heiden sind Miterben und gehören mit zum Leib Christi. So sind am Ende in Christus alle vereint, das volle Heil wird auch den Heiden zuteil. das Licht Gottes reicht auch dorthin, wo bisher dunkle Mächte und Gewalten ihren Einfluß geltend machten. Dieses Geheimnis Christi wird so als völlig neues Ergebnis beschrieben. Es konnte von niemand als Gott selbst aufgedeckt werden und bleibt Geheimnis des göttlichen Willens, das erst jetzt nach Kreuz und Auferstehung Christi durch den Geist offenbart worden ist.
Wie verbindend die neue Einheit zu sehen ist, wird deutlich in dem nacheinander der drei Begriffe: Mit-erben, Mit-leib und Mit-teilhabende. Der Heilige Geist verbürgt das Heil für alle. In Christus Jesus eröffnet sich das Heil durch das Evangelium. Indem das Evangelium verkündigt wird und die Heiden es im Glauben annehmen, erfüllt sich der göttliche Heilsplan. Diese Aufgabe kommt auf Paulus als Diener des Evangeliums zu, so daß Vers 7 damit inhaltlich wieder auf Vers 2 zurücklenkt.

Vorschläge zur Liturgie

In der Liturgie des Gottesdienstes soll der Kasus Epiphanias zum Ausdruck kommen. Tagesspruch und Tagesevangelium nehmen das Thema gut auf. Ich kann mir auch als Evangelium den Abschnitt vom Hauptmann von Kapernaum Matthäus 8,5-13 vorstellen. Hier kommt der Glaube erstmals im Matthäusevangelium vor - und gilt einem Heiden.

Sündenbekenntnis
Gott,
mit leeren Händen kommen wir zu dir.
Das Lob ist nur schwach aus unseren Stimmen,
und die Taten der Liebe sind zu wenig.
Darum bitten wir dich:
Zünde in uns an das Licht deiner Gnade und Liebe.
Erbarme dich über uns.

Bei den *Fürbitten* möchte ich vorschlagen, das Gebet auf mehrere Personen aufzuteilen und nach jeder Bitte auf dem Altar ein Licht anzuzünden.

Gott,
noch bevor wir zu dir kommen,
bist du schon da.

Noch bevor wir deinen Namen nennen,
hast du uns schon gerufen.
Noch bevor wir dich suchen,
hat dein Licht und schon getroffen.
Danke, daß du unsere Zukunft bist.
In Bitte und Dank singen wir:
Sende dein Licht und deine Wahrheit (EG 172)

Wir bitten dich,
erleuchte und bewege uns,
daß wir Zeichen deiner Gnade und Liebe werden.
Stärke unseren Glauben
auch in dunklen und traurigen Stunden
und laß uns wissen,
daß dein Licht seinen Weg findet - gegen allen Augenschein.
In Bitte und Dank singen wir:
Sende dein Licht und deine Wahrheit (EG 172)

Wir bitten für die Menschen, mit denen wir zu tun haben.
Gerade zum Jahresbeginn gibt es manch guten Vorsatz.
Hilf uns in den Gesichtern der anderen deinen Glanz zu suchen.
Öffne uns für manche Entdeckung
und laß die Wärme deines Lichts
Schmerzen stillen.
In Bitte und Dank singen wir:
Sende dein Licht und deine Wahrheit (EG 172)

Wir bitten dich für die Menschen, deren Bilder wir durch Zeitung und Nachrichten kennen.
Erlöse die Völker der Erde von Hunger und Elend,
von Zerstörung und Krieg.
Zeige du den Mächtigen,
daß das Licht deiner Liebe mehr bewirkt
als Unrecht und Waffengewalt.
In Bitte und Dank singen wir:
Sende dein Licht und deine Wahrheit (EG 172)

Liedvorschläge
Du Morgenstern, du Licht vom Licht (EG 74)
Sende dein Licht und deine Wahrheit (EG 172)
Laudate omnes gentes (EG 181.6)
Lobt Gott den Herrn, ihr Heiden all (EG 293)
Licht, das in die Welt gekommen (EG 593)
Erleuchte und bewege uns (aus: Weltgebetstag, Liturgie vom 1. März 1996)

Vorschlag zur Predigt

Möglicher Anfang

Liebe Gemeinde. Heute ist der 6. Januar, das Fest der Heiligen Drei Könige wird dieser Tag auch genannt. Im kirchlichen Bereich trägt der 6. Januar den Namen Epiphaniastag, Fest der Erscheinung. Daß Gott Mensch geworden ist, daß Gott in Jesus auf dieser Erde erschienen ist und damit das Licht der Welt ein für alle Mal leuchtet, will dieser Tag ausdrücken, Licht und Wegweisung für uns Menschen, das will das erschienene Gotteskind sein. Der Stern, der den Weisen den Weg zeigte, wird zum Zeichen eines neuen Morgens, symbolisiert den Beginn einer neuen Zeitrechnung. Die Nähe zu Weihnachten ist spürbar. Wie kann es gelingen, jenen Glanz im Leben als tragfähig zu erspüren? Epiphanias - Gott ist erschienen - oder wie es im vielgesungenen Weihnachtslied heißt: Christ ist erschienen, uns zu versühnen. Freude also über das, was geschehen ist und die Hoffnung darauf, daß das Licht Gottes auch den dunkelsten Winkel erhellen kann, bestimmen das Fest des 6. Januar.

Der Predigttext ist verhaltener, spricht von Geheimnis - verschlüsselte Offenbarung.

(an dieser Stelle des Text vorlesen: Epheser 3,1–7)

Zum weiteren Verlauf

Ich möchte das Stichwort Geheimnis als erstes aufnehmen. Es setzt zunächst auf die Neugier. Geheimnisse machen neugierig. Wie kann Neugier geweckt werden auf biblische Texte?

Echte Geheimnisse werden umso geheimnisvoller, wenn sie weitererzählt werden. Paulus erzählt ein Geheimnis, wir lesen davon und beschäftigen uns damit an einem besonders festlichen Tag. Als ob nicht das Geheimnis des Erscheinen Gottes in Christus bereits Mysterium genug sei.

Das Geheimnis benennen: Die Heiden sind Mit-erben. Sie gehören zum Leib Christi und sind Mit-teilhabende an der Verheißung in Christus Jesus. Ein weiterer Teil wird sich mit diesem Geheimnis zu beschäftigen haben. Was hat diese Aussage für die Menschen damals bedeutet? Im Rahmen der antiken Religionsgeschichte war das Entstehen und Wachsen christlicher Gemeinden unerklärlich, ein Geheimnis. Daß es auf einmal gelang, Trennungen zu überwinden, die bisher gesellschaftlich absolut festgefügt waren, ließ sich nicht erklären. Menschen verschiedenster Herkunft sammelten sich gerade in den Gemeinden Kleinasiens. Ein solches Phänomen war vorher noch nicht dagewesen.

Der Predigttext nimmt die Situation auf, wenn das Geheimnis Christi grundsätzlich für alle Menschen gilt. Das Licht der Welt leuchtet eben auch für die Welt. Das Neue Testament ist voller Geschichten, die den Glauben gerade von »Heiden« bezeugen und die internationale Wirkung des Evangeliums unterstreichen.

Dieser Gedanke führt in die heutige Zeit, in der der christliche Glaube längst weltweit verbreitet ist. Es gilt, danach zu suchen, wo heute wie damals Grenzen aufgelöst sind und Menschen miteinander verbunden sind, von denen es vorher nicht möglich schien.
Hier setze ich auf die kleinen, alltäglichen Schritte. Nachbarschaftliches Näherrücken über Grenzen von Sprache oder Politik hinweg, auch dort, wo Religion und Glaube explizit nicht im Spiel zu sein scheinen. Die Hände falten zum Gebet, auch für Menschen, mit denen ich sonst wenig oder gar nichts zu tun habe.
So ist Mit-erben, Mit-leib und Mit-teilhabe hoffnungsvoller Auftrag zum Leben. Das Christusgeheimnis lädt ein, selber überraschend zu sein für andere. Das Licht der Welt spricht uns zu: Ihr seid das Licht der Welt.

Möglicher Schluß
So wird uns das Geheimnis Christi immer Geheimnis bleiben. Geheimnis aber, das Hoffnung schafft. Hoffnung gegen den Augenschein, gerade am Beginn eines neuen Jahres. Das Licht der Welt wird eben genau auch unsere Welt erhellen und wärmen. Unsere gesamte Welt.
Das Heil gilt allen Menschen. Und weil das so ist, liegt es an uns, die Fakkeln zu tragen auf der Straße des Lichts. Menschen unsere Stimme zu leihen, wenn andere sie sprachlos gemacht haben. Die Güter dieser Welt gerecht verteilen zu helfen und den Lebensraum bewahren für diejenigen, die nach uns kommen. Gottes Heil gilt für alle Menschen, gilt uneingeschränkt bis in den letzten Winkel der Erde.
Lassen wir uns wärmen von jenem Licht, von dem es ein Kapitel vorher heißt: Christus ist unser Friede (Epheser 2,14). Und tragen wir unseren Teil dazu bei, daß das Leuchten des Morgensterns ein Licht der Hoffnung anzünden kann in vielen Menschen.

Kontexte

Wer sind denn die Kinder des Reiches? ... Das Reich geht quer durch alle anderen Reiche, quer durch Kirchen und Nicht-Kirchen. Es ist das Reich des Geistes, und seine Kinder sind jene, die zur revolutionären Elite gehören, das heißt zu jenen, die schon dabei sind, das Himmelreich vorwegzunehmen, indem sie sich nicht an die Erdenstoffwelt anpassen: Nicht am Geld hängen, nicht von der Sexualität versklavt, nicht vom Ehrgeiz aufgerieben, nicht von Aggressionen brodelnd –
(Luise Rinser, Grenzübergänge. Tagebuchnotizen, © S. Fischer Verlag GmbH, Frankfurt 1972, Seite 62 f.)

Ein alter Rabbi fragte einst seine Schüler, wie man die Stunde bestimmt, in der die Nacht endet und der Tag beginnt.
Ist es, wenn man von weitem einen Hund von einem Schaf unterscheiden kann?, fragte einer der Schüler. Nein, sagte der Rabbi. Ist es, wenn man von weitem einen

Dattel- von einem Feigenbaum unterscheiden kann? fragte ein anderer. Nein, sagte der Rabbi. Aber was ist es dann?, fragten die Schüler.
Der Rabbi antwortete: Es wird Tag, wenn du in das Gesicht irgendeines Menschen blicken kannst und in ihm deinen Bruder oder deine Schwester erkennst. Bis dahin ist die Nacht noch bei uns.
(aus: W. Koeppen/R. Spennhoff/W. Wolf, Spuren des Lebens, Neukirchener Verlag, Neukirchen-Vluyn 1990, Seite 37)

Literatur:
P. Krusche/D. Rössler/R. Roessler, Predigstudien II/1, Stuttgart 1991, Seite 107 ff.
R. Schnackenburg, Der Brief an die Epheser, EKK Bd. X, Neukirchen-Vluyn 1982, Seite 128 ff.

1. Sonntag nach Epiphanias

Annäherungen an den Predigttext
Brief an die Gemeinde in Rom 12,1–3 (4–8)

Birgit Brügge-Lauterjung

Vorbemerkung

Der Predigttext wurde mehreren interessierten Gemeindegliedern aus verschiedenen Generationen vorgelegt mit der Bitte, Eindrücke, Gedanken, Fragen, Widerspruch dazu zu notieren. Darüberhinaus war der Text Grundlage eines Bibelgesprächs in der Frauenhilfe. Ich habe den Text in drei Teile gegliedert: Römer 12,1–2 (Das Leben als Gottesdienst) Römer 12,3 (Mahnung zur Bescheidenheit), Römer 12,4–8 (Die Gnadengaben im Dienst der Gemeinde). Diese drei Teile lösten bei allen Betrachterinnen und Betrachtern ganz unterschiedliche Reaktionen aus. Der erste Teil löste Resignation oder Widerspruch aus; der zweite Teil stieß auf Unverständnis; Zustimmung bis Mißtrauen ob des beschriebenen Idealzustandes waren die Reaktionen auf den dritten Teil.

Der Text im einzelnen

Anstoß genommen wurde in der Anrede an den »Brüdern«. Es wurde entweder darum gebeten, den Text um die »Schwestern« zu ergänzen, oder aber ausführliche Informationen über die gesellschaftlichen Strukturen der damaligen Zeit zu geben, um die ausschließlich männliche Anrede besser einordnen zu können.

Vers 1: »Für die heutige Zeit ist das eine enorm hohe Forderung. Ich würde das für mich so interpretieren: »sich in den Dienst Gottes stellen«.
»Wenn mit ›Leib‹ der konkrete Körper gemeint ist, können wir nicht nachvollziehen, wie man diesen als Opfer einsetzen kann. Wenn hier so etwas wie ›Seele‹ gemeint ist, läßt sich der Sinn eher erkennen.«
»Wenn mit der Hingabe der Leiber als Opfer der Dienst für Gott gemeint ist, dann ließe sich das mehr oder weniger erfüllen. Dann würde sich zumindest der Versuch lohnen ... Ansonsten werden hier viel zu hohe Ansprüche gestellt, an denen jeder normale Mensch scheitern muß. Wer kann das schon?«
Vers 2: »Ich habe Schwierigkeiten mit dem ›Wohlgefälligen und Vollkommenen‹. Das ist ein zu hoher Anspruch. Außerdem denke ich, gerade vor Gott muß nicht alles vollkommen sein!«
»Wenn das Vollkommene Gottes Wille ist – was ist dann mit unvollkomme-

nen Menschen? Behinderte und Kranke, sind die nicht wohlgefällig und vollkommen? Wer definiert, was ›vollkommen‹ heißt?«
»Lebenserfahrungen prägen unser Leben und führen bei manchen Menschen zur Selbstüberschätzung. Eine Umkehr ist da nicht so einfach, erfordert sie doch das Aufgeben von Lebensbildern und Utopien. Kleinere Kurskorrekturen sind eher möglich. Eine Erneuerung des Sinnes muß man wollen und sich auch aufgrund von Unabhängigkeit leisten können. Es kann bedeuten, Freunde zu verlieren.«

»Wie können wir uns über die Welt erheben, wo wir doch in ihr leben?«
»Bei dem Textabschnitt denke ich an Dietrich Bonhoeffer.«
»Wenn ich diesen Text auf dem Hintergrund der Ermordung von Izhak Rabin (4. 11. 95) lese: War sein Leben ein lebendiger Gottesdienst? Will Gott solche Menschenopfer? Und: Kann/muß der Tod der Preis sein für den Einsatz für Frieden, Liebe und Verständigung?«

Vers 3: »Dieser Vers ist schwer verständlich; Erklärung und Auslegung ist an dieser Stelle besonders wichtig.«
»Ich höre daraus die Aufforderung zur Bescheidenheit.«
»Der Sache zu dienen und nicht der eigenen Eitelkeit, das erfordert Disziplin und Selbstkontrolle und ist sehr schwer.«
»Eine Herausforderung, die sich gut anhört, aber ernst genommen äußerst schwierig zu erfüllen ist.«
»Mich macht nachdenklich: Warum teilt Gott das Maß des Glaubens so unterschiedlich aus? Oder hat er jedem das gleiche zugeteilt?«
»Kann ich Gott für meinen schwachen Glauben verantwortlich machen?«

Vers 4–8: »Dieser Teil ist gut zu verstehen und findet meine volle Zustimmung.«
»Mir persönlich hilft dieser Text und bestärkt mich in meiner Gemeindearbeit. Ich muß nicht für alles verantwortlich sein; es sind da noch andere Glieder, die die Arbeit tun, die ich nicht tun kann oder die mir nicht liegt.«
»Wie entlastend: alle sind wichtig und nicht jeder muß alles können und machen!«
»Das ist natürlich ein Idealfall, wenn alles so läuft. In der Praxis ist es leider nicht immer so einfach und das Miteinander ist machnmal schwer.«
»Das alles klingt sehr gut. Aber wie sieht die Realität aus?«
»Was ist mit den Menschen, deren Gaben aufgrund gesellschaftlicher Wertungen nicht gefragt sind?«
»Wenn ich an die bevorstehenden Presbyterwahlen (Rheinland: März '96) denke, dann kommen mir selbst die hier vorausgesetzten ›Gaben‹ sehr anspruchsvoll vor. Wie soll ich solche Kandidatinnen und Kandidaten finden?«

Schlußbemerkung
Ermahnung, Anspruch, Forderung – das ist der Haupteindruck, den der Text hinterläßt. Zusprechendes ist offenbar nur schwer herauszuhören.

Und auch die (Auf-)Gabenverteilung, die der Schlußabschnitt verspricht, wird im einzelnen eher als erneute Forderung gehört - oder aber als unrealistische Idealvorstellung beiseite getan. Mich hat diese negative Wirkung des Textes zunächst sehr erstaunt; bei nochmaligem Hinsehen konnte ich diesen Eindruck jedoch gut nachvollziehen. Das gibt mir zu denken: Ich gehe als Theologin offenbar mit einem positiven Vorverständnis an Paulustexte heran und höre auf diesem Hintergrund fordernde Texte anders als es »unvoreingenommene« Gemeindeglieder tun.

Zum Gottesdienst

Sigrid Lunde

Exegetisch-homiletische Skizze

Nach der Perikopenordnung ist der Predigttext Römer 12,1-3 (4-8) der Taufe Jesu zugeordnet. (Sonntagsevangelium ist Matthäus 3,13-17) Ich halte es für sinnvoll, die heute offensichtlich nicht mehr eingängige Paraklese des Paulus (siehe Annäherungen!) analog Römer 6,13 - einer unübersehbaren Parallele zu 12,1 ff. - ebenfalls in der Taufe zu verankern, weiter noch in der in den weihnachtlichen Wochen gerade gefeierten göttlichen Menschwerdung, Gleichstellung, Barmherzigkeit.
Den »Gottesdienst im Alltag der Welt« (E. Käsemann) kann ich so als den geforderten Balanceakt zwischen Gleichstellung (siehe auch 1. Korinther 19,20-22) und Absage an die Gleichstellung (Römer 12,2), als »vernünftigen« Gottesdienst verstehen. Er ist Hingabe des lebendigen Menschen an den Willen Gottes im Gegensatz zur Hingabe des toten Opfertieres in der hellenistisch-römischen Götterwelt. Von stoischer und mystischer Paränese unterscheidet sich die paulinische Ermahnung zur Hingabe lebensnah darin, daß sie die Hingabe des ganzen Menschen (gerade auch seines Leibes) fordert. (U. Wilckens)
Homiletische und liturgische Überlegungen lassen mich von der Möglichkeit Gebrauch machen, den Predigttext auf die Verse Römer 12,1-3 zu begrenzen. Das Thema der Gnadengaben (V. 4-8) ist mit 1. Korinther 2 Predigttext des Pfingstsonntags. Hier bietet sich m. E. die ausschließliche Entfaltung der ekklesiologischen Aspekte der paulinischen Theologie an. Gegen den exegetischen Befund, der eine Zäsur zwischen V. 2 und V. 3 nahelegt (V. 3 ist Überschrift und progammatische Einleitung zur sich anschließenden umfangreichsten Paränese des Neuen Testaments), möchte ich doch V. 3 als sinnvollen Schlußvers zu 12,1-2 heranziehen. Dem hohen Anspruch von V. 1-2 nimmt V. 3 den Stachel der ärgerlichen Bevor-

mundung (siehe Annäherungen). Die Predigt kann mit dem Hinweis auf das »Maß des Glaubens« in der Ermahnung des Apostels das Mitschwingen der »Bedeutung des Bittens und der Ermutigung, ja des Trostes« (u.a. E. Käsemann) aufzeigen. Eine weniger für die »Brüder und Schwestern« anstößige Übersetzung wird u.a. von W. Huber angeboten. (»Glauben in der Stadt«, 1995, Seite 87)

Vorschläge zur Liturgie

Eingangspsalm
Psalm 103,1–8 »Lobe den Herren, meine Seele ...«

Sündenbekenntnis
Psalm 103,14–16 »Denn der Herr kennt, was für ein Gemächte wird sind ...«

Gnadenwort
Psalm 103,8–13 u.22 »Barmherzig und gnädig ist der Herr ...«

Lieder: 67,1–5 »Herr Christ, der einig Gotts Sohn ...«; 405,1–3+5 »Halt im Gedächtnis Jesus Christ ...«; 395,1–3 »Vertraut den neuen Wegen ...«; 495,1–4 »O Gott, du frommer Gott ...«
(Die Lieder und Gebete sind dem neuen Ev. Gesangbuch entnommen: Ausgabe für die Ev.-luth. Landeskirchen in Bayern und Thüringen)

Eingangsgebet
Der Stern über der Krippe erlosch,
die heilige Nacht versank,
ein neues Jahr begann.
Herr, laß es dein Jahr sein,
durch das wir gehen,
geleitet an deiner Hand.
(Nach Johann Christoph Hampe)

Schlußgebet
Gott,
Verlangen wirst Du, daß wir, die Lieblosen dieser Erde,
Deine Liebe sind,
Die Häßlichen Deine Schönheit,
Die Ratlosen Deine Ruhe,
Die Wortlosen Deine Rede,
Die Schweren Dein Flug.
Jeder wird wissen, daß dieses von ihm erwartet wird,
Etwas, wogegen Atombomben ein Kinderspiel sind.

Und aufbegehren wird er und sagen, wie kommen wir dazu.
Und sagen, wie häßlich ist es, erwachsen zu werden.
Und aufzubleiben in der Nacht, allein.
Aber jeder wird wissen: Dies ist Dein letztes Geheimnis.
Dein Fernsein Deine Nähe,
Dein Zuendesein Dein Anfang,
Deine Kälte Dein Feuer,
Deine Gleichgültigkeit Dein Zorn.
Und einige wirst Du bisweilen beweglich machen
Schneller als Deine Maschinen und künstlichen Blitze,
Überflügeln werden sie ihre Angst.
Fahrende werden sie sein, Freudige.
(Marie Luise Kaschnitz)

Vorschlag zur Predigt

Möglicher Anfang
»Stellt euch nicht dieser Welt gleich« – dieser Satz kommt mir nicht leicht über die Lippen am Ende der Weihnachtszeit, heute am 1. Sonntag nach dem Epiphaniasfest. Ist nicht unsere kirchliche Botschaft in diesen Wochen voller Jubel über die göttliche Gleichstellung mit dieser Welt gewesen? Gott wurde Mensch, damit wir Menschen, menschliche Menschen werden! Auch unser Sonntagsevangelium, die Taufe Jesu am Jordan, habe ich immer im Sinne der Gleichstellung Jesu mit dieser Welt verstanden. Für Johannes den Täufer kam sie überraschend. Er zögerte, sich auf sie einzulassen: »Du kommst zu mir?« (Mt 3,14) Und Jesus sagte zu ihm: »Laß es jetzt also geschehen ...« Auch Paulus muß erfahren haben, daß sehr viel Heil, viel Heilung der Welt in der Gleichstellung liegt. Er schreibt an seine Gemeinde in Korinth: »Den Juden bin ich geworden ein Jude ... Denen, die ohne Gesetz sind, bin ich geworden wie einer ohne Gesetz ..., den Schwachen ein Schwacher. Ich bin allen alles geworden, damit ich auf alle Weise etliche rette.« (1. Korinther 9,20–22) Mehr als alles andere tut uns Einfühlung, Nähe, Liebe gut. Wir leben davon, daß es das gibt. Niemand kann für sich allein menschlich werden, kann sich allein den Sinn und die Gestalt seines Lebens aus den Rippen schneiden. Das Leben gelingt uns nur unter unseresgleichen, gelingt uns nur bei gegenseitiger Einfühlung und Anpassung. Wie sollen wir aber nun verstehen, daß derselbe Paulus, aus dessen Feder die Worte stammen: »Ich bin allen alles geworden«, auch den ganz anderen Satz schreibt: »Stellt euch nicht dieser Welt gleich«? Ich denke, je länger wir leben, desto deutlicher begreifen wir, daß wir beides vereinen müssen: Einfühlung, Gleichstellung mit einer gebotenen Distanz, Nichtgleichstellung!

Gedankenskizze zum weiteren Verlauf

Nikolaus von Kues hat folgende Worte für diesen Balanceakt gefunden: »Es ist etwas vom Größten, sich dauerhaft in der Verbindung von Gegensätzen aufhalten zu können.« Wir Christen entdecken solches Leben »vom Größten« im Leben des Jesus von Nazareth. In seiner vertrauensvollen Hingabe an den göttlichen Willen ist für uns das Leben in Anpassung und Absage an die Anpassung beispielhaft »erschienen«. Paulus mahnt die Christen in Rom zur Nachfolge, zur wachsenden Prüffähigkeit, was der Wille Gottes ist, das »Gute und Wohlgefällige und das Vollkommene«. (V. 2)

Rom war Weltstadt, als Paulus seinen Brief schrieb. Rom war die Hauptstadt des Römisches Reiches, ein Zentrum der Macht und der Pracht, der Verwaltung und des Rechts. Und Rom war auch eine üble Stadt voller Korruption, Leichtsinn und Gewalt. Unsere Redensart »Zustände wie im alten Rom« spricht für sich! Die Reichen und Mächtigen der Stadt überboten sich mit verschwenderischen Gelagen, die Massen strömten in die Arena, unterhielten sich mit blutigen Gladiatorenkämpfen. Tote, Morde bis hoch ins Herrscherhaus gehörten zum Alltag der Römer wie für uns heute die Toten und das Töten auf dem Bildschirm.

»Stellt euch nicht dieser Welt gleich« war nicht unverbindliche Mahnung des Paulus. Christen/Christinnen im alten Rom mußten zum Beispiel bei ihrer Taufe feierlich versprechen, die Gladiatorenspiele, die Verrohung von Leib und Seele zu meiden. »Mensch, was du liebst, in das wirst du verwandelt werden. Gott wirst du, liebst du Gott und Erde, liebst du Erde« schreibt Angelus Silesius. Und von Dietrich Bonhoeffer stammt der Satz: »Wir müssen bereit werden, uns von Gott unterbrechen zu lassen.« Zu einem Opfer der Leiber mahnt Paulus, das lebendig und heilig und Gott wohlgefällig ist! Paulus trug am eigenen Leib die Spuren seiner Opfer: Narben von Auspeitschungen, von Gefängnisfolter. Dietrich Bonhoeffers Leib hing 1945, noch kurz vor Kriegsende, in Flossenbürg am Galgen. Heute, am 1. Sonntag nach Epiphanias, sollen uns Karl Barths Jahre in Safenwil freundlich Licht bringen in das Ringen um Gleichstellung und Nichtgleichstellung, in das Ringen um den »vernünftigen Gottesdienst«, wie Paulus es nennt.

Ich gebe weiter, was ich in dem 1991 herausgegebenen Bildband »Unbeirrbar« in diesen Tagen »zwischen den Jahren« gelesen habe. (Lebensbilder von Frauen und Männern des 20. Jahrhunderts, hrsg. von D. Steinwede und R. Schupp, Seite 14 ff.)

Noch keine dreißig Jahre alt war der später im Kirchenkampf und als Dogmatikprofessor berühmt gewordene Karl Barth, als er als Pfarrer in das kleine Schweizer Dorf kam. Im Jahre 1911 war das. Verwundert stellte er fest, daß nur zwei Kinder in seine erste Konfirmanden-Unterrichtsstunde kamen. Die Kirchenbücher verzeichneten über fünfzig Kinder für diesen Jahrgang. Der junge Pfarrer fragte bei den Eltern nach. Und er erfuhr, daß die Kinder in die Fabrik gehen müßten, keine Zeit hätten für den lieben Gott und seinen Pfarrer.

Karl Barth meldete sich daraufhin bei einem der beiden Fabrikbesitzer zum Besuch an. Seinem Namen, Hüssy, war er schon wiederholt begegnet. An Fabrikwänden prangte der Name, auf zahlreichen Grabsteinen des Kirchhofes und vor allem auf einer Urkunde, die Grundstück und Bau der Kirche als großzügiges Geschenk Hüssys auswies.
Der Fabrikant begrüßte den neuen Pfarrer seines Dorfes ausgesprochen freundlich. Er bot ihm eine Zigarre an und ließ ihn in einem bequemen Ledersessel Platz nehmen. Der Pfarrer begann dann vorzutragen, was ihn zu Herrn Hüssy trieb: Daß die Kinder durch die Fabrikarbeit keine Zeit für den lieben Gott hätten, Gott aber Zeit habe für die Kinder und sie herzlich in seinen Konfirmandenunterricht einlade!
Der Fabrikant reagierte zunächst belustigt auf die Rede des jungen Pfarrers. Die Familien – so beschwichtigte er sein Gegenüber – seien froh, daß durch die Kinderarbeit die Haushaltskasse aufgebessert würde. Nicht wenige Eltern sähen es gerne, wenn auch die vormittägliche Schulpflicht weiter zugunsten von mehr Arbeit und Verdienst gelockert werden könnte. Karl Barth ließ sich nicht beeindrucken, ließ sich von der Zigarre, die ihm schmeckte, den Blick nicht vernebeln. Der verehrte Fabrikant müsse – so sähe er es – den Vätern in der Fabrik eben mehr Lohn zahlen, damit das Haushaltsgeld reiche. Kinderarbeit sei seit fünfzehn Jahren verboten! Mit der Freundlichkeit des Fabrikbesitzers war es augenblicklich vorbei. Es kam zu einen heftigen Wortwechsel. Herr Hüssy brüllte schließlich, der junge Pfarrer solle sich schnellstens nach einer anderen Pfarrstelle umsehen. In diesem Dorfe sei er mit seinem sozialistischen Gerede völlig fehl am Platze.
Karl Barth dachte nach, quälte sich mit dem Vorgefallenen herum und prüfte, was hier nun der Wille Gottes sei. Und er räumte dann das Feld nicht! Am nächsten Dienstag um vier Uhr kamen wieder nur zwei Kinder zum Unterricht. Was sollte er tun? Hand in Hand mit diesen Kindern ging er die Straße hinab, erschien mit ihnen in der Fabrik. Er wanderte von Farbtrog zu Farbtrog, vom Trockenraum zur Laderampe und forderte die dort arbeitenden Kinder auf, mitzukommen. Mit einer Schar von knapp vierzig Kindern zog er dann direkt vor das Anwesen des Herrn Hüssy. Die Maiwiese wurde zum ersten Unterricht genutzt, zum ersten gemeinsamen Lied. Lange allerdings konnte der Unterricht nicht dauern. Die Kinder waren von ihrer Arbeit zu müde, einige schliefen im Sitzen bald ein. Nach einer Stunde gab der Pfarrer jedem Kind die Hand und schickte sie nach Hause. Er sagte ihnen noch, der liebe Gott gebe ihnen für den Rest des Tages frei!
Noch am selben Abend standen acht aufgebrachte Herren in der Amtsstube des Pfarrers. Auf den jungen Pfarrer ging ein Hagel von Beschimpfungen nieder. Auch die Eltern fürchteten die zu erwartende Lohnkürzung und stellten sich gegen ihn. Karl Barth gab nicht auf. Er hatte das Recht, den Unterricht durchzuführen und das Gesetz, das Kinderarbeit verbot,

auf seiner Seite. Er ging nicht fort aus dem Dorf und wurde dann auch nicht fortgejagt! Langsam und mit vielen Rückschlägen fruchtete seine Aufklärungsarbeit über Gesetze, Rechte, sein Kampf für mehr Gerechtigkeit.

Möglicher Schluß
Zehn Jahre arbeitete Karl Barth in Safenwil. Einem Freund schrieb er in diesen Jahren, er fühle sich mitunter wie Mose vor Pharao, der auch sein Herz nicht nur einmal mutig und unverzagt in die Hand nehmen mußte. Der Aufruf: »Stellt euch nicht dieser Welt gleich« hat seit den Jahren im Sklavenhaus Ägyptens Geschichte, Heilsgeschichte gemacht! Allerdings nicht jeder ist ein Mose, nicht jeder ein Karl Barth, nicht jeder ein Dietrich Bonhoeffer. Paulus schreibt an die Gemeinde in Rom: »Ich sage euch durch die Gnade, die mir gegeben ist ..., daß niemand mehr von sich halte, als sichs gehört zu halten, sondern ... ein jeder, wie Gott das Maß des Glaubens ausgeteilt hat.« (V. 3) Wir übersehen die Mahnung zur Vernunft, zum »vernünftigen Gottesdienst« und den Trost in den Briefversen des Paulus, wenn wir hier nicht sehr genau hinhören! Gegen den Rat des Paulus, gegen das ausgeteilte Maß des Glaubens haben sich immer wieder Menschen als Mose vor Pharao gefühlt, ohne es zu sein. Das hat ihnen und den Gemeinden nie gut getan und tut ihnen auch heute nicht gut. Da wollen Menschen unbedingt den Platz ganz oben, den Platz an der Sonne, obwohl Gottes Wille den bekömmlicheren Halbschatten für sie vorsieht. Sie vergessen, wie sehr immer auch die Gleichstellung mit dieser Welt zur Menschwerdung, zu Gottes Willen gehört! Es gehört eben ganz sicher zum »Größten«, sich dauerhaft in der Verbindung von Gegensätzen aufhalten zu können!«

Kontexte

»Was mich in Deutschland beunruhigt? Vor allem die grassiernde lähmende Angst. Die Angst vor der Zukunft, die Unfähigkeit zum Wagnis, zur Freude am Wagnis. Die Last einer fast kollektiven Verantwortung für alles. Man greift aber nicht mehr nach den Sternen, wenn man so tief gebeugt ist. Und man nimmt dann auch nicht mehr wahr, was man wirklich konkret tun könnte.«
(Ruth Pfau »Verrückter kann man gar nicht leben«, Herder/Spektrum 4436, Verlag Herder, Freiburg, 4. Aufl. 1996, Seite 179)

»Selig der Mensch, der mit sich selbst in Friede ist und unter allen Umständen frei und unerschrocken auf und um sich sehen kann. Es gibt auf Erden kein größer Glück.«
(Matthias Claudius)

»Die Hölle war völlig überfüllt, und dennoch stand eine lange Warteschlange am Eingang. Schließlich mußte der Teufel verkünden, daß nur noch ein Platz frei sei, nur ein ganz schlimmer Mörder könne diesen Platz noch bekommen.

Er befragte der Reihe nach die Leute, aber kein Vergehen schien ihm schwer genug für den letzten Platz in der Hölle. Schließlich befragte er einen etwas abseits stehenden Mann:
»Und Sie?«
»Ich bin ein guter Mensch. Ich bin nur aus Versehen hier«, gab er zur Antwort. »Ich glaubte, die Leute stehen in der Schlange, um Zigarren zu kaufen.«
»Jeder Mensch stellt etwas Böses an«, sagte der Teufel überzeugt.
»Nein, ich habe immer nur zugesehen – aber ich habe mich ferngehalten. Ich habe mich nie eingemischt, wenn sie einander erschlagen oder verfolgt haben. Ich habe nie den Mund aufgemacht, wenn sie Flüchtlinge in ihr Land zurückgeschickt haben oder Kinder verhungert sind. Ich allein widerstand dem Bösen und tat nichts.«
»Sind Sie sicher, daß Sie nie etwas getan haben?«, gab der Teufel ein letztes Mal zu bedenken.
»Ja, sogar, wenn es vor meiner Haustür geschah.«
»Mit Ihnen bin ich zufrieden. Sie sind mein Mann. Der Platz gehört Ihnen.«
Und als der Teufel den »guten Menschen« einließ, soll er sich zur Seite gedrückt haben, um nicht mit ihm in Berührung zu kommen.«
(Andreas Hohn »Gut und Böse« aus: Leiterbrief der Jungen Kirche Schweitz, 229/4, Januar 1986, CH-8032 Zürich)

2. Sonntag nach Epiphanias

Annäherungen an den Predigttext
Brief an die Gemeinde in Rom 12,4–16

Helga Trösken

Die Gruppe: Frauen zwischen 43 und 79 Jahre alt, die in einer Kirchengemeinde in unterschiedlichen Bereichen ehrenamtlich mitarbeiten. Ich habe sie zu dieser Bibelarbeit eingeladen, nachdem ich ihr Engagement bei verschiedenen Besuchen in der Gemeinde kennengelernt hatte. Sie sind in dieser Zusammensetzung zum erstenmal mit einer Bibelarbeit befaßt und sehr interessiert, »was das wohl werden wird«. Am Ende des fast zweistündigen Gesprächs sind sie fröhlich und begeistert und wollen weiter miteinander so am Bibeltext arbeiten und auch andere dazu einladen.

Wir lesen den Text reihum versweise und kommen sofort ins Gespräch
- In der Einheitsübersetzung heißt es (Vers 8) »Trösten und Ermahnen«. Das klingt schöner als die Lutherübersetzung. Ermahnen als Amt oder Gabe, d. h. die Fähigkeit, so zu ermahnen, daß andere diese Ermahnung annehmen können, nicht verletzt oder gegängelt werden.
- Viele Berufe, die alle gleich wichtig sind: Unsere Gesellschaft kennt nur die Konkurrenz. Ist das in der Kirche, in der Gemeinde anders? Wir bringen unsere Erfahrungen ein:
  - Konkurrenz zwischen Pfarrer und Gemeindepädagogin: Wer darf Konfirmandenunterricht machen?
  - Talarneid der Laien
  - Wer darf in der Küche Kaffee kochen? Ich durfte auch erst abwaschen. jetzt bin ich Lektorin!
  - Auch ich habe von der Pieke an angefangen. Ich habe den Gemeindebrief ausgetragen.
  - Es war auch selbstverständlich, daß mein Mann für den Kirchenvorstand gefragt wurde. Ich habe halt das Blättchen ausgetragen und es vorher auch noch gefaltet.

  Gemeinde schafft nicht nur Engel, sondern auch Bengel! Es menschelt in der Gemeinde.
- Vers 9: Die Forderung scheint unerfüllbar. Jugendliche sagen es knallhart: Alles, was da steht, ist rückständig! Aber so gesehen hat das Christentum nie in die Welt gepaßt.

- Vers 10: Bei den wöchentlichen Gebeten »Christen gegen die Folter« beten wir auch für die Folterer. Denn Gott kann doch Herzen lenken und ändern.
- Vers 13: »Nöte der Heiligen« ist schwer verständlich. Wir einigen uns darauf, daß »die Heiligen« solche sind, die unter der Botschaft des Heils sind. Wir denken an »die Gemeinschaft der Heiligen«.
- Vers 15 scheint am einfachsten. Aber manchmal ist auch das nicht leicht, wenn man selbst ganz am Ende ist ...
  Wir tauschen uns aus, daß wir alle Formen entwickelt haben, um Unmut oder Zorn zu äußern, z. B.: ich flippe aus, ich schimpfe, ich brülle; erst danach denke ich nach ...
- Vers 16 scheint wie eine Anweisung, christliche Duckmäuser zu erziehen. Wer so lebt, auch in Verbindung zu Vers 10 b, ist schnell der/die Dumme! Allerdings geht es ja um Gaben. Das hieße: Christen und Christinnen können klar ja und nein sagen.
  Stoßzeufzer: Wenn das alles befolgt würde, hätten wir das Paradies auf Erden!
- Vers 12 wurde eine Stunde lang »umschifft«. Auf meine Nachfrage – immerhin ist der Vers sehr bekannt und in unserer Luther-Bibel fettgedruckt – werden Erfahrungen erzählt, Geschichten vom Ende der Hoffnung, von ausweglosen Situationen, in denen kein Gebet half (»am liebsten hätte ich Steine gegen Gott geworfen, auch wenn ich wußte, daß die runterfielen und mich hätten treffen können«).
  Wie kriegt man ein »Fünkchen Hoffnung«, das nötig wäre, um die Hoffnung wieder wachsen zu lassen? Hoffnungslose Situationen gibt es nicht nur in den Teilen der Welt, in denen Hunger und Armut herrschen, sondern ganz nah bei uns: Obdachlosigkeit, Arbeitslosigkeit, Armut (die neuesten Zahlen sind gerade veröffentlicht).

Fazit für den Prediger, die Predigerin:
- Die Abgrenzung der Perikope ist nicht schlüssig. Vers 18 z. B. würde gut dazu passen.
- Paulus will sagen: Ihr habt Gaben, also traut Euch, sie auszunutzen!
- Kleine Schritte zum Ziel (Ideal) sollten aufgezeigt werden. Das Ziel ist erreichbar, auch wenn ich im einzelnen nicht jede Forderung erfüllen kann.
- Wenn man solche Texte immer wieder einmal hört, sind sie Erinnerungen, geben einen Anstoß zum Nachdenken, und dem einen oder der anderen geht ein Licht auf.
- Die Leute sollten nicht »zur Minna« gemacht werden: Ich möchte das Gefühl haben, der Pfarrer und die Pfarrerin versuchen auch, danach zu leben.

Zum Gottesdienst

Rolf Heinrich

Exegetisch-homiletische Skizze

Die Situation: Viele Leiber - viele Glieder?
Wie nehme ich Menschen und Gruppen in der Gemeinde wahr? Wie nehmen Menschen in den Gemeindegruppen und Außenstehende die Gemeinde wahr? Habe ich eine Sensibilität dafür entwickelt, Menschen in der Gemeinde wahrzunehmen? Bin ich nicht viel zu sehr verstrickt und verwoben in der Gemeinde, ihre Strukturen, ihre Traditionen und Gewohnheiten, ihr Machtgefälle, als daß ich sie wahrnehmen könnte? Brauche ich dazu nicht den fremden Blick von außen - in Distanz, mit Zeit und Ruhe? Auf den ersten Blick bietet sich ein buntes und vielfältiges Bild: Nach Alter, Geschlecht und Lebenslage getrennte Gruppen und Vereine vom Seniorenclub über den Mütterkreis bis hin zur Krabbelgruppe, von der Selbsthilfegruppe Behinderter und Nicht-Behinderter über den Alphabetisierungskurs türkischer Frauen und Eine-Welt-Laden bis hin zur Umweltinitiative und der Kirchenasyl-Gruppe, von Tanzkursen über Schwimmen mit Senioren und Bibliodrama bis hin zur Beschäftigung mit Gentechnologie und sozialer Demontage. Es bietet sich ein unübersichtliches, verwirrendes und vielfältiges Bild von Gemeinde. Ein junger Mann aus der Gemeinde sagt: »Mein Leben ruht auf nichts mehr, gestern Gläserrücken und heute gregorianische Musik.« Gibt es etwas Verbindendes in dieser unübersichtlichen Vielfalt, ein christliches oder gar protestantisches Profil, eine geheime oder erlebbare Mitte?
Wie gehen Menschen in den Gemeindegruppen miteinander um? Nehmen die Frauen in der Frauenhilfe Anteil an den Fragen, den Ängsten und Freuden der Jugendlichen im Haus der offenen Tür und umgekehrt? Warum schließt die Frauenhilfe ihr Geschirr ein, damit andere Gruppen es nicht benutzen können? Wie gehen andere Gruppen mit dieser Erfahrung um? Werden nur Pfarrer und ErzieherInnen oder auch Zivildienstleistende und Putzkräfte im Gottesdienst der Gemeinde vorgestellt und eingeführt? Wie gehen die Theologen miteinander um? Wie nehmen sie sich wahr? Beobachten sie argwöhnisch, wer mehr GottesdienstbesucherInnen anzieht, wer besser ankommt, höhere Kollekten eintreibt? Und in den Gruppen selbst, wie ist die Beziehung zwischen Aktiven und Zurückhaltenden, Spontanen und Schüchternen, Lauten und Leisen, Hauptamtlichen und Ehrenamtlichen? Erlebt jede und jeder, daß sie gleich viel wert sind, geachtet und beachtet werden? In den Gemeinden gibt es hauptamtliche Beamte, Angestellte und Arbeiter, ein Gefälle in rechtlicher Macht, in der Besoldung und im Lohn. Ist die Gemeinde ein Spiegelbild der sie umgebenden Gesellschaft und Welt, leidet sie unter denselben Fragen, Konkurrenz-

ängsten und Verteilungskämpfen wie andere Institutionen und Gruppen der Gesellschaft? So wie der Leib der Gemeinde und der Gesellschaft auseinanderfällt in unüberschaubare Einzelteile, so erfährt der Mensch sich als biochemische Maschine, als austauschbare Ware, sein Leib wird zum Objekt medizinischer, gesellschaftlicher und wirtschaftlicher Verhältnisse, zum Körper. Schritt für Schritt wurde der Leib, der nicht verfügbar, der nicht teilbar war, der einen Wert hatte, aber keinen Preis zur zerlegbaren weltlichen Maschine. Der Mensch ist Leib und er hat einen Körper. Mit dem Verschwinden des Leibes und dem Triumph des Körpers verschwindet immer mehr auch die Fähigkeit leibhaftiger Empfindungen und Wahrnehmungen. »In der Welt, in der ich lebe, trauere ich der verlorenen Leibhaftigkeit von Gefühlen nach«, sagt eine junge Frau. Ist die Gemeinde ein Gegenbild, eine Nische in der Gesellschaft, eine Insel im Ozean der Waren und Mächte, rennt sie allem Modischen und allen Trends hinterher, tut sie das, was Christus heute tun würde oder sind das überhaupt keine Alternativen? Was ist das Verbindende in allen Unterschieden und in aller Vielfalt? Findet sich alles Zerrissene und Getrennte wieder? Hat sich deshalb alles Zerrissene auf den Weg zu machen?

Die Erinnerung: Ein Leib – viele Glieder?

Paulus lebt in einer Welt, Gesellschaft und Gemeinde, die in vielfältige, unterschiedliche und sich widersprechende Strömungen und Moden auseinanderfällt. Die kulturelle Vielfalt des römischen Weltreiches hat einen Pluralismus, Konkurrenz und Relativismus zur Folge, in dem der einzelne Mensch seine eigene Position im Schmelztiegel Rom finden muß. Fremde, besonders orientalische Religionen, kommen als Privatkulte nach Rom, sie werden in privaten, esoterischen Zirkeln außerhalb des gewöhnlichen Alltags gelebt. Gleichzeitig wird von den römischen Behörden politische Loyalität und Kaiserverehrung gefordert. Die unterschiedlichen Strömungen werden zusammengehalten durch die Vereinheitlichung der Sprache (Griechisch als Weltsprache), durch den Handel als Quelle des Reichtums, durch ein System guter Verkehrsstraßen und durch die Vereinheitlichung des Rechtes und der Macht. Münzen, Maße und Gewichte werden vereinheitlicht im Interesse des Handels, und es entsteht der Gedanke eines Weltbürgertums und einer durch das All waltenden Vernunft. Gleichzeitig spaltet sich die Gesellschaft in freigelassene Sklaven, die den Handel beherrschen, eine Oberschicht, die in unermeßlichem Luxus lebt und die Masse von Schuldsklaven und verarmter Arbeiterschaft. Es gibt Zwangsarbeit für kleine Leute, die zu Straßen- und Brückenbauten herangezogen werden. In der christlichen Gemeinde gibt es unterschiedliche Begabungen und Funktionen, es gibt Konkurrenz und Neid, aber auch Zusammenhalt und Teilen von Geld und Begabungen. Es gibt Starke und Schwache; Pneumatiker, die sich über andere erheben, selbstbewußte Asketen, die sich über andere aufschwingen; Reiche, die teilen können und deshalb besondere Anerkennung fordern, andere, denen es schwer fällt zu teilen; Vegetarier und Fleischesser (14,1 ff.). Diese Konkurrenzsituation wird noch dadurch kompliziert, daß bestimmte Rollen in der Gemeinde als »Geistesgaben« gelten und nicht von einem »sachlichen« Standpunkt bewertet werden können. Der Geist als leitend in der Gemeinde bewirkt, daß Menschen spontan, ungeachtet aller Rollen und Gesetzmäßigkeiten in der sie umgebenden Welt sich verhalten können. Zugleich erheben einige Mitglieder den Anspruch, mehr vom Geist begabt zu sein als andere. In dieser Situation greift Paulus auf das in der späten Stoa geläufige Bild vom Leib und den Gliedern zurück (12,4) (Plutarch, Coriolan 6 p.; Livius II, 32; 1. Clemens 37). Dabei setzt er den Gedanken des Christusleibes aus dem 1. Brief des Paulus an die Gemeinde in Korinth (1. Kor 12) voraus. In der antiken Literatur wird der menschliche Leib als Metapher für die Gesellschaft betrachtet, indem die ungleichartigen Glieder dadurch zu einer Einheit zusammengefügt werden, daß sie - vergleichbar einer militärischen Ordnung - sich den Autoritäten unterordnen. Dabei werden die schwachen Glieder zu Objekten der Wohltaten der starken. Im Mittelpunkt steht nicht der Leib einer konkreten Person, sondern ihr Zusammenwirken im Interesse eines abstrakten sozialen oder politischen Gebildes (Staat; später Kirche). Im Gegensatz dazu geht Paulus von der konkreten Personalität des Leibes aus. Der Mensch hat nicht nur einen Körper, er ist Leib, er leibt und lebt, er verherrlicht Gott durch seinen Leib (12,1), in ihm denkt er, mit ihm spürt er, er bewegt sich mit ihm, er ist der Ort von Lust und Leid, von Erfolg und Niederlagen, von hochfliegenden Stimmungen und Ängsten. Er lernt nur, indem er sich bewegt, indem er sich verhält und handelt (12,2). Jeder und jede in der Gemeinde ist eine unverwechselbare Persönlichkeit, die ganz konkrete Begabungen und Aufgaben hat (12,6-8). Der Leib in Röm 12 steht fast für die einmalige Persönlichkeit selbst, die eine Begabung und ein Talent hat. Diese Fähigkeiten und Begabungen werden nicht an bestimmte Rollen, Funktionen und Amtsträger gebunden, sondern in ihrem Lebensvollzug beschrieben (»Weisungen empfangen«, »dienen, wo Hilfe gebraucht wird«, »im Glauben unterweisen«, »zum Tun des Guten ermutigen«; »Besitz mit anderen teilen«, »verwalten«). Paulus redet von den einelnen, ihren Fähigkeiten und Möglichkeiten. Nur wer das Eigenste wahrnimmt, Selbstbewußtsein entwickeln kann, vermag auch die Brücke zu anderen zu schlagen. Keiner ist entbehrlich. Wie müssen Menschen in den Gemeinden miteinander umgehen, wie müssen sie sich wahrnehmen, wenn sie erleben wollen, daß niemand entbehrlich ist - und das in einer Gesellschaft, in der Menschen tagtäglich die Erfahrung machen, daß sie austauschbare Nummern und verkäufliche Waren sind? Dieser Schritt zu sich selbst und zu der eigenen Bestimmung, die natürlich im Laufe der Zeit sich ändern kann, bedingt, bescheiden und befreiend die eigenen Grenzen zu erkennen (12,3). Nicht jede ist für alles zuständig, nicht jeder muß unter dem Druck stehen, alles zu können (PfarrerIn als TheologIn, FinanzexpertIn, ReiseleiterIn, BauexpertIn ...) Ich kann versuchen »Ich selbst« und authentisch zu sein. Die unterschiedlichen Begabungen sind aber nicht nur selbst erlernt und selbst erworben, sondern im Wechselspiel mit anderen Menschen gewachsen, sie sind ein Geschenk, eine Gabe (12,6). Die verschiedenen Teile des Leibes (12,3) können nur existieren, weil sie Anteil nehmen aneinander und miteinander teilen (12,5; Sozialität des Leibes), Einheit wächst aus der Verschiedenheit und Vielfalt der Gaben. Begabungen sind nicht außerordentlich, sondern alltäglich (12,1), nicht einförmig, sondern vielfältig (12,6–8), sie sind nicht auf einen bestimmten Personenkreis beschränkt, kein amtliches Privileg, nicht rechtlich legitimiert und auch nicht sakramental oder durch Ordination abgesichert. Einen Lebensweg in Freude und Leid miteinander teilen (12,15), Macht und Ansehen teilen (12,16), Geld und Reichtum teilen (12,13), das bedeutet Jesus nachfolgen und zugleich entdecken, daß Menschen, »obwohl sie viele sind, durch die Verbindung mit Christus ein Ganzes bilden« (12,5). Es ist nicht zufällig, daß die Leib-Erfahrung in Taufe und Abendmahl eine entscheidende Rolle spielt. Geburt und Taufe machen den Menschen einzigartig und unentbehrlich. Er bleibt aber ein Teil des Lebens, des In-der Welt-Seins durch das Teilen von Brot und Wein, Freude und Leid. Darin entdeckt und verwirklicht er seine Einzigartigkeit. So handelt, lebt und erkennt der einzelne nicht allein, sondern im Zusammenspiel der Glieder des einen Leibes. Leib ist ein offenes Netzwerk des Lebens, er hat Wirkungen nach innen und außen, er ist nicht auf die christliche Gemeinde zu beschränken (12,13 u. 14), sondern erstreckt sich auf alle Menschen, ja auf die ganze Welt und den Kosmos (12,1 u. 2). Die Macht-, Konkurrenz- und Gewaltzusammenhänge können durchbrochen werden durch die Entdekkung und Erfahrung gemeinsamen Leidens. Leiden kann verbinden, Haben aber trennt immer (»der Zuflucht suchende Fremde«, 12,13; »der hungrige und durstige Feind« 12,20). Der im Konflikt mit den Macht- und Konkurrenzmaßstäben der Welt lebende Christ (12,2) wird ins Leiden gezogen, er wird verfolgt, unterdrückt, vielleicht sogar hingerichtet, er braucht Geduld, Ausdauer und Ermutigung (12,12).

Das Verbindende der verschiedenen Glieder liegt nicht in der Abstammung, nicht in der Beschneidung, nicht im Einhalten bestimmter Reinheitsgebote, nicht in einem Minimal- oder Maximalprogramm der Glaubenden, nicht in der Harmonisierung verschiedener Glaubens- und Lebenserfahrungen, sondern in der Nachfolge Christi, in konkreten Begegnungen auf einem gemeinsamen Lebensweg. Die Verbindung mit Christus (12,5) hält zudem die Erinnerung daran wach, daß der Mensch mehr ist als die Summe seiner Begabungen und Fähigkeiten, daß es Nichtgetanes im Getanen, Unvergleichbares im Vergleichbaren, Unsagbares im Gesagten, Ungeregeltes im Geregelten des Lebens gibt. Das Leben und den Leib des Menschen, der Gemeinde und der Welt so zu sehen, bedeutet, ihn mit den Augen der Liebe zu sehen (12,9).

Die Vergegenwärtigung
Die Beziehungen der Menschen in der Gemeinde könnten Fokus des Gottesdienstes sein - verdeutlicht im Bild des Leibes der Person (unverwechselbare Personalität), des Leibes der Gemeinde (teilende Sozialität) und des Leibes Christi. Ziel könnte es sein, die eigene Wahrnehmungsfähigkeit zu sensibilisieren: Wie nehmen Menschen in der Gemeinde sich wahr, was wissen sie voneinander, wo und wie begegnen sie sich, welche Macht- und Gewaltstrukturen gibt es und welche ermutigenden Erfahrungen des Teilens? Was ist das Verbindende in aller Vielfalt, was die Wurzel der Einheit des differenzierten und vielgestaltigen Leibes der Gemeinde?

Vorbereitung mit MitarbeiterInnen (alternative Möglichkeiten)
1. An der Wand hängt ein großes Bild des menschlichen Körpers, dessen Körperteile (einschließlich Augen, Nase, Ohren, Mund, Herz, Magen) sichtbar sind. MitarbeiterInnen überlegen, welcher oder welche Körperteile ihre Mitarbeit in der Gemeinde symbolisieren. Daran schließt sich ein Gespräch an über die Bedeutung und Wichtigkeit der einzelnen Körperteile und über das, was die Teile verbindet oder voneinander trennt.

Variation: Alle haupt-, ehren- und nebenamtlichen Funktionen (einschließlich Gemeindemitglied, Außenstehender) sind auf kleinen Zetteln aufgeschrieben. Diese Zettel werden nach einem Gespräch auf bestimmte Körperteile verteilt (Bezirksfrau »Fuß«?, PfarrerIn »Kopf«?) Welche Bedeutung hat die Zuordnung einer Funktion in der Gemeinde zu einem bestimmten Körperteil. Was sagt das aus über Ansehen, Ehre, Einfluß, Macht und Einkommen? (Das kann auch auf Gruppen und Einrichtungen der Gemeinde bezogen werden).

2. Es liegen verschiedene Körperteile aus. MitarbeiterInnen überlegen, welche Begabungen sie in die Gemeinde einbringen, mit denen sie anderen weiterhelfen. Entsprechend ihren Begabungen suchen sie sich einen Körperteil aus, der diese Begabung ymbolisiert. Anschließend wird versucht, aus diesen Körperteilen einen oder mehrere Menschen zusammenzusetzen.
3. MitarbeiterInnen bilden Neigungsgruppen, die zu dem Stichwort »Unsere Gemeinde« etwas mit Ton formen, einen Text zu einer bekannten Melodie erfinden, gemeinsam ein großes Bild malen, sich ein kleines Theaterstück oder Rollenspiel ausdenken, etwas ohne Worte mit mehreren Leuten darstellen oder gemeinsam Ideen sammeln. (Das kann auch im Gottesdienst selbst versucht werden.)

Jeweils im Anschluß wird gemeinsam Römer 12,4-16 gelesen und zusammengetragen, was die Erinnerung an diesen Text für die eigenen Erfahrungen bedeutet.

Vorschläge zur Liturgie

Eingangsspruch
Jeder Mensch ist ein kleines Wunder.
Unglaublich, aber wahr.
Erst wenn ich das Wunder annehme,
bin ich ganz Mensch.
Oder
Gott, laß uns teilen -
was wir sind - was wir wissen - was wir haben.

Sündenbekenntnis
(gesprochen oder gesungen nach der Melodie EG 251)

1. Herz und Herz, entzweit zusammen, spitzen sich die Konflikte zu,
lassen ihre Zornesflammen lodern aufeinander zu;
Frust beim Haupt, Frust bei den Gliedern,
wenig Licht bei großem Schein, lauter Macher, wenig Brüder,
Streß ist's Christi Kirche sein.

2. Kommt, ach kommt, ihr Anspruchskinder, zu der nächsten Gremienrund.
Theoretisiert nicht minder, worauf's ankommt, ist der Mund.
Und wenn eurer Wünschekette teils noch die Erfüllung fehlt,
oh, so fordert um die Wette, bis sie die Gemeinde zahlt.

3. Legt es zwischen Jung und Alten auf feste Abgrenzung an.
Laßt uns strikt am Getto halten, nehmt einander ja nicht an.
Gönnt den Jungen keinen Freiraum, nehmt den Alten ihren Mut.
So begrabt ihr Christi Wunschtraum. Tote Träume machen Wut.

4. Mit gespaltenen Herzen wird es in die Zukunft weitergehn.
Grüppchen, Cliquen, Machtkartelle werden fest zusammenstehn.
Wir sind zwar noch eine Kirche, die aber eigene Herzen hat,
und wer trickst, der wird bestimmen, welches grad zu schlagen hat.

(Hans Luther)

Lesung
Römer 12,4-16

Kollektengebet
Manchmal habe ich das Gefühl, ich kann gar nichts,
andere können mehr als ich.
Mich mag keiner leiden. Ich werde traurig und wütend.
Dann möchte ich ein anderer sein. Ich möchte schön sein.
Ich möchte stark sein. Ich möchte anerkannt sein.
In meinem Zorn denke ich: Ich werde es allen zeigen.

Die sollen sich alle wundern. Ganz neidisch sollen sie auf mich werden,
weil ich ein berühmter Star bin, weil ich eine gute Sportlerin bin,
weil ich eine ganz reiche Frau bin.
Ja, so denke ich manchmal.
In Wirklichkeit wünsche ich mir, daß einer da ist, der sagt:
»Ich mag dich doch so, wie du bist.
Laß doch die anderen meckern! Ich finde dich prima.«
Gott, ich habe von dir gehört, daß du mich nicht nach meiner Leistung beurteilst.
Du siehst mich so, wie ich bin. Es ist schön, daß ich das weiß.
(Gebet eines 14jährigen Mädchens)

Lieder
- Einander brauchen mit Herz und Hand, in: Mein Liederbuch für heute und morgen, tvd-verlag, Düsseldorf, C 11
- Sonne der Gerechtigkeit, EG 263,1-5
- Herz und Herz vereint zusammen, EG 251,1,3,6,8
- Es kennt der Herr die Seinen, EG 358,1-4

Vorschläge zur Predigt

Möglicher Anfang
Was verbindet uns, was trennt uns, die wir heute morgen hier zusammen gekommen sind?
Da sitzt jemand unter uns, der fröhlich aufgestanden ist, der sich gefreut hat auf den Gottesdienst neben jemandem, der traurig und niedergeschlagen ist, weil er Schweres durchstehen muß. Da sitzt ein gesunder Mensch neben einem kranken, ein einsamer neben einem Menschen, der Freunde und eine Familie hat. Da sitzt ein Sozialhilfeempfänger neben jemandem, der ein ausreichendes Einkommen oder eine gute Rente hat. Da sitzt die Presbyterin, die die Kollekte einsammelt, neben einer Frau aus der Frauenhilfe. Da sitzt ein in der Gemeinde bekannter und durch seine Mitarbeit als Baukirchmeister geschätzter Mann neben einem noch unbekannten Mann, der gerade erst zugezogen ist. Da stehe ich hier vorne auf der Kanzel und verdiene den Lebensunterhalt meiner Familie auch damit, daß ich jetzt predige, und Sie alle werden nicht dafür bezahlt, daß Sie heute hier sind. Da sitzt eine Frau aus dem Kirchenchor, die mit lauter und schöner Stimme mitsingt, neben jemandem, der sich nicht traut zu singen, weil er fürchtet, den Ton nicht zu treffen. Da sitzt ein Jugendlicher, der unglücklich verliebt ist und sich nicht traut, das Mädchen seiner Träume anzusprechen neben einem jungen, verliebten Paar, das bald in der Kirche heiratet. Uns trennt viel unsere verschiedene Lebensgeschichte, unser Alter, unser Aussehen und unser Ansehen, unser Einkommen, unser Einfluß, unsere Macht und

unsere Gefühle, unsere Ängste und Sehnsüchte, die jeder von uns in diesem Augenblick hat. Wäre es nicht schön und befreiend zu erleben, daß andere Menschen im Gottesdienst und in den Gruppen der Gemeinde sich dafür interessieren, es wahrnehmen oder gar Anteil nehmen an dem, was den anderen gerade betroffen hat? Natürlich nur dann, wenn der Betreffende das selbst auch möchte!

Oder: Erzählen und darstellen aus der Vorbereitung mit MitarbeiterInnen.

Zum weiteren Verlauf
Es tut mir gut, wenn ich erlebe, daß jemand sich dafür interessiert, wie es mir geht und wie ich mich fühle. Es tut mir gut, wenn ich erlebe, daß andere mich und meine Arbeit schätzen, wenn ich anerkannt und geachtet werde. Es tut mir gut, wenn ich erlebe, daß jemand mich braucht, meinen Beistand, meine Hilfe und meine Mitarbeit oder einfach nur meine Hand auf seiner Schulter. Jeder Mensch braucht wie die Luft zum Atmen die Erfahrung, daß er wertvoll, unersetzbar und geachtet ist. Wodurch erlebe ich das? Ist es nicht oft im Leben so, daß ich erlebe, was ich wert bin, wenn ich mich von anderen unterscheide, wenn ich besser bin als andere? Die Schülerin in der Schule weiß, daß sie eine gute Schülerin ist, weil andere schlechte Noten schreiben. Zwei Frauen unterhalten sich: Die eine sagt: »Mein Mann verdient 3000 DM im Monat«, die andere antwortet: »Mein Mann verdient nicht so viel, aber er hat 20 Leute unter sich.« Pfarrerinnen und Pfarrer arbeiten in einem beamtenähnlichen Verhältnis auf Lebenszeit, der Hausmeister und die Küsterin sind Angestellte und können ihre Arbeit verlieren. Eine Frau, die krank ist, erzählt: »Meine Krankheit belastet mich sehr, ich werde nur schwer damit fertig, aber Gott sei Dank bin ich nicht so elend dran wie meine Nachbarin, es gibt noch Schlimmeres.« Häufig finde ich mein Selbstwertgefühl dadurch, daß ich mich von anderen unterscheide. Von Kindesbeinen an haben wir das gelernt: Ich bin wertvoll, weil ich geschickter und klüger bin als andere, bessere Noten in der Schule habe, mächtiger, angesehener und einflußreicher bin als andere. Davon ist keiner frei, auch der nicht, der glaubt, nach ganz anderen Vorstellungen und Werten zu leben. Vielleicht ist es ein erster Schritt, das zugeben zu können, und auch zugeben zu können, wie sehr Menschen darunter leiden können.
Was verbindet uns, so verschieden wir sind? Wie können wir in allen Unterschieden erleben, daß wir geschätzt und liebenswert sind, weil wir Menschen sind?
Erinnerung an den Paulus-Text (vgl. Exegetisch-homiletische Skizze. Erinnerung)

Möglicher Schluß
Ich entdecke bei Paulus und in meinem Alltag, daß es ein schwieriger Weg ist, so zu leben, daß alle Menschen in der Gemeinde erfahren, daß sie so

zusammengehören wie die verschiedenen Glieder zu einem Leib gehören. Das, was uns verbindet, das müssen wir immer wieder neu suchen und entdecken im mühsamen und konfliktreichen Alltag. Dazu brauchen wir Menschen, die uns ermutigen, die unsere Widerstandskräfte stärken; Menschen, die den Automatismus von Macht, Konkurrenz, Gewalt und Geld unterbrechen, Menschen wie Paulus, die Unterschiede und Trennendes nicht verschweigen, sondern aussprechen. Dazu brauchen wir Menschen wie Paulus, die trösten und ermahnen, die ihre Verantwortung in der Gemeinde wahrnehmen und die auch zugeben können, wie schwer es ist, Macht, Ansehen und Geld zu teilen. Daß das nicht unmöglich ist, haben wir erlebt, als alle Gruppen unserer Gemeinde gemeinsam Zuflucht gewährt haben in der Kirche. Das haben wir erlebt, als wir wahrgenommen haben, daß wir nicht nur PfarrerInnen, ErzieherInnen und Sozial-PädagogInnen im Gottesdienst der Gemeinde vorstellen und in ihre Aufgaben einführen können, sondern auch Zivildienstleistende und Putzkräfte. Das haben wir erlebt, als ältere Menschen und Jugendliche gemeinsam gegessen haben und ihre Erfahrung über ihre erste Liebe ausgetauscht haben. Das haben wir erlebt, als unsere Gemeinde in einem Antrag an die Kreissynode beschlossen hat, die Unterscheidung zwischen Beamten, Angestellten und Arbeitern in der Kirche aufzuheben. Das haben wir erlebt, als alle Gruppen der Gemeinde sich zusammengesetzt haben und gemeinsam überlegt haben, wie wir das uns zur Verfügung stehende Geld anders und gerechter verteilen können.
Jede und jeder von uns ist von klein auf bis ins hohe Alter auf Hilfe und Anteilnahme angewiesen, weil nicht jeder alles kann, weil keiner und keine ausgeschlossen und ausgegrenzt werden darf. Jede und jeder ist verschieden, jede und jeder von uns ist einmalig. Wir alle gehören zusammen, weil wir Leben sind, das leben will, inmitten von Leben.

Literatur

Luise Schottroff, in: Christine Schaumberger/Luise Schottroff, Schuld und Macht, München 1988, Seite 103 ff.
Klaus Wengst, Pax Romana, Anspruch und Wirklichkeit, München 1985, Seite 106 ff.
Walter Schmithals, Der Römerbrief, Gütersloh 1988, Seite 425 ff.
Wayne A. Meeks, Urchristentum und Stadtkultur. Die soziale Welt der paulinischen Gemeinden, Gütersloh 1993

3. Sonntag nach Epiphanias

Annäherungen an den Predigttext Brief an die Gemeinde in Rom 1,14-17

Hartmut Wenzel

Im Gespräch mit Angehörigen der mittleren Generation, die in der Kirche aktiv sind, erfährt der Text spontane Zustimmung. Wir Christen sollen heute unseren Glauben bekennen. Wir dürfen uns des Evangeliums nicht schämen. Daß der Apostel das für uns heute in einer weithin unchristlichen Gesellschaft notwendige Bekenntnis zum christlichen Glauben als ein »Sich-nicht-Schämen« bezeichnet, wird als befreiend empfunden. »Ich bin kein großer Bekenner, ich weiß noch zu wenig vom christlichen Glauben. Oft bin ich unsicher, und mir fehlen die Argumente und Worte, um den christlichen Glauben zu erklären. Ich spreche die Leute auch nicht auf den christlichen Glauben hin an und lege ein Bekenntnis vor ihnen ab, aber ich schäme mich meines Glaubens auch nicht, wenn ich darauf angesprochen werde.« Die Teilnehmer können sich mit der persönlichen Aussage des Paulus, daß er sich des Evangeliums nicht schämt, identifizieren. Sie fühlen sich dadurch entlastet, daß sie den Schritt vom Sich-nicht-Schämen hin zum Missionieren nicht unbedingt gehen müssen. »Wenn ich unter Menschen bin, die über das Christentum und die Kirche spotten, sage ich einfach nur: Ich kann dem so nicht zustimmen, ich bin ein Christ. Ich bin dann oft erstaunt, wie schnell der Spott aufhört.«
Die Gesprächsteilnehmer können auch der Aussage des Paulus zustimmen, daß das Evangelium eine Kraft Gottes ist. Sie haben diese Kraft Gottes in ihrem Leben erfahren, sonst würden sie keine Christen sein, sagen sie. Auf die Nachfrage, wann und wie sie diese Erfahrung gemacht haben, sind sie zurückhaltend. Es ergibt sich, daß jeder seine eigenen Erfahrungen gemacht hat, die nicht übertragbar sind. Die Zurückhaltung, die eigenen Glaubenserfahrungen nicht als für alle verbindlich zu betrachten, führt im Gespräch zu einer Wende. Bei Paulus kann diese Bescheidenheit nicht festgestellt werden. Er fühlt sich als Schuldner gegenüber allen Menschen. Einige halten deshalb den Paulus für überheblich. Drängt er sich den Römern nicht gleichsam auf? Die Person des Paulus rückt nun in den Mittelpunkt des Gespräches. Wie lebt er? Wie finanziert er seinen Unterhalt? Wie ist die Verbindung zu Rom entstanden? Die Schilderung der Lebens-

verhältnisse des Paulus findet großes Interesse. Sie korrigiert den Eindruck, den der Text zunächst erweckt hat. Danach erschien der Apostel als ein autoritärer, allzu selbstbewußter Mensch. Die dogmatische Sprache im Vers 17 verstärkt diesen Eindruck noch.
Von der Predigt wird erwartet, daß das Bekenntnis zum christlichen Glauben gestärkt wird. Dazu ist es nötig, die Aussage von der Glaubensgerechtigkeit in den Alltag von heute zu übersetzen. Wie wichtig dieser Text für Martin Luther gewesen ist, war den Gesprächsteilnehmern unbekannt. Was die Auslegung durch Martin Luther bewirkt hat, so wurde betont, muß auch den Predigthörern mitgeteilt werden, deren Glauben sich auf die Erkenntnis Martin Luthers bezieht.
Dabei wurde kritisiert, daß ein Predigttext meist aus sich selbst her ausgelegt, oft sehr schnell aktualisiert wird, aber der weitere geschichtliche Zusammenhang und auch die Wirkungsgeschichte oft nicht erwähnt werden. So wie man für diesen Text die Lebensumstände des Paulus kennen muß, so muß man auch wissen, welch großen Stellenwert er in der protestantischen Tradition hat.
Von Luthers Neuentdeckung des Evangeliums her wurde dann in einer längeren Gesprächsrunde gefragt, was mit dem Wort »selig« gemeint ist. Einige Teilnehmer bemerkten, daß sie oft gefragt würden, was sie denn von ihrem christlichen Glauben hätten. Welcher Art ist die Freude, die das Evangelium als Kraft Gottes bewirkt? Bedeutet selig gleich glücklich? Ist es so zu verstehen wie bei den Seligpreisungen? Erwähnt wurde auch der Fromme aus Pslam 1, dessen Leben wie ein Baum am Wasser in Gott gründet. Andere erinnerten an die Antwort auf die erste Frage des Heidelberger Katechismus, daß wir Christen getröstet sind im Leben und im Sterben. Wir schämen uns nicht, daß wir auf Gottes Kraft angewiesen sind und bleiben. Im Gegenteil, wir freuen uns, daß wir jeden Tag von Gottes Kraft leben können. Ziel der Predigt sollte die Ermutigung sein, sich Gottes Kraft schenken zu lassen. Wer diese Kraft empfängt, erfährt etwas von der Seligkeit, von dem Frieden, der höher ist als unsere Vernunft.

Zum Gottesdienst

Klaus Reblin

Exegetisch-homiletische Skizze

Ich weiß, daß es mir nicht zusteht, gegenüber den Nichttheologen und Nichttheologinnen »belehrend oder gar richtigstellend« aufzutreten. Aber wenn denn ein allseitig »demokratischer Diskurs über Textauslegung« gefragt ist und Theologie nicht nur eine affirmative Funktion besitzen soll, dann muß es doch erlaubt sein, auch Laien gegenüber kritisch zurückzufragen und gegebenenfalls Einspruch zu erheben. Mein Einspruch gegen die »Annäherungen« an Römer 1,14-17: Die dortige Identifikation mit Paulus geht mir entschieden zu schnell. Sie ist auch nur möglich auf Grund einer wenig reflektierten, jede eigene Interpretation des Textes vermeidenden Übernahme der Formeln des Paulus. Was heißt denn: Wir »sind und bleiben auf Gottes Kraft angewiesen und ›leben davon jeden Tag«? Was heißt denn: Wir »sollen uns diese Kraft schenken lassen«? Was heißt denn: »den Frieden erfahren, der höher ist als alle Vernunft«? Eine alte Formel durch eine andere alte Formel zu ersetzen, ist noch keine Annäherung. Es ist auch bezeichnend, daß die Gesprächsteilnehmer, nach einer Konkretion ihrer eigenen Erfahrung des Evangeliums als Kraft Gottes gefragt, die Antwort verweigern und in einer Art Entlastungsangriff Paulus autoritäres, überhebliches Gehabe attestieren. Das ist aber gegenüber einem Mann, der seinen Lesern seine eigenen, originären Erfahrungen mit Gott - man denke etwa an den 2. Korintherbrief - nie schuldig blieb, meines Erachtens keine faire, redliche Art.

Wie aber erfüllen wir dann die alten paulinischen Formeln mit Leben, mit lebendigen Erfahrungen? Mag sein, daß eine in den »Annäherungen« erwogene Schilderung der Lebensverhältnisse des Apostels - hier weiß ich kein schöneres, sprachlich sensibleres Buch als Susanne Krahes neuen, biographischen Paulus-Roman »Das riskierte Ich«, München 1991 - eine Hilfe sein könnte. Allerdings müßte man dazu eine Fülle von Paulustexten heranziehen, was den Rahmen einer normalen Predigt unter Umständen sprengen würde. Dasselbe gilt für eine Aktualisierung mit Luthers Wiederentdeckung des Evangeliums anhand von Römer 1,16-17 im Jahr 1518 oder 1519, die er in der Vorrede zum ersten Band seiner gesammelten lateinischen Schriften von 1545 ausführlich beschrieben hat (s. u.). Ich könnte mir vorstellen, daß beide Wege zu sehr anspruchsvollen Predigten führen könnten.

Ich selbst würde indessen einen homiletisch leichteren Weg wählen. Im Sinne des alten Auslegungsprinzips »scriptura sacra sui ipsius interpres« möchte ich den Paulustext deuten mit Hilfe des Sonntagsevangeliums vom Hauptmann von Kapernaum, Matthäus 8,5-13. Dieser Text, ohnehin im Gottesdienst gelesen, bietet trotz seiner Kürze soviel Anschauungsmaterial, daß es nicht schwer sein dürfte, eine durchaus konkrete, auch unsere eigenen Erfahrungen und Nöte integrierende Predigt über den in der Tat sehr dogmatischen, begrifflichen Römertext abzuliefern.

Worum geht es in diesem Text? Es geht erstens um die Erfahrung, daß Wort, zumal das Wort Gottes, nicht nur Wort, sondern - im Sinne des alttestamentlichen ›dabar‹ - immer auch Ereignis ist, Geschehen, Kraft, Dynamis, die Realitäten subjektiv und objektiv verändert (Mt 8,13). Diese Erfahrung macht freilich nur - das ist das Zweite -, wer dem Worte glaubt, wer tut, was Gott ihm sagt. Der entdeckt - drittens - den eigenen, auch vor Gott gültigen Wert (»Gerechtigkeit«), der erfährt aber auch, was Paulus »soteria« nennt, und zwar in einem doppelten Sinn: als Befreiung von akuter, realer Not sowie als eschatologische Öffnung des eigenen Lebens für Gottes kommende Welt. Ernst Käsemann sagt zur Stelle, das Evangelium als Kraft Gottes schaffe »Heil in jener den ganzen Menschen zeitlich und ewig bestimmenden Weise« (An die Römer, Seite 19).

Vorschlag zur Liturgie

Begrüßung und Einführung in den Gottesdienst
Ich würde im Rahmen der Begrüßung schon einmal den Predigttext mit seiner Thematik anklingen lassen und auch darauf hinweisen, wie wichtig dieser Text für Luther und die innere Geschichte der Reformation war.

Als *Introitus-Psalm* schlage ich Psalm 34 vor, und zwar in der besonders gelungenen Übertragung von Jörg Zink.

Sündenbekenntnis und Gnadenzusage sind mir, von Luthers liturgischen Entwürfen herkommend, als feststehende Liturgieelemente fremd. Stattdessen ordnen wir in unserer Gemeinde dem *Kyrie* und dem *Gloria* jeweils Texte zu, die bestimmte Situationen unserer Welt oder Erfahrungen von Menschen spiegeln. Das können Zeitungsmeldungen, Gedichte, wichtige Prosatexte, aber auch Kirchenväterzitate sein. Auf diese Weise hängen die alten liturgischen Gesänge nicht »in der Luft«. In unserem Falle werde ich Ausschnitte aus Luthers Vorrede zu seinen lateinischen Schriften (s. o.) lesen.

Vor dem Kyrie: Martin Luther hat sich in seinen jungen Jahren vor Gott und Gottes Gerechtigkeit gefürchtet wie kaum ein anderer Mensch. 1545 schreibt er rückblickend: »Ich liebte den gerechten Gott nicht, ja ich haßte ihn. Denn ich fühlte mich vor ihm als Sünder mit einem ganz und gar ruhelosen Gewissen.« (Folgt das Kyrie).

Vor dem Gloria: Aber dann macht Luther 1518 die wichtige reformatorische Entdeckung: »Endlich, unter Gottes Erbarmen, Tage und Nächte lang nachdenkend, begann ich die Gerechtigkeit Gottes verstehen zu lernen als die Gerechtigkeit, die Gott uns schenkt - aus Glauben. Da fühlte ich mich völlig neu geboren, so als wäre ich durch die geöffnete Pforte ins Paradies eingetreten. Und so sehr ich die Gerechtigkeit Gottes vorher gehaßt hatte, so sehr liebte ich sie jetzt und rühmte sie als das allersüßeste Wort.« (Folgt das Gloria).

Kollektengebet
Guter Gott, am Morgen dieses Tages suchen wir dich. Du bist das Licht, du bist ewiger Glanz, du bist schaffende, erneuernde Kraft. Wir danken dir für

deinen Tag. Du machst Traurige fröhlich, du tröstest, die schwermütig sind, du hilfst den Verwirrten zu Klarheit und weckst neues Leben in den Schwachen. Gib auch uns Licht in der Frühe deines Tages. Dein Wort ist unseres Fußes Leuchte und ein Licht auf unserem Wege.

Lesungen
Epistel ist Römer 1,16–17, Evangelium Matthäus 8,5–13

Fürbitten
Gott, unser Vater: Wir danken dir für den Glauben. Du gibst uns Geborgenheit und Orientierung. Du sagst uns, wer wir sind und wie du uns haben willst. Wir bitten dich, vergib, wenn wir deine Weisungen immer wieder in den Wind schlagen und auf eigene Faust zu leben versuchen. Kehre uns um zu dir, und gib unserem Leben eine neue Kontur. – Sei bei allen Menschen, die nicht wissen, wohin sie gehören, die nicht wissen, wer sie selber sind, die an sich selber zweifeln. Offenbare dich ihnen und gib ihnen eine neue Identität. – Wir klagen vor dir aber auch alle diejenigen an, die die Geborgenheit und die Identität anderer Menschen bewußt zerstören. Gib uns Mut, gegen sie aufzustehen und für die Würde der Menschen zu kämpfen. – Gott, wir warten auf dein Reich. Stärke unseren Glauben, unsere Liebe und unsere Hoffnung. Durch Jesus Christus, unseren Herrn.

Lieder
Zu Beginn: Gott Lob, der Sonntag kommt herbei (EG 162); zwischen den Lesungen: Lobt Gott, den Herrn, ihr Heiden all (EG 293); vor der Predigt: Herr, öffne mir die Herzenstür (EG 197); nach der Predigt: Herr, dein Wort, die edle Gabe (EG 198).

Vorschlag zur Predigt

Möglicher Anfang
An diesem Abschnitt aus dem Römerbrief hat Martin Luther im Jahr 1518 seine entscheidende reformatorische Einsicht gewonnen, daß Gott kein zürnender, rachsüchtiger Gott ist, nur darauf bedacht, dem Menschen seine Versäumnisse und Bosheiten vorzuhalten und heimzuzahlen, sondern daß Gott denen, die an ihn glauben, in Liebe zugewandt ist. Mit dieser Erkenntnis hat Luther die mittelalterliche Welt revolutioniert: »Der Gerechte wird aus Glauben leben.« Nicht aus seiner Lebensleistung, so wichtig diese auch sein mag, nicht aus dem, was er zuwege bringt, sondern aus Glauben.
Wenn wir heute solche Paulustexte lesen oder hören, bleiben sie uns zunächst verschlossen, ganz ähnlich wie Martin Luther. Natürlich kennen

wir die Wörter. Die haben wir oft gehört: Evangelium und Christus und Seligmachen und Glauben und Gerechtigkeit. Was aber ist damit gemeint? Was steckt dahinter? Sind die Wörter mehr als Wörter? Was geht bei diesen Wörtern vor? Ich als Theologe weiß natürlich, was begrifflich gemeint ist. Ich verstehe es auch, soweit ein Theologe in aller Bescheidenheit Erkenntnisse gewinnen und weitergeben kann. Aber Begriffe sind noch nicht Leben, und Theologie ist noch nicht Glaube. Und wo es ums Leben - unter Umständen auch um Tod - geht, kann ich weder mir selbst noch anderen Leuten Begriffe und Vorstellungen, Wörter anbieten. Die helfen wenig. Jedenfalls machen sie nicht satt.
Martin Luther hat seinen Katechismus für Hausväter und Hausmütter und für das Gesinde, aber auch für die Kinder im beständigen Blick auf den heillosen Begriffsfetischismus der mittelalterlichen scholastischen Theologie geschrieben. Darum seine unermüdlich gestellten Kontrollfragen: »Was ist das?« und »Wie geschieht das?« Und Bert Brecht läßt in einem Gedicht einen Zweifler die Glaubenden ganz ähnlich fragen: »Ist das, was ihr sagt, belegbar? Durch Erfahrung? Durch welche? Seid ihr noch im Fluß des Geschehens? Einverstanden mit allem, was wird? Werdet ihr noch? Wem nützt es, was ihr sagt? Und nebenbei: Läßt es auch nüchtern? Ist es am Morgen zu lesen? Aber vor allem: Wie handelt man, wenn man euch glaubt?« (Werke, Band 9, Seite 587 f.)
In diesem Sinne zu Paulus: Welche Erfahrungen stehen hinter dem, was er da im ersten Kapitel des Briefes an die Gemeinde in Rom schreibt? Gehen wir doch einmal die entscheidenden Begriffe durch: ...

Gedankenskizze zum weiteren Verlauf

a) Paulus sagt, das Evangelium von Christus sei eine *»Kraft Gottes«*. Nicht nur Wort, nicht nur eine Ansammlung von Wörtern, sondern Kraft. So wie sie der Hauptmann in Kapernaum zu spüren bekam: »Sein Knecht ward gesund zu derselben Stunde«. Die »großen Qualen« haben ein Ende. Gott erneuert Körper und Geist, Geist und Körper. Sicher gibt es viele Menschen, die im Elend versinken, ohne die Erfahrung der Kraft Gottes. Ihre Schreie hallen weiter bis in die Ewigkeit. Ihre Leiden müssen noch abgegolten werden. Aber daneben gibt es jene andere Erfahrung des neuen Anfangs: Plötzlich geht es wie ein Ruck durch meine Glieder, der Mut ist wieder da, die Muskeln spannen sich, die Hände packen wieder zu, die Füße schreiten weit aus. Kraft Gottes, unerwartet, nicht manipulierbar, nicht speicherbar, und doch wirklich. »Und der Knecht ward gesund zu derselben Stunde.«

b) Paulus sagt, das Evangelium als Kraft Gottes werde erfahren von denen, *»die daran glauben«*. Es kommt also darauf an, was wir Gott zutrauen. Der Hauptmann traute Jesus alles zu. Trauen wir ihm nichts zu, dann tut er auch nichts. Dann kann er auch nichts. Glaube ist vielleicht so etwas wie eine »selffullfilling prophecy«. Im Glauben geht es darum, Gott beim Wort zu nehmen. Luther hat in einer Predigt 1534 über den Hauptmann von Kapernaum gesagt: »Wie Adam glaubt, so hat er einen Gott, wie er ihn im Herzen malt, so findet er ihn. Darum spricht Gott: Malst du mich recht, so hast du mich recht; malst du mich schlecht, so hast du mich schlecht. Glaubst du, so hast du, glaubst du nicht, so hast du nicht.« Wer also die Hände in den Schoß legt, hat von Gott nichts zu erwarten. Unser Glaube mobilisiert Gottes Kräfte. Ich weiß natürlich, das, was ich schreibe, bewegt sich am Rande der Ketzerei. Aber ohne den Mut zur Ketzerei gibt es keine ernst zu nehmende Theologie.

c) Paulus sagt, die Kraft Gottes mache den Glaubenden *»selig«*. Wenn jemand selig ist, hören die üblichen Begrenzungen auf. Man ist wie im »siebten Himmel«, wie »an der Pforte des Paradieses«. Die Immanenz wird durchsichtig für die Transzendenz. Die Afrikaner sagen, Glauben bedeute, durch den Horizont sehen zu können. Glaube ist Entschränkung von Raum und Zeit. Nicht, daß wir unseren Kopf in den Sand himmlischer Dinge stecken sollten. Aber wir sind nicht Sklaven der Zeit. Gott hat schließlich unsere Füße »auf weiten Raum« gestellt (Psalm 31,7). Deswegen erzählen wir die Geschichte vom Hauptmann von Kapernaum heute noch, so wie wir die Paulusbriefe immer noch lesen.

d) Paulus sagt schließlich, daß im Evangelium offenbart werde *»die Gerechtigkeit, die vor Gott gilt«*. Exakt dies erfährt der Hauptmann. Nicht nur sein Knecht wird gesund, ihm selbst widerfährt Gottes Kraft auch, als Gerechtigkeit. Er ist gesellschaftlich ein Außenseiter, weil er mit den Römern kollaboriert und weil er eine falsche Religionszugehörigkeit hat. Mag sein, daß er äußerlich der mächtigste Mann in Kapernaum ist (Mt 8,9). Dennoch wird er von den Bürgern der Stadt verachtet. Daß Jesus ihn anerkennt und ihn vor den frommen Juden als beispielhaft hinstellt, das gibt dem Mann seine Identität und seine Würde, seine »Gerechtigkeit«. Nicht Macht, Einfluß und Besitz machen uns zu dem, was wir sind, sondern die Kommunikation Gottes mit uns. Identität und Würde sind ausschließlich gottgewirkt.

Möglicher Predigtschluß

»Ich schäme mich des Evangeliums von Christen nicht, denn es ist eine Kraft Gottes, die da selig macht alle, die an ihn glauben. Denn darin wird offenbart die Gerechtigkeit, die vor Gott gilt, welche kommt aus Glauben in Glauben. Denn so steht geschrieben: ›Der Gerechte wird aus Glauben leben.‹«

Dieser Abschnitt aus dem Brief an die Gemeinde in Rom ist das Kompakteste, was Paulus je geschrieben hat. Da ist wirklich alles drin. Es ist sozusagen die Überschrift über seine gesamte Theologie, eine Zusammenfassung des Wichtigsten im christlichen Glauben. Es ist sicher ein schwieriges Stück. Aber das ist nicht verwunderlich. Das Leben, sagt Karl Barth im Vorwort zu seinem Römerbrief-Kommentar, ist auch schwierig, und die

Weltlage auch, und die Lage des Menschen Gott gegenüber auch. Wie könnte also der Glaube eine einfache Sache sein? Und Gott hat es sich mit uns ja wahrhaftig auch nicht leicht gemacht.

Kontexte

Der volle Wortlaut der Reflexion Luthers über seine reformatorische Entdeckung an Römer 1 findet sich übersetzt in Band 1 der bibliophilen sechsbändigen Lutherauswahl des Inselverlages von 1982, aber auch in Walther von Loewenichs »Martin Luther«, München 1982, Seite 80f. Ausführliche Berichte und Zitate auch in Heinrich Böhmers »Der Junge Luther« im ersten Buch: »Der Durchbruch der reformatorischen Erkenntnis« oder in Martin Brechts Lutherbiographie, Band 1, Seite 219ff.

Es gibt zu Römer 1,16–17 zwei sehr anregende neuere Predigten. Die eine stammt von Traugott Giesen (Pastoralblätter 1971, Seite 741ff.), die andere von Erhard Domay (Worte am Sonntag - heute gesagt, 2. Perikopenreihe, Band 1, Gütersloh 1973, Seite 87ff.). Giesens Gedanken kreisen vor allem um das Problem des Bekennens des eigenen Glaubens in alltäglichen Situationen. Domay versucht eine Konkretisierung stärker von der Biographie des Paulus her. Er stellt die Frage nach der Glaubwürdigkeit des Apostels. Weil der glaubwürdig ist, darum kann sein Bekenntnis unser Bekenntnis und seine Sicherheit unsere Sicherheit werden.

Letzter Sonntag nach Epiphanias

Annäherungen an den Predigttext
2. Brief an die Gemeinde in Korinth 4,6–10

Rolf Heinrich

Meine Kraft ist in den Schwachen mächtig

Die Innengeschichte des Leidens

Paulus erzählt offen von sich selbst, von seinen Schwächen und Ängsten, von den Bedrohungen, denen er ausgesetzt ist. (V. 8+9) Auf Jugendliche, die anderen imponieren möchten und »cool« sein wollen, wirkt das zunächst fremd und irritierend. Sie versuchen aber nicht den Text zu deuten oder zu verstehen, er regt sie (besonders V. 8+9) nach mehrfachem Vorlesen und Schweigen vielmehr dazu an, von sich selbst zu erzählen: »Manchmal habe ich das Gefühl, ich kann gar nichts, andere können mehr als ich. Mich mag keiner leiden.« »Immer wollen alle nur etwas von mir, die Eltern, die Lehrer, die Freunde. Tu das, laß das, du hättest mehr üben können, aus dir wird nie etwas, wenn du so weitermachst.« »Manchmal liegt es mir wie ein Stein auf dem Herzen, wenn ich an die Schule und an die Lehrer denke, die immer alles besser wissen.« »Manchmal fühle ich mich wie ein Vogel im Käfig, wenn jemand stirbt, den ich liebe.« »In Wirklichkeit wünsche ich mir, daß einer da ist, der sagt: ›Ich mag dich doch so, wie du bist. Laß doch die anderen meckern! Ich finde dich prima!‹«

Paulus schämt sich nicht davon zu reden und zu schreiben (!), daß er schwach und ohnmächtig ist. Das aber setzt voraus, daß er Menschen begegnet ist, denen er vertrauen kann. Das Ideal »Sich-nur-nichts-anmerken-lassen« kann nur aufgebrochen werden in einer Umgebung und gemeinsam mit Freunden, bei denen ich mich wohl fühle. Paulus macht sein Leiden öffentlich. Er veröffentlicht seine Not, seine subjektive Innensicht und seine heftigen Klagen. Er überwindet die Scheu, daß Klagen über Schmerzen eigentlich als unanständig gelten und nur im stillen Kämmerlein oder auf dem »tränengetränkten Kissen« erlaubt sind.

Die Jugendlichen interessieren sich nicht dafür, woran Paulus denn nun konkret gelitten hätte. Daß er verletzt ist, daß er leidet und doch die Hoffnung nicht verliert, überträgt sich trotz des breiten Grabens der Geschichte. Diese Selbst-Erfahrung verbindet Paulus mit den Jugendlichen der Gemeinde – auch wenn die konkreten Situationen ganz anders aussehen. Insofern ist das Schicksal des Paulus kein isoliertes, rein persönliches, sondern ein paradigmatisches (Leiden kann verbinden, Leistung

und Haben trennt Menschen voneinander). Leiden heißt Mit-Leiden und verstehen kann mich nur der, der ähnlich gelitten hat wie ich.
Paulus spricht allgemein davon, daß er bedrängt und verfolgt wird, ohne daß er die Urheber und Ursachen nennt. Paulus leidet nicht nur unter der Schwäche, daß er kein guter Redner ist. Er ist vielfachen Bedrohungen von außen ausgesetzt: Er wird von den römischen Behörden verfolgt, gefoltert und gejagt. Er wird ins Gefängnis gesteckt. Er wird als Störer der gesellschaftlichen Ordnung empfunden. Er leidet Todesnot, Schiffbruch, Hunger und Überanstrengung. Er ist so krank, daß er meint, mit dieser Qual nicht mehr existieren zu können (12,7). Aber er ist kein Masochist, er ist nicht in das Leiden verliebt, er stimmt seinen Schwächen nicht einfach zu. »Ihr ertragt es ja, wenn euch jemand versklavt, wenn euch jemand ausbeutet, wenn euch jemand einfängt, wenn sich jemand über euch brüstet, wenn euch jemand ins Gesicht schlägt. Zu meiner Schande gestehe ich es, daß wir dazu zu schwach waren«, sagt Paulus zu den Korinthern (2. Kor 11,20).
Das konkrete Leiden des Paulus regt Jugendliche an, ihr konkretes Leiden zu erzählen: Angst davor, keine Lehrstelle zu bekommen. Angst vor Krieg und Krankheit. Angst vor der Zerstörung der Umwelt. Angst davor, nicht geliebt und anerkannt zu werden.
Was hat Paulus trotz dieser schrecklichen Erfahrungen dazu bewogen weiterzumachen? Wenn er aus dem Gefängnis wieder draußen war, dann hat er weitergemacht. Ein Mädchen sagt: »Dadurch, daß ich erzählen konnte, was mich bedrückt und bedrängt, fühle ich mich besser, auch wenn meine Probleme dadurch nicht gelöst sind.« Der Leidende, der von Schwäche und Schmerz Geplagte, kann »ich« sagen lernern. Er selbst soll sagen und ausdrücken dürfen, was ihn belastet. Dadurch, daß er »ich« sagen lernt, beginnt er sich aktiv mit seinem Leiden auseinanderzusetzen. Er ist nicht nur Objekt, sondern Subjekt, das mehr ist als seine Leiden. Nicht der Außenstehende, der Helfer, der Gesnde weiß, was für den Bedrängten gut ist, sondern er muß es erst von ihm erfahren (»Was willst du, daß ich dir tue«, fragt Jesus die Kranken, die ihn um Heilung bitten). Allerdings gibt es ein Leiden, da sind Worte fehl am Platz. »Bei großem Schmerz sind Worte wie Fliegen auf Wunden«, lautet ein französisches Sprichwort.
»Wenn ich Angst habe oder mich bedrängt fühle, dann erinnere ich mich daran, wie schön es früher für mich war als ich ein kleines Kind war, dann verkrieche ich mich in eine Höhle oder denke an das, was ich alles schon geschafft habe.«
Im Inneren des Leidenden sind nicht nur Angst und Verzweiflung, sondern Situationen erfüllten Lebens werden erinnert. Er holt Kraft und Atem aus der Vergangenheit. Erinnerung aktiviert die Hoffnung auf den, der mehr war und ist als das jetzt bedrohte »ich«. Paulus formt diese Erfahrung analog zu den Erfahrungen der Beter der Klagepsalmen. Der Beter erinnert in seinem Leiden an den Schöpfer des Lebens (V. 4+5). Er erinnert sich, daß er selbst ein Geschöpf Gottes ist, daß das Leben unendlich mehr ist als das,

was er momentan erfährt. Das Leben hat eine Quelle und ein Ziel. Der gegenwärtige Zustand des Lebens ist nicht der endgültige. Das bietet Trost und macht empfänglich für Neues. Sicher: Leiden bleibt Leiden, Krankheit bleibt Krankheit, was zum Fürchten ist, verschwindet nicht, aber es verliert seine Ausschließlichkeit. Es ist eine schmerzliche Erfahrung durch Leiden ausgegrenzt zu werden, Erinnerung integriert in einem gewissen Sinn – auch die Erinnerung an die Leiden Christi. Hoffnung kommt aus der Erinnerung, deswegen ist es wichtig, Zeit und Raum zur Erinnerung zu haben, damit aus der Erinnerung heilsame Kräfte gegen die Mächte der Entmutigung wachsen.

Zwei Bilder haben die Jugendlichen besonders angesprochen: Ich als »zerbrechliches Gefäß« und »das Licht in meinem Herzen«.

»Manchmal habe ich das Gefühl zu platzen vor Liebe und Glück. Dann fühle ich mich wie ein Gefäß, das zu schwach ist für so große Gefühle.« Ist das eine Gotteserfahrung: das Gefühl, daß ich im Letzten nicht über das Leben und den Sinn verfügen kann. Das, was jenseits des Menschen, seiner Macht und seinen Deutungsversuchen liegt, darin, daß Gott nicht zerstört und vernichtet, sondern Liebe ist und aufbaut. Die Hoffnung, daß weder Tod noch Leben uns trennen kann von der Liebe Gottes?

»Ich habe erst gespürt, wie wichtig mir Gesundheit und Glück sind, als ich krank war und mich einsam fühlte.« Das Gefäß ist zerbrechlich. Erst in dem Augenblick, in dem das selbstverständlich Eingespielte des Lebens gestört wird durch Leiden und Schmerz, wird der Wert des Lebens und die Unverfügbarkeit des Lebens schmerzhaft bewußt. Deshalb leuchtet das Licht in der Finsternis und lernt der Christ in der Nacht sehen.

»Gott ist nicht weit weg von mir, fern, sondern auch in mir, in meinem Herzen. Ich trage etwas in mir, was man zwar nicht sieht, es aber doch fühlt. Ich bin nicht allein.«

»Was aus dem Herzen kommt, das ist ehrlich gemeint. Ich schließe einen Menschen ins Herz. Ich fasse mir ein Herz – fasse Mut. Ich habe mein Herz auf dem rechten Fleck. Das Herz meint, was der Mund sagt. Ich schütte meinem Freund mein Herz aus. Das Wesentliche ist für die Augen unsichtbar. Man sieht nur mit dem Herzen gut. Menschen können auch hartherzig sein. Manchmal liegt mir ein Stein auf dem Herzen. Menschen sind ein Herz und eine Seele.«

Das Herz ist der Sitz der Gefühle, des Mutes, der Liebe, des Mitleids und des Lebens (Herzensblut). Nicht nur die Schöpfung und die Welt, auch das Herz, die Innensicht der Welt, ist der Tempel und die Wohnung Gottes (Römer 5,5; 2. Kor 1,22)

»Mir sagt Paulus: Gib nicht auf, denn du hast Kraft, Mut und Stärke. Such' diese Fähigkeiten in dir, vielleicht wirst du sie finden und die Höhen und Tiefen deines Lebens meistern. Mir macht das Mut.«

(GesprächspartnerInnen waren: Melanie Konietzka; Simone Fischer; Sara Heinrich; Dennis Schulte; Stefan Grabowski; Jan Schadek; Frau Gerda Fischer)

Zum Gottesdienst

Michael Becker

Exegetisch-homiletische Skizze

1. Noch einmal ein großes Fest der Kirche, ein vergessenes. Letzter Sonntag nach Epiphanias. Ende und Abschluß der Weihnachtszeit. Noch einmal viel Licht im Evangelium von der Verklärung, im Wochenspruch von Gott als Sonne, in der alttestamentlichen Lesung und im Wochenlied. Noch einmal preisen wir die weihnachtliche Neuschöpfung des Menschen »Gott von Gott, Licht vom Licht« (Nicänum), damit uns Wesen und Bild des Menschen im Lichte Gottes nicht verlorengehen, wenn die Passion näherkommt und unsere Passionen uns erdrücken. Noch einmal, ein letztes Mal vor Ostersonntag, durchschreiten wir die Heilsgeschichte von Gott her, bevor wir das Elend des einen Menschen und das Elend so vieler Menschen ins Auge fassen.

Da sollten wir es nicht versäumen, festlich zu feiern: Weiße Antependien, Blumen, große Liturgie (bestimmt EG 179,1), hoffentlich ein Chor, Abendmahl - und als dessen Ausklang und Einstimmung auf den Simeon-Feiertag am 2. Februar das wundervolle Lied EG 222. Feste sollten wir nicht alleine den Vereinen überlassen, wenn doch der kirchliche Kalender einen Festgottesdienst erlaubt. Wenn wir feiern, ertragen wir uns selber.

2. Paulus feiert mit Sprache. Das kann er. Seine Worte in die Gemeinde von Korinth sind einzigartig in ihrer Schönheit und Nüchternheit. Daß er auch kämpfte, steht auf einem anderen Blatt. Konnte er seine Gegner und die Gegner eines angefochtenen Glaubens besser bezwingen als mit Schönheit von Inhalt und Sprache? Können wir Gott einen besseren Dienst erweisen als vom angefochtenen Glauben würdig, nüchtern und schön zu sprechen? Wir dürfen den Glauben nicht schönreden wie die Gegner in Korinth, aber wir dürfen schön von ihm reden. Und die Bilder, die Paulus hier vom Christenleben in der Welt findet, sind unvergleichlich schön und wahr. Wir haben Kräfte durch diesen hellen Schein in unserem Herzen; wir sind bedrängt und zerbechlich; wir zerbrechen nicht. Die unmittelbare Erfahrung der Menschen in unseren Kirchen kann sich hier widerspiegeln.

3. Auch der Predigttext schaut sowohl zurück als auch nach vorn. Das weihnachtliche Licht ist in unseren Herzen. Hoffentlich immer noch. Menschen sind von Gott geachtet, indem er Mensch wurde. Aber Menschen werden auch verachtet, geschlagen und bedrängt, wie Gott als Mensch geschlagen und bedrängt wurde. In wenigen Worten faßt Paulus das zusammen, was vom Bild des Menschen im Angesicht Gottes zu sagen ist: Geachtet und verachtet. Von Gott hoch geachtet, von Menschen bisweilen tief verachtet. In dieser oft schlimmen Anspannung erlebte Paulus sich selbst und erleben wir uns und andere.

4. Aber wir zerbrechen nicht. Gott läßt es nicht zu. Darum feiern wir ihn an diesem Sonntag (und an den anderen). Wir feiern, daß wir die oft schlimme Anspannung zu tragen vermögen, daß wir sogar Erlösung erleben beim Hören seiner Worte, beim Singen der Lieder und beim Gebet für die Verachtetsten. Wir feiern nicht mit Hurra, sondern aus der Tiefe unserer bei Gott geborgenen Herzen, der sein Licht in uns gegeben hat: Damit auch das Leben Jesu offenbar werde an unserem sterblichen Fleisch. Wir feiern Gott, der uns trägt, damit wir uns ertragen.

Vorschläge zur Liturgie

Zum Eingang
Der Friede Gottes sei mit euch allen.
Wir feiern Gottesdienst am Letzten Sonntag der Epiphaniaszeit, zum Abschluß der Weihnachtszeit, und danken Gott für all sein Erbarmen.

Im Gottesdienst erklingt ...

Mit dieser Feier stärken wir uns für die Zeit, die vor uns liegt.

Sündenbekenntnis

Zu dir, Gott, kommen wir mit allem,
was uns plagt.

Wir selber sind uns oft Last,
sprechen Worte, die uns reuen,
tun etwas, was uns bedrückt,
erleiden, was uns bedrängt.

So bringen wir uns selbst vor dich, Gott,
und bitten von Herzen:
Mache uns leichter,
erbarme dich unser.

Gebet zum Tag
Gott, du hast einen hellen Schein in unsere Herzen gegeben.
Du nimmst dich unser an und hilfst uns durch die Zeit.
Wir bitten dich: Laß dein Licht in uns und aus uns leuchten, damit wir auch froh sein können und anderen zur Freude werden.
Amen

Gebet nach dem Mahl
Dein heller Schein, Gott, ist in unseren Herzen. Du stärkst uns mit Brot und Wein für die Wege unseres Lebens. Hilf uns, in aller Bedrängnis dich zu suchen und nach deinem Willen zu leben. Gib uns deinen Frieden.
Amen

Fürbitten

Zu dir, Gott, rufen wir und bitten um Erlösung:

- für die vom Krieg schwer bedrängten:
  Gott, erbarme dich.
- für die von Verfolgung Bedrückten:
  Gott, erbarme dich.
- für die Heimatlosen und Unruhigen:
  Gott, erbarme dich.
- für die von Anfechtungen Bedrohten:
  Gott, erbarme dich.
- für die, die im Schatten des Todes leben:
  Gott, erbarme dich.

Gib von deinem hellen Schein immer neu auch in ihre Herzen, Gott, damit sie das Leben empfinden können, das in ihnen ist.

Vorschlag zur Predigt

Möglicher Anfang

Manchmal seufzen wir, liebe Gemeinde. Und das zu Recht. Manchmal seufzen wir - und manche seufzen sehr viel - und drücken damit aus, daß es schwer geworden ist, das Leben zu ertragen. Dann sind die Lasten groß geworden, die Last mit den anderen Menschen, die Last in Haushalt oder Beruf, die Last, die Menschen mit sich selber haben - oder auch die Last, Zeuge zu sein von allem, was an unserem Ort oder in der Welt geschieht. So ein Seufzen kommt aus der Tiefe der Seele. Je ehrlicher es ist, desto eher ist es auch eine gewisse Erleichterung. Es baut eine Anspannung ab.

Auch in der kleinen christlichen Gemeinde in Korinth haben sie viel geseufzt, die Christinnen und Christen, die sich oft auch noch verstecken mußten mit ihrem Glauben und der Feier ihrer Gottesdienste. Sie haben versucht, Paulus von ihren Sorgen zu erzählen. Sie hatten niemand andern als ihn, Paulus, dem sie vom schweren Leben und Glauben erzählen konnten. Zu den Anfechtungen ihres Lebens kamen auch Anfechtungen des Glaubens. Es gab da einige in der Stadt, die wollten ihnen leichten, unbeschwerten Glauben einreden, Glauben »light« sozusagen. Das verwirrte sie, denn Paulus hatte ihnen ja von dem schweren Weg Jesu ans Kreuz erzählt.

Paulus will helfen mit dem, was er hat und kann. Er schreibt ihnen einen ernsten, innigen Brief. In seinem zweiten Brief an die Gemeinde in Korinth antwortete er auf die Fragen derer, deren Seufzer ihn erreicht hatten:

Textlesung.

Paulus gibt den Seufzern recht. Und das ist gut so. Keiner und keine sollte die Lasten und die Schwierigkeiten des Glaubens und Lebens verbergen müssen.

Zum weiteren Verlauf
Ich möchte nun einige Ereignisse und Belastungen aus dem Frühjahr 1998 nacherzählen und nachempfinden. Ich möchte aber auch nacherzählen, wie es Menschen immer wieder gelingt, mit Gottes und der Menschen Hilfe Schwierigkeiten zu bestehen – entweder, indem sie ertragen werden und so an Schmerz verlieren, oder, indem sie mit der Zeit überwunden werden und das Leben erträglicher oder gar leichter wird.

Möglicher Schluß
In allem scheint auch von Gottes Licht. Im Stall von Bethehem, wo es niemand erwartet hatte; auf dem Feld der Hirten, das bis dahin finster war; in jedem Leben derer, die heute zur Feier des Gottesdienstes hierher gekommen sind.
Wir sind nur hier, weil in uns von Gottes Licht scheint. Auch in der Bedrängnis, auch in der Unterdrückung. Wir sind zerbrechlich, aber wir zerbrechen nicht. Dafür danken wir Gott und feiern ihn, lassen uns stärken von Brot und Wein. Wenn wir feiern, ertragen wir uns selber.

Kontexte

Immer ist in einem Schmerz mehr Wissen um Wahrheit als in aller Weisen Gelassenheit. Was ich weiß, habe ich gelernt von den Unglücklichen, und was ich schaute, das sah ich durch den Blick der Gequälten.
(Stefan Zweig)

Erbarmen und Angst sind der Mensch – etwas anderes gibt es nicht.
(Cesare Pavese)

»Ich verlange nicht von euch, daß ihr keine Furcht habt, ihr müßt nur furchtlos handeln.«
(aus dem Spielfilm: Khartoum – Aufstand am Nil)

Gibt es etwas, das Sie noch nicht von sich preisgegeben haben?
Natürlich, man zeigt immer nur einen kleinen Teil von sich, sonst könnte man doch nichts mehr auf sich projizieren. Nur im Dunkeln läßt sich projizieren. Der Schauspieler muß teilweise unsichtbar bleiben. Außerdem wird man ja auch älter und so immer wieder ein anderer.
Wie wichtig ist Freiheit für Sie?
Früher hielt ich die Freiheit für das Wichtigste, das finde ich inzwischen nicht mehr. Die größte Freiheit ist für mich dann erreicht, wenn man das, was man tun muß, gerne tut.
Das klingt nach Demut.
Ja, vielleicht ist es das auch. Manchmal macht es glücklicher, ein paar Wünsche loszuwerden als sich noch ein paar mehr zu erfüllen.
(Hanna Schygulla im Gespräch mit Sven Siedenberg in: Süddeutsche Zeitung Nr. 158 vom 11.7.96, Seite 18)

Wir sprachen über das Versagen. Was ist Versagen? Versagen ist, was Menschen in neunundneunzig Prozent der Zeit gelingt. Selbst im Film: Neunundneunzigmal wird eine einzige Einstellung gedreht. Aber im Kino zeigt man die mißlungenen Aufnahmen nicht. Man sieht nur die Aufnahmen, die geklappt haben. Also sieht es so aus, als ob jeder Vorgang, selbst das Verrücktwerden, auf eine ordentliche, vollendete Art und Weise ablaufen würde. Es sieht so aus, als ob wirkliches Versagen unaussprechlich wäre. Das Fernsehen hat Millionen Menschen das Gehirn verkleistert mit seinen kleinen, vollendet glatten Geschichten. Denn das Leben ist ja nicht so. Das Leben stockt und springt, meistens stockt es. Das Leben muß doch nach einem Versagen nicht aufhören. Es ist nicht nur unnötig, ins Wasser zu gehen, man kann über die allgemeine Lebensuntüchtigkeit sogar noch Freude empfinden, so wie ich es tue, ein Arzt ohne Patienten, der Papierflugzeuge auf ein Vogelhaus segeln läßt. Ich bin als Arzt ein Versager, aber ich bin kein unglücklicher Arzt.
(Walker Percy, Das Thanatos-Syndrom, © 1989 Carl Hanser Verlag, München - Wien, Seite 106)

Die Autorinnen und Autoren

Pfarrerin Ingrid Adam, Mainz; Studienleiter Ludger Arnold, Weißenborn; Pfarrerin Sabine Bäuerle, Frankfurt/M.; Pfarrer Michael Becker, Kassel; Pfarrer Heinz Behrends, Göttingen; Pfarrer Hans Hermann Blettgen, Essen; Pfarrer Gottfried Brezger, Berlin; Pfarrerin Birgit Brügge-Lauterjung, Duisburg; Superintendent Hans Werner Dannowski, Hannover; Pfarrer Kurt Dohm, Bremen; Pfarrer Klaus Eulenberger, Hamburg; Pfarrer Anselm Friederich, Heidelberg; Pfarrerin Dr. Heiderose Gärtner, Ludwigshafen; Pfarrer Klaus Guhl, Flensburg; Pfarrer Rainer Heimburger, Murg; Pfarrer Dr. Rolf Heinrich, Gelsenkirchen; Pfarrer Dirk Keller, Karlsruhe; Pfarrerin Hanne Köhler, Flörsheim; Pfarrerin Sigrid Lunde, Bad Kreuznach; Pfarrerin Angelika Obert, Berlin; Pfarrerin Sylvia Puchert, Freiensteinau; Hauptpastor Klaus Reblin, Hamburg; Pfarrer Jürgen Rogler, Nürnberg; Pfarrer Ulf Schlüter, Dortmund; Pfarrer Helmut Siegel, Hildesheim; Pfarrer Traugott J. Simon, Marburg; Pfarrer Jobst von Stuckrad-Barre, Göttingen; Pröpstin Helga Trösken, Frankfurt/M.; Präses Hartmut Wenzel, Nürnberg